Wilhelm Baum

Die christlichen Minderheiten der Türkei in den Pariser Friedensverhandlungen

D1920373

Wilhelm Baum

Die christlichen Minderheiten der Türkei in den Pariser Friedensverhandlungen (1919-1923)

Kemal Atatürk und der Genozid

kitab

.KUNST
bundeskanzleramt

Gedruckt mit Unterstützung des Bundeskanzleramtes (Verlagsförderung)

© Kitab Verlag Klagenfurt-Wien 2007
www.kitab-verlag.com
ISBN 978-3-902005-97-7

Vorwort

Im vorliegenden Buch werden meine Studien weitergeführt, die ich 2005 in „Die Türkei und ihre christlichen Minderheiten“ vorgelegt habe. Behandelt werden dabei die Jahre von der Kapitulation des Osmanischen Reiches bis zum Abschluss des Vertrages von Lausanne (1919-1923). Die „Documents on British Foreign Policy“ lieferten dazu wertvolles Quellenmaterial, das bis heute kaum ausgewertet wurde. Britische Beobachter in Konstantinopel, Tiflis und Athen informierten das von Lord Curzon geführte „Foreign Office“; die Berichte sind als zeitgleiche Quellen von hohem Wert, da sie die Gräuel und die Vernichtung des kleinasiatischen Christentums aus einer objektiven Perspektive beleuchten. Die Berichte des britischen Premiers David Lloyd George, des britischen Diplomaten Harold Nicolson, die Memoiren von Winston Churchill und die Berichte des Historikers Arnold Toynbee ergänzen das Bild, das sich aus den Akten ergibt. Briten und Amerikaner haben nach allen Seiten recherchiert; ihre Darstellung ist daher objektiver und kritischer als die Darstellungen von griechischer und türkischer Seite. Sie spiegeln auch das tragische Schicksal der Armenier wider, deren Interessen lediglich von Präsident Woodrow Wilson und von britischer Seite aus Unterstützung erfuhren. Das Gutachten des französischen Marschalls Foch, dass 27 Divisionen notwendig wären, um ein freies Armenien zu sichern, illustriert die Ausweglosigkeit in dieser Frage. Großbritannien und die USA hatten ihre Kräfte im Weltkrieg erschöpft und waren gezwungen, ihre Armeen abzurüsten. Frankreich und Italien waren in der „orientalischen Frage“ weniger involviert; Russland fiel nach der Oktoberrevolution zunächst als Großmacht aus. Die Sowjet-Union unterstützte die Politik des türkischen Generals Mustafa Kemal, der später nach seinem Sieg über die Griechen den Ehrennamen „Atatürk“ erhielt. Die vorliegende Studie dokumentiert, dass Mustafa Kemal die verbrecherische Politik der „Jungtürken“ gegen die christlichen Minderheiten fortführte. Es erscheint undenkbar, dass die Türkei in die Europäische Union als einer auf den Menschenrechten basierenden Wertegemeinschaft aufgenommen wird, bevor sie sich von der Politik Kemals distanziert hat und eine vorurteilslose Geschichtswissenschaft ermöglicht.

„Die Gewähr für die Sicherheit und das Wohlergehen aller Bewohner unseres Landes ohne Unterschied der Rasse und der Religion ist für uns eine uns von den Gefühlen der Menschlichkeit wie der muselmanischen Religion gebieterisch auferlegte Pflicht. Daher sind bereits zu gegebener Zeit die notwendigen Maßnahmen getroffen worden, damit die Christen all jener Gegenden, über die sich die Autorität und der Einfluss der Regierung der großen Nationalversammlung der Türkei erstreckt, der vollkommensten Ruhe sich erfreuen."
(Mustafa Kemal 1921 an Papst Benedikt XV.)

1. Die Geheimverträge und die Kriegsziele der Alliierten

Zu Beginn des Ersten Weltkrieges lebten innerhalb der Grenzen der heutigen Türkei etwa vier Millionen Christen. Heute ist die Zahl der Christen auf unter 100.000 geschrumpft. Die Ereignisse zwischen 1914 und 1923 bieten die Erklärung für die Ausrottung der zweitausendjährigen christlichen Kultur in einem Kernland, in dem bereits der Apostel Paulus wirkte und das in den ersten Jahrhunderten des Christentums ein Kerngebiet der Religion war, die heute fast vollständig von diesem Kernland verdrängt ist. Das vorliegende Buch soll erklären, wie es zur fast vollständigen Vernichtung der Christen in der Türkei kam. Die jungtürkische Politik in der Zeit des Ersten Weltkrieges und die rassistische und extrem nationalistische Politik von Mustafa Kemal, der von den Türken den Ehrennamen „Atatürk" erhielt, ist die Ursache dieser Auslöschung und des Todes von Millionen unschuldiger Menschen, der bis heute ungesühnt ist.
Die europäischen Mächte England, Frankreich, Russland, Deutschland und Österreich zeigten sich im 19. Jahrhundert an der Situation der Türkei und am Schicksal der christlichen Minderheiten stets interessiert. Im 19. Jahrhundert hatte Großbritannien das Osmanische Reich oft unterstützt, da es einen Puffer zwischen Russland und dem britischen Weg nach Indien bildete. Seit dem „Griechischen Plan" der Wiedererrichtung des Byzantinischen Reiches unter Katharina II. fühlte sich Russland

als die Vormacht der Orthodoxie und unterstützte daher die Unabhängigkeit und den Aufstieg Serbiens und Griechenlands. Griechen und Armenier waren die zahlenmäßig größten christlichen Gruppen im Osmanischen Reich, gefolgt von Maroniten, Syrisch-Orthodoxen sowie Assyrern und Chaldäern. Die Zahl der Griechen in Kleinasien betrug etwa 2,3–3 Millionen (von denen etwa 1.250.000 im 1. Weltkrieg von den Türken ermordet wurden), die der Armenier im Osmanischen Reich etwa zwei Millionen (von denen mehr als eineinhalb Millionen beim Genozid zugrunde gingen); die Assyro-Chaldäer, die zur „Apostolischen Kirche des Ostens" gehören und deren mit Rom unierten Ableger gaben bei der Pariser Friedenskonferenz ihre Verluste mit etwa 250.000 an.[1] Am 4.10.1916 berichtete der deutsche Geschäftsträger in Konstantinopel an den Reichskanzler: „Wenn man nun die Gesamtzahl der türkischen Armenier auf zweieinhalb Millionen und die Zahl der Verschickten auf zwei Millionen veranschlagt,... so gelangt man zu einer Zahl von über eineinhalb Millionen von Umgekommenen und rund 425.000 Überlebenden."[2] Die Verluste der westsyrischen Kirche waren ebenfalls hoch; die Zahl der ermordeten syrischen Christen im Raum von Diyarbakir und Turabdin wird mit 250.000 angegeben; 186 Priester wurden ermordet und 84 Kirchen zerstört; von 98 Klöstern in der Gegend blieben nur acht übrig.[3]

Im Libanon kamen nach Schätzungen des Internationalen Roten Kreuzes im 1. Weltkrieg bei einer Bevölkerung von 450.000 etwa 200.000 Christen ums Leben.[4] Der Anteil der Christen zeigt sich auch beim Parlament: Von den Mitgliedern des nach dem Verhältniswahlrecht gewählten osmanischen Parlamentes von 1909 waren 107 Türken, fünf Bulgaren, 22 Albaner, vier Serben, zwei

[1] Martin Tamcke: Der Genozid an den Assyrern/Nestorianern, in: Verfolgung, Vertreibung und Vernichtung der Christen im Osmanischen Reich 1912-1922, hg. v. Tessa Hofmann, Münster 2004, 95-110, hier 103.

[2] Wolfgang Gust (Hg.): Der Völkermord an den Armeniern 1915/16. Dokumente aus dem Politischen Archiv des deutschen Auswärtigen Amtes, Springe 2005, 519. Vergl. dazu: Tessa Hofmann: Deutsche Quellen und Augenzeugenberichte zum Völkermord an den Armeniern 1915/16, in: Das Verbrechen des Schweigens, hg. v. Tessa Hofmann, (= Progrom Taschenbücher 1012), Wien 1984, 92-119, hier 114.

[3] Hanna Aydin: Die Syrisch-Orthodoxe Kirche von Antiochien, Glane-Losser 1990, 98

[4] Philipp K. Hitti: Lebanon in History, London 1957, 486 (hier wird die Zahl der Toten mit „some 100.000" angegeben).

Kurden, ein Rumäne, ein Druse und 1 Maronit, 45 Araber, 27 Griechen, 10 Armenier und drei Juden oder 180 Muslime, 50 Christen und drei Juden.[5] Große christliche Minderheiten existieren bis heute in Syrien. Man wird die Zahl der Christen im Osmanischen Reich mit etwa 5-6 Millionen bei einer Gesamtbevölkerung von etwa 36 Millionen Einwohnern (1912, ohne Ägypten)[6] beziffern können. Demnach war etwa ein Viertel der Bevölkerung des Osmanischen Reiches zu Beginn des 1. Weltkrieges christlich; heute beträgt der Anteil der Christen in der Türkei weniger als ein Prozent!

Romantische Strömungen in Europa unterstützten im 19. Jahrhundert die Befreiung der Christen unter muslimischer Herrschaft, die angesichts des Niedergangs des „kranken Mannes am Bosporus möglich schien. Seit den 1830er-Jahren engagierten sich britische und amerikanische protestantische Bewegungen für die unterdrückten Christen im Osmanischen Bereich. Sie bemühten sich besonders um eine Verbesserung des Schulwesens, die Sammlung von Handschriften und um den Druck von Büchern in den Sprachen des christlichen Orients. Die europäischen Großmächte England, Frankreich, Russland, Deutschland und Österreich waren an der Entwicklung dieser Bestrebungen sehr interessiert. Frankreich betrachtete sich als Schutzmacht der Katholiken und Russland als Vormacht der Orthodoxie. Englands wichtigstes Ziel war die Sicherung des Seeweges nach Indien; Ziel der englischen Politik war daher die Sperrung des Bosporus für die Russen; man wollte das Los der Christen verbessern, gleichzeitig aber die Türkei als Bollwerk gegen Russland erhalten. Nach der deutschen Einigung von 1871 richtete auch das Deutschland Kaiser Wilhelms II. seinen Blick auf die Türkei. Der Bau der Bagdadbahn sollte den deutschen Einfluss stärken und gleichzeitig die Versorgung mit dem immer wichtiger werdenden Erdöl aus dem Irak und aus Aserbeidschan sichern. Ein großer Erfolg der deutschen Außenpolitik war daher das Bündnis des Deutschen Reichs mit dem Osmanischen

[5] Nicolae Jorga: Geschichte des Osmanischen Reiches, Bd. 5: bis 1912, (1912), ND Frankfurt 1990, 622.

[6] Harald Nicolson: Nachkriegsdiplomatie. Curzon: The last Phase 1919-1925, Berlin 1934, 69.

Reich bei Ausbruch des Ersten Weltkrieges. Das Engagement für die Christen im Osmanischen Reich war für die Großmächte oft auch ein willkommener Anlass zur Einmischung – besonders bei Russland. England hingegen war im 19. Jahrhundert eher an der Aufrechterhaltung der osmanischen Herrschaft interessiert, um den Seeweg nach Indien nicht zu gefährden; es nahm dabei auch Rücksicht auf die Gefühle von Millionen muslimischer Untertanen in Indien und Ägypten.
Die größte christliche Minderheit im Osmanischen Reich bildeten um 1900 die Griechen, die seit 1830 einen eigenen Staat auf der Halbinsel Peloponnes und im heutigen Mittelgriechenland erhielten, der zum Kristallisationspunkt der Einheitsbestrebungen („Enosis“) wurde. Das freie Griechenland bemühte sich in besonderer Weise um die Glaubensbrüder unter türkischer Herrschaft. Auf dem Berliner Kongress erhielt Griechenland Thessalien und Mittelgriechenland, nach dem Balkankrieg von 1912/13 Makedonien mit Thessaloniki und das seit 1897 innerhalb des Osmanischen Reichs autonome Kreta und eine Reihe von Inseln in der Ägäis. Die Erfolge spornten die Griechen an, auch die noch unter türkischer Herrschaft lebenden Griechen mit dem „Mutterland“ zu vereinigen.
1910 kam der aus Kreta stammende Eleftherios Venizelos, der seit 1897 Justizminister der autonomen Insel Kreta gewesen war, nach Athen, wo er Premierminister wurde und die Liberale Partei gründete. In England erwies sich der liberale Politiker David Lloyd George, der seit 1905 Minister war, als Förderer der „Megale Idea“, der Bestrebung, alle Griechen in einem Staat zu vereinigen; er bezeichnete Venizelos als den „größten Staatsmann der Griechen seit Perikles“. Der Grieche Johannes Tavridi berichtete Venizelos im November 1912 von einem Gespräch in Downing Street 11 mit Lloyd George, der der Meinung war, man müsse die Türken aus Europa vertreiben; er habe nichts gegen einen Anschluss Kretas an Griechenland. Kurz darauf sprach er mit dem Marineminister Winston Churchill, der den Vorschlag machte, gegen die Überlassung des Hafens Agrostoli auf Kefalonia – der es England ermöglichte, den Eingang in die Adria und damit die österreichische Flotte zu überwachen – die Insel Zypern mit Griechenland zu vereinigen, da die Einigungsbewegung

„Enosis“ dort sehr stark sei.[7] Die Vereinigung Konstantinopels mit Griechenland wurde jedoch für schwierig erachtet; Lloyd George schlug daher die Internationalisierung der türkischen Hauptstadt vor. Die liberale englische Regierung zeigte sich seit dieser Zeit als wichtigster Verbündeter Griechenlands auf dem Weg zur Realisierung der „Megali Idea“. Bereits im Dezember 1912 kam Venizelos nach London, wo er erstmals mit Lloyd George und Churchill in dieser Sache verhandelte, die ein Bündnis mit England und Frankreich vorschlugen. Im Juni 1913 erhielt es im Frieden von Bukarest Makedonien mit Saloniki, den südlichen Epirus mit Joannina, Kreta und die Inseln Lesbos, Chios und Samos. Fläche und Bevölkerungszahl Griechenlands wurden dabei verdoppelt. Ein Schiedsspruch der Großmächte zwischen Griechenland und dem Osmanischen Reich vom Februar 1914 sprach den Griechen alle Inseln der Ägäis außer Imbros und Tenedos zu; die Türken wollten dies nicht akzeptieren und forderten Chios, Lesbos und Samos zurück. Als der Weltkrieg ausbrach, war die Frage noch ungelöst. Während Venizelos das Bündnis mit der Entente favorisierte, plädierten König Konstantin I. und General Metaxas für strikte Neutralität und ein gutes Verhältnis zu Deutschland. Venizelos bot den Engländern sogar militärische Unterstützung in Form von 50.000 Mann für einen Einsatz in Ägypten an. Aber es kam zu keinen gegenseitigen Vereinbarungen.
Vor dem 1. Weltkrieg war die europäische Geheimdiplomatie großzügig bei Versprechungen, mit denen man Neutrale zum Beitritt zu Bündnissen bewegen wollte, die dann später oft nur schwer einzuhalten waren. Bereits zur Zeit der Armeniermassaker von 1896 hatte der englische Außenminister Salisbury bei einem Staatsbesuch Nikolaus II. auf Schloss Balmoral bei Königin Victoria gesagt, „zu gegebener Zeit“ könne Russland die Kontrolle über Konstantinopel übernehmen.[8] So hatte der russische Außenminister Sazanow von England und Frankreich die Eroberung Konstantinopels verlangt und diesbezüglich auch Zusagen erhalten.[9] Der im Februar 1914 von den Russen

---

[7] Michael Llewellyn Smith: Ionian Vision, Greece in Asia Minor 1919-1922, 4. Aufl., 2005, 12-15.

[8] Alan Palmer: Glanz und Niedergang der Diplomatie, Düsseldorf 1986, 315f.

[9] Hans von Rimscha: Geschichte Russlands, Darmstadt, 2. Aufl. 1970, 549.

entwickelte Plan zur Überrumpelung Konstantinopels und der Meerengen kam jedoch nie zustande; nach Ende des Krieges brauchten die Versprechungen nicht eingelöst zu werden, weil das bolschewistische Russland durch den Bürgerkrieg gelähmt war und bei den Pariser Verhandlungen keine Rolle spielte. Für die britische Politik blieb von Bedeutung, dass der griechische Ministerpräsident Venizelos 1914 den Engländern anbot, für sie die Halbinsel Gallipoli zu besetzen.[10] England versuchte später unter Premier Lloyd George, den Griechen dafür Dank abzustatten.

Frankreich, das seit dem 16. Jahrhundert als Schutzmacht der Katholiken auftrat und mit den Sultanen zahlreiche „Kapitulate" über den Schutz der Christen ausgehandelt hatte, war seit der Zeit des hl. Ludwig IX. zur Zeit der Kreuzzüge auch die traditionelle Schutzmacht der Armenier. Das galt auch im 1. Weltkrieg, nachdem die Jungtürken 1915 mit der systematischen Ausrottung der Armenier im gesamten Reich begonnen hatten. In der französischen Botschaft in London kam es am 26.10.1916 zu einer Zusammenkunft der Diplomaten Sykes und Picot mit dem armenischen Notabeln Boghos Nubar, bei der in einem Abkommen den Armeniern ein „autonomes Kilikien unter dem Protektorat" Frankreichs versprochen wurde.[11] Frankreich rekrutierte jetzt Legionäre unter armenischen Flüchtlingen und auch in den USA. Daraufhin kam es zur Aufstellung einer armenischen „Légion d' Orient", die den Krieg der Alliierten mit Truppen in Höhe von 5000 Mann unterstützen sollte. Die Legion hätte leicht auf 20.000 Mann erhöht werden können, aber Frankreich verlor das Interesse daran, da sie als eigenmächtig galt. Bis 1920 wurde die Legion auf 1000 Mann reduziert und nach der Einigung Frankreichs mit den Kemalisten am 20.10.1921 aufgelöst.

Der Vertrag über Konstantinopel (10.4.1915)

Wie sah es nun mit den Kriegszielen der Alliierten im 1. Weltkrieg aus? Politische Versprechungen dienten auch im 1. Weltkrieg

[10] Nicolson: Nachkriegsdiplomatie (1934), 99.

[11] Akaby Nassibian: Britain and the Armenian Question 1915-1923, London-New York 1985, 110.

häufig nur dazu, Verbündete zu gewinnen. Durch vier Geheimverträge hatte sich die britische Regierung vor dem Ende des Krieges auf ihre Kriegsziele festgelegt. Am 16.9.1914 verlangte der französische Botschafter in Petrograd, Paléologue, von Sazanow die Öffnung der Meerengen und die Entmilitarisierung des Marmarameeres; Konstantinopel könne dann in russischer Hand bleiben.[12] Graf Benckendorff, der russische Botschafter in London, hörte zu seinem Erstaunen, wie der englische Außenminister Grey äußerte, dass nach einem Sieg das Schicksal Konstantinopels und der Meerengen nur in Übereinstimmung mit Russlands Wünschen bestimmt werden könne. Am 13.11. sagte König George zum russischen Botschafter: „As far as Constantinople is concerned, it is clear that it must be yours".[13] Am 14.11.1914 wurden die russischen Forderungen nach den Meerengen und Konstantinopel von England formal anerkannt.[14] Die schriftliche Bestätigung des britischen Botschafters ließ die Details offen, die erst nach dem Sieg über die Deutschen abzuklären seien. Am 21.11. teilte der Zar dem französischen Botschafter die Antwort an England mit; Thrakien sollte zwischen Griechenland und Russland aufgeteilt, Konstantinopel neutralisiert und Armenien annektiert oder autonom unter russischem Protektorat werden. Sazanow war gegen die Annexion von Konstantinopel, aber am Ende stimmte er zu, wenn sich die Annexion nicht vermeiden lasse.

Im März 1915 verhandelten die Alliierten über die Kriegsziele. Russland beanspruchte Konstantinopel und die Dardanellen, wogegen von England kein Widerspruch kam. Zu Beginn des Krieges stellte Außenminister Sazanow keine Ansprüche an die Türkei. Am 6.3.1915 erhielt der französische Außenminister Delcassé die russische Forderung nach Konstantinopel, der Westküste des Marmarameers, den Dardanellen und Süd-Thrakien bis zur Enos-Linie, die asiatische Küste am Golf von Ismit und die

---

[12] Alan Bodgher: Russia and the End of the Ottoman Empire, in: The Great powers and the end of Ottoman Empire, ed. by M. Kent, London 1984, 76-110, hier 96f.

[13] Ebenda, 97.

[14] Marian Kent: Great Britain and the End of the Ottoman Empire 1900-23, in: The Great Powers and the End of the Ottoman Empire, ed. by M. Kent, London 1984, 172-205, hier 186.

Inseln Tenedos und Imbros.[15] Staatspräsident Poincaré schrieb Russland, Frankreich habe kein Interesse an einer Aufteilung der Türkei. England aber stimmte den russischen Forderungen zu und verlangte die Errichtung eines muslimischen Staates, Frankreich hingegen Syrien, Palästina und Kilikien bis zum Taurus; Konstantinopel sollte ein Freihafen bleiben. Jetzt stimmte auch Frankreich den russischen Aspirationen zu. Es bot sich an, die Armenier zu Helfern des russischen Vormarsches zu gewinnen. Es kam zu einem Manifest an die Armenier, „das wohl von allen russischen Appellen an andere Nationen das stärkste Echo fand. Der Petrograder Regierung schwebte vor, durch Vorverschiebung der Grenzen einen Teil der dem Sultan unterworfenen Armenier mit Russland-Armeniern zu vereinigen. Für die Armenier in Südwest-Anatolien wurde dagegen die Gründung eines Vasallenstaates vorgesehen."[16] Hier aber kreuzten sich die Interessen Russlands mit denen Frankreichs, das Kilikien beanspruchte. Außerdem betonten die Militärs, dass es schwierig werden würde, einem durch Gebirgsketten von Russland getrennten Staat (Kilikien) im Ernstfall Hilfe zu leisten. Die Marine verlangte hingegen die Ausweitung der zu annektierenden Küste bis zum Hafen von Sinope. Eine Resttürkei sollte sich zwischen Russland und die Gebiete Englands und Frankreichs schieben. Eine Autonomie der sechs östlichen Vilayets sah Russland im „Vertrag über Konstantinopel und die Dardanellen" vom 10.4.1915[17] nicht vor, das keinen Pufferstaat zwischen der Türkei und dem eigenen Land wünschte.[18] Dies hielt den Außenminister Sazanow aber nicht davon ab, den Russisch-Armenier Dr. Zavriev nach Paris und London zu senden, um sich für die Eigenständigkeit Armeniens einzusetzen, das die sechs Vilayets, Kilikien und Alexandrette umfassen sollte. Als der russische Botschafter Izwolski aus Paris anfragte, was

---

[15] L. Bruce Fulton: France and the End of Ottoman Empire, in: The Great Powers and the End of the Ottoman Empire, ed. by M. Kent, London 1984, 141-171, hier 162f.

[16] Handbuch der Geschichte Russlands, Bd. 3: 1856-1945, hg. v. Gottfried Schramm, Stuttgart 1983, 500.

[17] Paul C. Helmreich: From Paris to Sèvres. The Partition of the Ottoman Empire at the Peace Conference of 1919-1920, 1974, 5f.

[18] Yves Ternon: Tabu Armenien. Geschichte eines Völkermords, Frankfurt-Berlin 1981, 224.

damit beabsichtigt sei, teilte der Minister ihm mit, die Gespräche mit den Armeniern hätten einen „rein akademischen Charakter". Es war 1914 also nicht wirklich beabsichtigt, Armenien als eigenständigen Staat zu errichten! Es sollte zwischen Russland und Frankreich aufgeteilt werden.
Nach der Eroberung Vans durch russische und armenische Kräfte (1914) stachelten die Russen die armenischen Hoffnungen auf einen eigenen Staat wieder an. Im März 1916 machte Frankreich Russland klar, dass es den Russen in Armenien freie Hand lassen würde. Obwohl England mit den russischen Wünschen einer Annexion Armeniens unzufrieden war, gab es den Russen letztlich freie Hand. Am 26.4.1916 erkannte Russland in einem Vertrag die französischen Ansprüche auf Kilikien an.[19] Als die Westalliierten Russland im Sommer 1916 ersuchten, endlich eine Autonomie für Polen zu verkünden, verlangten die Russen als Gegenleistung eine Veröffentlichung des Geheimvertrages über Konstantinopel. Anfang 1917 kam es zu einer Inter-Alliierten-Konferenz über Anatolien in London. Dabei widersetzte sich der russische Vertreter den Bestrebungen Italiens nach der Besetzung des Hafens von Smyrna. Die Frage nach der Zukunft Armeniens blieb ungeklärt. Die Russen siedelten im eroberten Teil der Türkei Kolonien von Kosaken in den Gebieten an, wo Armenier ermordet worden waren. Diese Kolonien waren als dauerhaft gedacht; nichts deutete darauf hin, dass die Russen geplant hätten, einen eigenständigen armenischen Staat zu errichten. Allerdings machten die Franzosen den Armeniern Zusagen für ein autonomes Gebiet in Kilikien, das sie zusammen mit Syrien als Kriegsbeute nach dem Sieg über die Türkei beanspruchten.[20]
Nach der Revolution in Russland erklärte die bolschewistische Regierung, sie sei zu einem Frieden ohne Annexionen bereit und veröffentlichte die Geheimverträge. Am 18.12.1917 schlossen die russischen Kommunisten mit den Türken in Erzinjan einen Waffenstillstand.

---

[19] Bodgher (1984), 103, Anm. 161.

[20] Arnold J. Toynbee: The Western Question in Greece and Turkey, 2. ed., London-Bombay-Sydney 1923, 50.

Das Londoner Abkommen mit Italien (26.4.1915)

In diesem Zusammenhang ist auch an das „Londoner Abkommen“ vom 26.4.1915 zu erinnern, in dem England und Frankreich dem bis dahin neutralen Italien für den Eintritt in den Krieg gegen Deutschland und Österreich-Ungarn nicht nur die Brennergrenze, sondern auch Besitzungen in der Ägäis (Dodekanes) und in etwas vager Formulierung einen Brückenkopf um die Hafenstadt Antalya in Aussicht gestellt hatten („Im Falle einer totalen oder partiellen Teilung der asiatischen Türkei gebührt Italien ein gerechter Anteil an dem Mittelmeergebiet, das an die Provinz Adalia angrenzt. ... Wenn Frankreich, Großbritannien und Russland im Verlauf des Krieges türkische Gebiete besetzen, soll die an die Provinz Adalia angrenzende Mittelmeerregion, innerhalb der oben angegebenen Beschränkungen, für Italien vorbehalten bleiben, das sie zu besetzen berechtigt gelten soll.“).[21] Frankreich, Großbritannien und Russland erkannten grundsätzlich die Tatsache des Interesses Italiens an der Erhaltung des politischen Gleichgewichtes im Mittelmeer an, sowie das Recht, bei einer Teilung der Türkei einen gleichen Anteil wie an dem Bassin des Mittelmeeres zu erhalten, und zwar in dem Teil, welcher an die Provinz Adalia angrenzt, wo Italien schon besondere Rechte erworben und Interessen entwickelt hatte.[22] Der italienische Außenminister Sidney Sonnino wurde oft dafür kritisiert, keine konkreteren Zusagen von Außenminister Grey verlangt zu haben; „gerechter Anteil“ und „angrenzendes Mittelmeer“ waren unklare Definitionen, die je nach Belieben interpretiert werden konnten. Klar war jedoch, dass Italien einen Anspruch auf Kompensationen erhielt, wenn Frankreich Syrien oder England den Irak besetzte. Sonnino war jedoch mehr an Gebietserweiterungen in den Alpen und an der Adria interessiert. Grey wollte wohl eine Interessenüberschneidung vermeiden. Auf Sonnino geht auch die sogenannte „Papstklausel zurück, durch die eine Mitwirkung des Papstes an einem Friedensvertrag ausgeschlossen werden

[21] Nicolson: Nachkriegsdiplomatie (1934), 88.

[22] R. J. B. Bosworth: Italy and the End of the Ottoman Empire, in: The Great Powers and the End of the Ottoman Empire, ed. by M. Kent, London 1984, 52-75, hier 69.

sollte: „Frankreich, Großbritannien und Russland verpflichten sich, Italien darin zu unterstützen, sich jedem Vorschlage zu widersetzen, der auf die Zulassung eines Vertreters des Hl. Stuhles zu allen Verhandlungen über den Frieden und zur Lösung der durch den gegenwärtigen Krieg aufgeworfenen Fragen hinausläuft."[23] Der freimaurerische italienische Außenminister Sonnino legte größten Wert darauf, den Vatikan von etwaigen Friedensverhandlungen auszuschließen, was in abgeschwächter Form im Artikel 15 auch zugestanden wurde. Damit war eine direkte Mitwirkung des Papstes an direkten Friedensverhandlungen ausgeschlossen.[24]

Ab 1916 wuchs jedoch das Interesse Italiens an Erwerbungen in der Türkei. Nationalisten wie G. A. Rosso propagierten Siedlungskolonien in Anatolien und verlangten, dass Italien eher Smyrna oder Alexandrette fordern sollte („I diritti d' Italia oltremare", Roma 1916). Konstantinopel wurde als eine Gründung aus Italien bezeichnet, das bedeutende genuesische Bauwerke enthalte; dies alles verlange die Präsenz Italiens. Der Kolonialminister Gaspare Colosimo verlangte Erwerbungen in Anatolien, am Roten Meer, in Jemen und Äthiopien. Kurz nach dem Londoner Vertrag kam es zu Verhandlungen zwischen Henry Mac Mahon, dem britischen Hochkommissar von Ägypten und dem Scherifen (Stammesfürsten) Hussein von Mekka, einem Nachkommen des Propheten und Vorfahren der irakischen und jordanischen Königsfamilie. Dabei wurde den Arabern als Belohnung für eine Teilnahme am Kampf gegen die Türken ein eigener Staat mit dem Schwerpunkt in Syrien in Aussicht gestellt. Im Brief Mac Mahons an den Scherifen vom 24.10.1915 wurde jedoch klargestellt, dass die Verträge zwischen England und den Arabern nicht die gemischten Gebiete von Mersin bis Alexandrette berühren sollten.[25] Der Scherif bestätigte den Ausschluss von Mersin und Adana; vom Libanon war dabei keine Rede. Damit wurde das östliche Kilikien

---

[23] Friedrich von Lama: Papst und Kurie in ihrer Politik nach dem Weltkrieg, Illertissen 1925, 9.

[24] Josef Schmidlin: Papstgeschichte der neuesten Zeit, Bd. 3 (1903-1922), München 1936, 312.

[25] David Lloyd George: The Truth about the Peace Treaties, vol. II, London 1938, 1019.

bis zum Golf von Iskenderum aus dem Bereich, den die Araber später verwalten sollten, herausgenommen. Am 26.4.1916 kam es zu einem Geheimvertrag zwischen Frankreich und Russland, nach dem Russland die Provinzen Erzerum, Trapezunt, Van und Bitlis mit der Küste bis westlich von Trapezunt erhalten sollte, Frankreich dagegen Kayseri, Zara, Egin und Harput. Russland versprach, die kulturellen und religiösen Rechte der Armenier zu beachten. Erst danach erlaubte Russland den Armeniern, in Petrograd Hilfsmaßnahmen für die Opfer der Massaker zu organisieren.

Das Sykes-Picot-Abkommen (16.5.1916)

Nicht direkt im Zusammenhang mit der Situation der Christen in der Türkei steht das Abkommen, das die Engländer im Sommer 1915 mit dem Scherifen Hussein von Mekka geschlossen hatten, dem für einen Aufstand der Araber im Bereich von Hedschas in Arabien die Unabhängigkeit der Araber in Aussicht gestellt wurde.[26] Husseins Sohn Feisal rief sich am Ende des Krieges in Damaskus zum König der Araber auf, wurde dann jedoch von den Franzosen vertrieben und wurde dann König vom Irak. Die „haschemitische" Dynastie, die ihre Familie in direkter Linie auf Mohammed zurückführt, regiert bis heute in Jordanien.
England und Frankreich vereinbarten im so genannten „Sykes-Picot-Abkommen" vom 16.5.1916, dem dritten britischen Geheimvertrag, die Aufteilung der arabischen Teile des Osmanischen Reiches. Demnach sollte England den Irak mit den damals bereits ergiebigen Erdölquellen, Transjordanien und Palästina erhalten, Frankreich hingegen Kilikien (Vilayet Adana) den Libanon und Syrien. Dies war mit den Zusagen Mac Mahons an den Scherifen Hussein und die Araber unvereinbar. Die Araber wurden nicht über die Vereinbarungen informiert, wohl aber Boghos Nubar, der Vorsitzende des „Armenischen National-Komitees.[27] Frankreich fürchtete, dass es bei einer von

[26] Toynbee (1923), 47.

[27] Lloyd George II (1938), 1022: „It was a Treaty that caused as much disagreement and unpleasantness amongst the Allies as even 1915 Pact of London with the Italians".

den Engländern favorisierten Unabhängigkeit der Araber seinen Anspruch auf Syrien und Kilikien verlieren könnte. Russland wurde zu den 1915 versprochenen Meerengen noch die Provinzen Trapezunt, Bitlis, Van, Erzerum und der Südteil von Kurdistan zugesprochen;[28] ein freies Armenien war dabei nicht vorgesehen. Durch die russische Revolution wurden die Zusagen an Russland gegenstandslos. Die Abmachung widersprach teilweise den Abmachungen der Engländer mit dem Scherifen Hussein von Mekka, dessen Familie das Königtum eines arabischen Reiches in Aussicht gestellt worden war. Ein Fehler der Engländer war, die Franzosen nicht über die gegenüber den Arabern eingegangenen Verpflichtungen informiert zu haben. Nach Abschluss des Vertrages reisten die beiden Diplomaten nach Petersburg, um den Außenminister Sazanow darüber zu informieren; sie betonten auch, dass sie nichts gegen eine russische Annexion der sechs östlichen Vilayets[29] einzuwenden hätten.[30] Sykes meinte, ein unabhängiges Armenien unter türkischer Oberhoheit sei ebenso wie ein Armenien unter internationaler Kontrolle eine Quelle ständiger Querelen. Wegen der Revolutionäre in Armenien wäre ein vollständiges russisches Armenien eine Gefahr für Russland; deswegen sei es besser, Armenien aufzuteilen und Frankreich das frühere Königreich Klein-Armenien zu überlassen. Russland beanspruchte als Entschädigung Persisch-Armenien. Alexander Khatisian, der armenische Bürgermeister von Tiflis, erklärte Ende 1916, mit dem Kriegsende würden die Wünsche der Armenier realisiert und Türkisch-Armenien ein unabhängiges Gebiet unter alliiertem Schutz. Das Interesse der Engländer verlagerte sich somit seit 1916 mehr in Richtung Mesopotamien, wo das schon damals wichtige Erdöl gefördert wurde. Dieses Abkommen war geheim; Italien und die USA, die erst 1917 in den Krieg eintraten, mussten ihre Kriegsziele erst mit denen von England und Frankreich akkordieren. Der englische Außenminister Lord Edward Grey hatte Italien nicht über die Sache informiert. Grey und der

---

[28] Bosworth (1984), 69.

[29] Ein Vilayet war eine türkische Provinz (Verwaltungseinheit) mit einem Statthalter an der Spitze.

[30] Ternon (1981), 226f.

Abtransport der Pontos-Griechen in die Arbeitslager

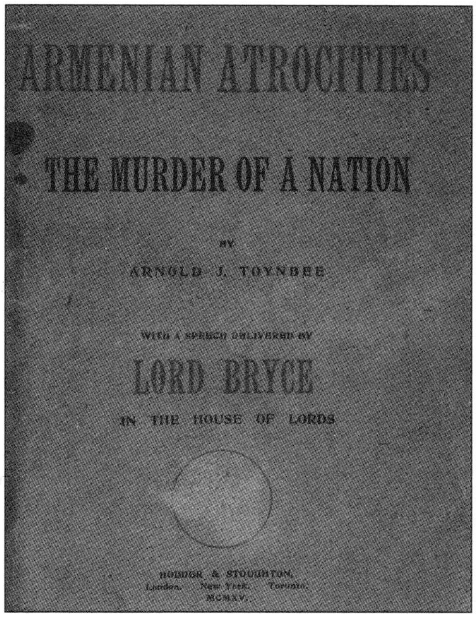

ARMENIAN ATROCITIES

THE MURDER OF A NATION

BY

ARNOLD J. TOYNBEE

WITH A SPEECH DELIVERED BY

LORD BRYCE

IN THE HOUSE OF LORDS

HODDER & STOUGHTON.
London. New York. Toronto.
MCMXV.

Dokumentation von Bryce und Toynbee (1916)

Schule der Pontos-Griechen in Kotyora (Ordu)

britische Premier Asquith boten den bis dahin noch neutralen Griechen über den Botschafter Francis Eliott im Januar 1915 die kleinasiatische Hafenstadt Smyrna als Entschädigung an.[31] Da Griechenland das Angebot Smyrnas für einen Kriegseintritt nicht angenommen hatte, bot man es jetzt Italien an. Der italienische Außenminister Sonnino, der in das Sykes-Picot-Abkommen nicht eingeweiht worden war, protestierte heftig gegen die Absprachen Englands und Frankreichs untereinander und mit Russland über die Aufteilung der Türkei.[32] Als die russischen Bolschewiken im Herbst 1917 die Geheimabkommen veröffentlichten, gab Cemal Pascha, einer der drei jungtürkischen Diktatoren, dies in einer Rede in Beirut bekannt, die große Verstimmung in der arabischen Welt auslöste. Husseins Sohn, der Emir Feisal, brachte die Frage im Februar 1919 bei der Pariser Friedenskonferenz zur Sprache.
Ende 1916 zeichnete sich der Kriegseintritt der Vereinigten Staaten von Amerika auf Seite der Entente allmählich ab. Am 18.12.1916 bezeichnete der britische Außenminister Balfour es in einer Note an den amerikanischen Präsidenten Wilson als eines der britischen Kriegsziele „die Befreiung der Völker, die der blutigen Tyrannei der Türken unterworfen sind, und die Ausschließung des Osmanischen Reiches aus Europa, weil es erwiesenermaßen der westlichen Zivilisation fremd ist."[33] Auch die Armeniergräuel wurden zu dieser Zeit stark von der britischen Regierung instrumentalisiert, um die USA letztendlich zum Eintritt in den Krieg zu bewegen.

Der Vertrag von St. Jean de Maurienne (18.4.1917)

Das Sykes-Picot-Abkommen führte direkt zu den Abmachungen von St. Jean de Maurienne am 18.4.1917 zwischen England und Frankreich mit Italien. Der neue britische Außenminister Arthur

[31] Winston Churchill: The World Crisis, vol. V: The Aftermath, London 1929, 365, Lloyd George II (1938), 1210f. u. Michael W. Weithmann: Griechenland, Regensburg 1994, 216.

[32] Lloyd George II (1938), 771.

[33] Nicolson: Nachkriegsdiplomatie (1934), 101.

Balfour sprach in London mit dem französischen und italienischen Botschafter; er fand die Forderungen Italiens zu hoch. Lloyd George traf Sonnino, den französischen Premier Ribot und den italienischen Premier Bosselli am 17.4.1917. Die Alliierten boten Italien Konya und Smyrna an – was mit dem Sykes-Picot-Abkommen von 1916 unvereinbar war und den Preis dafür darstellte, dass Italien das Abkommen anerkannte. Aber Sonnino war damit nicht zufrieden. Lloyd George wies darauf hin, dass Italien zum Krieg gegen die Türkei nichts beigetragen habe. Als Großmacht sah Italien sich jedoch eher berechtigt, Smyrna zu verlangen als Griechenland. England und Frankreich wurden durch die italienischen Forderungen irritiert. Lloyd George berief sich nun auf die Abmachungen mit Russland, ohne das nichts am Londoner Vertrag geändert werden dürfe. England, das 300.000 Soldaten im Einsatz gegen die Türkei stehen hatte, forderte daher eine massive italienische militärische Unterstützung. Schließlich konzedierte man Italien eine Ausweitung der Zone mit dem Golf von Smyrna und der Küste zwischen Mersin und Maidan in Südanatolien.[34] Russland, das einen großen Teil der östlichen Türkei erobert hatte, wollte jedoch an den Vereinbarungen von 1915 keine Veränderungen vornehmen. Die USA waren am Krieg gegen die Türkei nicht beteiligt; Präsident Wilson, der von Balfour über die Geheimverträge informiert wurde, war damit nicht einverstanden. Im Juni 1919 sagte Außenminister Balfour, man müsse Italien beruhigen, aber zum kleinsten Preis auf Kosten der Humanität. Die russische Zustimmung war notwendig, sie wurde jedoch nicht erteilt.
Da die USA mit der Türkei im 1. Weltkrieg nie im Kriegszustand waren (und daher 1920 auch den Friedensvertrag nicht ratifizierten), wurden sie zunächst nicht über die Geheimverträge betreffend die Kriegsziele informiert. Der britische Außenminister Balfour informierte Präsident Wilson erst nach dem Kriegseintritt der USA am 6.4.1917 persönlich am 22.4.1917 in Washington darüber. Colonel House, der Vertraute Wilsons, berichtet darüber in seinem Tagebuch, über Konstantinopel sei man übereingekommen, dass es internationalisiert werden müsse. Die Großmächte

[34] Lloyd George II (1938), 780.

hätten in Geheimverträgen zugestimmt, dass Russland Armenien und den Nordteil der Türkei erhalten sollte, Frankreich und Italien bekämen eine Einfluss-Sphäre in Anatolien und England erhalte Mesopotamien. Wilson sagte Balfour, er halte das für schlecht, weil es einen weiteren Krieg zur Folge haben könnte.[35]
Im Weltkrieg hatten beide Seiten versucht, durch Eroberungen in Gebieten der Gegner neue Verbündete zu finden; man vergab also bei diesen Verhandlungen, was man gar nicht besaß. Derartige Versprechungen wurden von der Entente an Italien, Bulgarien und Rumänien gerichtet. Der russische Außenminister Sazonov versuchte hingegen, Bulgarien für die Überlassung des Hafens Kavala an der Ägäis für die Entente zu gewinnen.[36] Bulgarien erhielt auch von England als Preis für den Kriegseintritt auf Seiten der Entente 1915 ein Geheimangebot über den griechischen Hafen Kavala. Venizelos teilte dem König mit, dass man für ein territoriales Opfer an Bulgarien (Zugang zur Adria) große Konzessionen in Kleinasien erhalten werde. Venizelos stimmte dem zu und schlug sogar vor, in diesem Fall die griechische Bevölkerung in Bulgarien gegen Bulgaren in Griechenland auszutauschen – ein Prinzip, das 1923 zum Ende der griechischen Siedlungen in Ost-Thrakien und Kleinasien führen sollte! Der General Joannis Metaxas äußerte sich skeptisch in einem Memorandum, dass es schwierig würde, in einem Gebiet eine Grenze festzulegen, das geographisch, ethnologisch, historisch und wirtschaftlich keine Einheit bilde. Er wandte ein, dass es auch schwer sein würde, die Grenze des griechischen Teils von Kleinasien zu ziehen und dass auf diese Weise ein Gebiet mit mehrheitlich türkischer Bevölkerung wie eine Kolonie unter griechische Herrschaft käme. Keine Regierung habe das Recht, griechische Gebiete an Bulgarien abzutreten. Auch der italienische Botschafter meinte im Gespräch mit dem griechischen Außenminister, es sei schwierig, ein solches Gebiet zu erobern, aber noch schwieriger, es zu

---

[35] Laurence Evans: United States Policy and the Partition of Turkey 1914-1924, Baltimore 1965, 52-56; vergl. dazu: Kamuran Gürün: The Armenian File. The myth of innocence exposed, London-Nicosia-Konstantinopel1985, 241: "They have agreed to give Russia the region of Armenia and the northern part of Turkey. ... They are making it a breeding ground for future war."

[36] Llewellyn Smith (2005), 44ff.

Erzbischof Chrysanthos von Trapezunt ersucht die russische Armee um Hilfe gegen die Türken (1916)

Der Einmarsch der Aliierten in Konstantinopel (3.2.1919)

verteidigen. Auch hielt er die Unterstützung der Westmächte nicht für so sicher.[37] Metaxas wollte eher zunächst die jüngsten Erwerbungen konsolidieren. In Griechenland selbst führte das zu scharfen Auseinandersetzungen (Dichasmos) zwischen König Konstantin I. – dem Schwager Kaiser Wilhelms II., der den Mittelmächten gegenüber wohlwollend neutral bleiben wollte – und dem Ministerpräsidenten Venizelos, der die „Megali idea", der Vereinigung aller Griechen in Griechenland und Kleinasien betrieb. England erneuerte im Juni 1915 ein neues Angebot über den Vilayet Aydin an die neue Regierung Dimitrios Gounaris, ohne dass ein griechisches Angebot vorausgegangen wäre.[38] Die Regierung Gounaris verlangte jedoch Garantien für Griechenlands Sicherheit. Nach den Neuwahlen vom 13.6.1915 kam Venizelos im August 1915 erneut an die Regierung; König Konstantin pflegte seine Kontakte zu den Mittelmächten weiter, während Venizelos mit der Entente sympathisierte. Für eine Unterstützung Serbiens bot Außenminister Grey den Griechen daraufhin die Insel Zypern an.[39] Deutschland und Österreich zogen Bulgarien im September 1915 auf ihre Seite. Nach der Verteidigung der Dardanellen mit deutscher Hilfe und dem Kriegseintritt Bulgariens an der Seite der Mittelmächte hatte die Entente 1915 den Druck auf Griechenland erhöht. Die Bulgaren besetzten jetzt Kavalla und Ost-Makedonien. Nach der Weigerung des Königs, die Neutralität aufzugeben, trat Venizelos am 9.10.1915 zurück und ging nach Kreta, wo er eine revolutionäre Bewegung gründete.
Mitte Oktober 1915 landeten englische und französische Truppen nach einem Offiziersputsch in Saloniki, wo Venizelos, der von der orthodoxen Kirche 1916 exkommuniziert wurde, eine Gegenregierung bildete. Der Klerus in Griechenland stand zu König Konstantin und der konservativen Partei. Nur mit Hilfe Frankreichs wurde der Bürgerkrieg verhindert; im Juni 1917 verließ Konstantin I. nach seiner Absetzung Griechenland, wo sein zweiter Sohn Alexander als Nachfolger eingesetzt wurde. Mit massiver Hilfe der Entente übernahm Venizelos wieder die

[37] Llewellyn Smith (2005), XVf.
[38] Lloyd George II (1938), 1210f.
[39] Ebenda, 1217.

Macht in Athen. Erzbischof Theoklitos von Athen wurde Ende 1917 von einer Synode abgesetzt; im März folgte der aus Kreta stammende Venizelist Meletios Metaxakis ihm nach. Die neue Nationalkirche unterstützte den Kurs des Premiers. Venizelos kannte das Angebot, das die Engländer Griechenland durch Minister Grey unterbreitet hatten. Seine Politik konnte er nur durch rücksichtslose Säuberungen in Armee und Verwaltung diktatorisch durchsetzen. Nach dem Zusammenbruch des Osmanischen Reiches suchte er um die Aufnahme in die Allianz der Sieger an und legte ihnen seine Vorstellungen vor. Aber nur noch England unter Lloyd George unterstützte ihn, Italien arrangierte sich bald mit den Kemalisten, und Frankreich ging auf Distanz.
Zu den Geheimverträgen ist generell zu sagen, dass ihr Inhalt schon vor der Publikation durch die Bolschewiken durchsickerte. Erst mit dem Sturz des Zaren wurden die Geheimverträge publik. Am 27.11.1917 publizierten die Bolschewiken in Russland die Geheimverträge, deren Existenz den amerikanischen Präsidenten Wilson dazu veranlasste, für die Zukunft derartige Geheimverträge zu verbieten. Lenin schrieb im März 1917 aus Zürich, dass Russland Konstantinopel bekommen wolle, Frank-reich Syrien und England Mesopotamien.[40] In Deutschland wurde die Sache auch bekannt; Die „Norddeutsche Allgemeine Zeitung" berichtete am 22.5.1917 darüber, dass die Alliierten den Russen Konstantinopel versprochen hätten.[41] Die Zeit der Geheimverträge sollte dann sehr schnell zu Ende gehen. Nach der Publikation der Verträge durch die Sowjets teilte der türkische Oberbefehlshaber Cemal Pascha Kopien davon dem Emir Feisal von Arabien mit und versuchte, ihn wieder auf die Seite der Türken zu ziehen, da das Sykes-Picot-Abkommen ein unabhängiges Arabien ausschloss.

Präsident Wilsons Programm der 14 Punkte (8.1.1918)

Welche Kriegsziele verfolgten die Alliierten hinsichtlich der christlichen Minderheiten in der Türkei? Dazu gab es einige klare Aus-

[40] Evans (1965), 52f.

[41] Ebenda, 53.

sagen. Bereits am 18.12.1916 hatten die alliierten Mächte dem US-Präsidenten Woodrow Wilson auf die Frage nach der Möglichkeit eines Friedensschlusses geantwortet, zu den wichtigsten Kriegszielen gehöre es, die Völker von der blutigen Herrschaft der Türken zu befreien.[42] Seit dem Eintritt der USA in den Weltkrieg richteten sich die Hoffnungen vieler Humanisten auf den Präsidenten Wilson. Die „Armenische National-Delegation" formulierte die Wünsche nach einem freien Armenien unter Einschluss der sechs östlichen Vilayets der Türkei. Als Wilsons Vertrauter Colonel House ihm Ende November 1917 von seinen Gesprächen mit den französischen und britischen Politikern berichtete, antwortete Wilson, die USA würden keine egoistischen Ziele einzelner Länder unterstützen – vielleicht mit Ausnahme der Abtretung von Elsass-Lothringen.[43] In den USA gab es auch missionarische Kreise, die sich bereits seit längerer Zeit für die orientalischen Christen interessierten und Hilfskomitees organisierten, die bei den Armeniern, Syrern und Nestorianern Schulen und Krankenhäuser errichteten. Wie ernst waren diese Aussagen zu nehmen?

Am 20.12.1917 hatte der englische Premier Lloyd George erklärt, der Boden Armeniens sei mit dem Blut von Unschuldigen getränkt; Armenien sei daher ein Land das „never be restored to the blasting tyranny of the Turk".[44] Noch im Sommer 1918 sagte er, England werde nie seine Verpflichtung für Armenien vergessen. Der französische Außenminister hatte bereits am 10.1.1917 geäußert, das ultimative Kriegsziel sei die Befreiung der Völker von der barbarischen Herrschaft der Türken, die sich radikal von der europäischen Zivilisation entfernt hätten.[45] Der englische Armenien-Aktivist Lord Bryce hatte bereits 1917 dem Außenminister Balfour erstmals vorgeschlagen, die USA sollten eine Art Protektorat über Armenien übernehmen; England hatte an den ausgebluteten und desolaten Gebieten im Kaukasus kein besonderes Interesse.

Grundsätzlich einig waren sich die Siegermächte darin, dass

[42] Taner Akcam: Another History of Sèvres and Lausanne, in: Kieser-Schaller (2003), 281-299, hier 284.

[43] Evans (1965), 70.

[44] Christopher J. Walker: Armenia. The Survival of a Nation, 2. ed., London 1990, 263.

[45] Akcam (2003), 284.

die Türkei aus Europa (Ost-Thrakien) verdrängt werden und die Meerengen internationaler Kontrolle unterstellt werden sollten. Einig war man sich auch über die „Balfour Declaration“, die den Juden eine „nationale Heimstätte in Palästina“ versprach (1917) und jetzt erstmals auch offiziell in der Schaffung eines armenischen Staates; dabei war man sich bewusst, dass ein freies Armenien ohne politische, militärische und ökonomische Unterstützung nicht lebensfähig sein würde. Bald kam es jedoch zu Auseinandersetzungen, als England die griechischen Ansprüche auf Westkleinasien unterstützte, was vor allem auf italienische und französische Ablehnung stieß. Italien und Frankreich waren beide daran interessiert, den Hafen von Smyrna zu kontrollieren, der jedoch auch von Griechenland beansprucht wurde. Allgemeine Übereinstimmung herrschte über die Gebiete, die von der Türkei abgetrennt werden sollten, wie Syrien, Mesopotamien, Armenien, Palästina und Arabien; die Engländer wollten auch eine Autonomie von Kurdistan in einem Mandat Mesopotamien durchsetzen.[46]

Präsident Wilson war der einzige Spitzenpolitiker, der in seinem Engagement für Armenien konsequent tätig blieb. Kein Politiker der Pariser Friedenskonferenz war derart von idealistischen Vorstellungen beseelt wie Wilson; seine Position in den USA selbst war jedoch dadurch geschwächt, dass die Republikaner bei den Kongresswahlen im November 1918 die Mehrheit errangen und daher oft die Politik des Demokraten konterkarierten. Henry Cabot Lodge, der Sprecher des „Foreign Relations Committee“, war sein erbitterter Feind; kein Republikaner gehörte der amerikanischen Friedensdelegation an. Wilson sah sich aber bald mit den widerstrebenden nationalen Interessen und Versprechungen konfrontiert, an denen die USA nicht beteiligt gewesen waren. Wilson beharrte darauf, dass die Waffenstillstandsvereinbarungen auf der Grundlage seiner „14 Punkte“ vom 8.1.1918 geschlossen würden, in denen die Integrität der rein türkischen Gebiete des Osmanischen Reiches nicht in Frage gestellt wurden. Die unterdrückten Nationen sollten jedoch die Gelegenheit erhalten, selbst über ihre Zukunft zu bestimmen. Im

[46] Helmreich (1974), 26f.

Streitfall versuchte Wilson die früheren Vereinbarungen zwischen England, Russland, Frankreich und Italien zu ignorieren – was freilich nicht vollständig gelang. Es fiel den Staaten auch schwer, Wilsons Forderung nach Ächtung der Geheimdiplomatie Folge zu leisten. Kein Politiker stand derart engagiert hinter der Idee des erst zu schaffenden Völkerbundes, der Gebiete der besiegten Großmächte als „Mandate" übernehmen sollte, die prinzipiell auch unabhängig werden konnten oder sollten. Vor allem Italien wurde nervös und ersuchte England und Frankreich um die Bestätigung des Londoner Vertrages.

Nach Ende des Krieges führte das „Londoner Abkommen" zu schweren Zerwürfnissen zwischen Italien und Präsident Wilson, mit dessen „14 Punkten" der Vertrag besonders hinsichtlich Südtirols, des Dodekanes und eines Gebietes um Antalya unvereinbar war. Wilson hatte am Vorabend des Waffenstillstandes seinen Verbündeten das Programm der „14 Punkte" aufzwingen können. Dabei hieß es in Punkt 12 über das Osmanische Reich: „Den türkischen Teilen des Ottomanischen Reiches wird Gewähr für eine ‚gesicherte Souveränität' gegeben, den unterworfenen Nationalitäten die ‚Möglichkeit zu völlig unbehelligter autonomer Entwicklung' („but the other nationalities which are no wunder Turkish rule should be assured undoubted security of life and an absolutely unmolested opportunity of autonomous development").[47] Mit den geheimen Zusagen des Londoner Vertrages und des Sykes-Picot-Abkommens konnte er sich nicht anfreunden. So betonte er gegenüber dem italienischen Premier Orlando, ohne die Zustimmung der Bewohner Anatoliens werde Italien hier keine Besitzungen erhalten.[48] Lloyd George widersetzte sich in der Kolonialfrage, Italien bei der Durchsetzung des Londoner Vertrags (Brennergrenze!) und Clemenceau in der Frage des Anschlussverbots Österreichs und der Rheinlandregelung. Wilson wurde in der Folgezeit zu einem vehementen Gegner der Geheimdiplomatie, ohne sie freilich verhindern zu können; die Konferenzen über die Friedensverträge fanden nicht in der

[47] Harold Nicolson: Friedensmacher 1919, Berlin, 6. Aufl., 1934, 44.

[48] Arthur Walworth: Wilson and his Peacemakers. American Diplomacy at the Paris Peace Conference, London 1986, 494.

Öffentlichkeit statt, sondern im exklusiven Rat der zehn Außenminister (darunter Griechenland) und der „großen Vier“ (Wilson, Clemenceau, Lloyd George und Orlando).

2. Die russische Revolution und der Friede von Brest (18.3.1918)

Die russische Revolution veränderte im Herbst 1917 die Lage im Orient und die Situation der Armenier im 1. Weltkrieg grundlegend, da Russland jetzt nicht mehr die Protektion über die Armenier in Ostanatolien übernehmen konnte, während Frankreich an seinem Kriegsziel festhielt, nach dem Sieg über das Osmanische Reich das Protektorat über Kilikien zu übernehmen. Die Armenier waren nach den Massakern von 1915/17 besorgt, erneut unter türkische Herrschaft zu kommen. Der englische Premier Lloyd George versprach mehrfach, dass den Armeniern dieses Schicksal nie mehr widerfahren sollte, allerdings war dies mehr als Beruhigung für die Intellektuellen gedacht; die Zusicherungen blieben vage. Am 5.1.1918 äußerte er sich zu den Kriegszielen Englands: „Outside Europe, we believe that the same principles should be applied. While we do not challenge the maintenance of the Turkish Empire in the homelands of the Turkish race with its capital at Constantinople, the passage between the Mediterranean and the Black Sea being internationalized and neutralized, Arabia, Armenia, Mesopotamia, Syria and Palestine are in our judgment entitled to a recognition of their separate national conditions. What the exact form of that recognition in each particular case should be need not here be discussed, beyond stating that it would be impossible to restore to their former sovereignty the territories to which I have already referred."[49]

Das Schicksal der Armenier wurde damit in die Hände der Sieger gelegt. Englische Diplomaten hatten bereits Ende 1917 in der Schweiz über Dr. Parodi, den Leiter der ägyptischen Mission in Genf, Kontakte zur Opposition im „Komitee für Einheit und Fortschritt", in dem von den Führern nur Enver Pascha am Bündnis mit Deutschland festhielt, geknüpft. Die Türken waren bereit, Hedschas als Königreich in die Unabhängigkeit zu entlassen. Syrien, Mesopotamien und Palästina sollten mit gewählten Parlamenten unter türkischer Oberhoheit verbleiben. Über Armenien hieß es: „Die ententefreundliche Partei erkenne den gänzlichen

[49] http://www.lib.byu.edu/~rdh/wwi/1918/waraims.html

Misserfolg der türkischen Regierung in Armenien an und schäme sich der langen Reihe von Morden und Grausamkeiten. Sie ist daher bereit, die Entscheidung über das Schicksal Armeniens den europäischen Mächten zu überlassen. Um diese Entscheidung zu erleichtern, wolle man die Kurden aus den armenischen Vilayets in ein besonderes kurdisches Vilayet überführen."[50] Hier klang das Eingeständnis der Komplizenschaft beim Genozid mit den Kurden durch. Vom Status der Griechen war dabei keine Rede. In der Antwort der Engländer zeigte man sich bereit, den Türken Konstantinopel zu belassen, wenn die Meerengen als neutral erklärt würden. Die Alliierten zeigten sich „fest entschlossen, der Türkei die Verwaltungshoheit über Armenien, Syrien, Mesopotamien, Palästina und Arabien zu entziehen und der Bevölkerung dieser Gebiete unter dem Schutze einer oder mehrerer der alliierten Mächte ihre eigene selbständige Regierung zu geben. ...Was das internationale Verhältnis dieser Gebiete angeht, so würden Armenien und Arabien gänzlich von der Türkei getrennt werden."[51]

Die Vereinbarungen mit Russland zu Beginn des Krieges waren damit obsolet geworden. England und Frankreich hatten damit freie Hand; die USA erklärten der Türkei nie offiziell den Krieg. Italien und Griechenland spielten dabei nur eine untergeordnete Rolle. Auch in einer Rede an die englischen Gewerkschafter vom 5.1.1918 sagte Lloyd George, er habe nichts gegen die Aufrechterhaltung der Türkei in den Bezirken der türkischen Rasse „mit der Hauptstadt Konstantinopel", wenn die Meerengen offen seien. „Arabien, Armenien, Mesopotamien, Syrien und Palästina haben aber nach unserer Meinung das Recht auf Anerkennung ihrer nationalen Eigenart." Er bekannte sich auch hinsichtlich der Kolonien zum Selbstbestimmungsrecht der Völker.[52] Im Entwurf des britischen Kriegskabinetts für einen Waffenstillstand mit der Türkei war auch der Passus enthalten, dass die Türkei Kriegsgefangene sowie armenische internierte Personen und Gefangene

---

[50] David Lloyd George: Mein Anteil am Weltkrieg. Kriegsmemoiren, Bd. 3, Berlin 1936, 49.

[51] Ebenda, 52.

[52] Ebenda, 59f.

nach Konstantinopel an die Alliierten auszuliefern habe.[53] Diese Forderung wurde später nicht konsequent durchgehalten. Am 13.1.1918 erklärte Lenin Armenien für unabhängig.
Bereits im Dezember 1917 kam es zu einem Waffenstillstand zwischen Russland und der Türkei; am 1.1.1918 schlossen die Jungtürken einen Friedensvertrag mit Russland. Der Armenier Thomas Nazarbekian war der russische Oberkommandierende im Kaukasus; Andranik Toros Ozanian, sein Gefährte, trat in die Dienste der neuen Republik Armenien. Als es am 18.3.1918 zum Abschluss des Friedensvertrages von Brest zwischen dem bolschewistischen Russland und dem Deutschen Reich kam, waren in dem mit Deutschland verbündeten Osmanischen Reich bereits mehr als eineinhalb Millionen Armenier zwischen 1915 und 1917 von den Jungtürken vom „Komitee für Einheit und Fortschritt“ (CUP) ermordet worden. Im deutschen Reichstag protestierte der USPD-Abgeordnete Georg Ledebour, der schon 1917 im Reichstag gegen die Armeniermassaker protestiert hatte, gegen den Friedensschluss, der zur Ausrottung der Armenier führen könne. Der Nordostteil der Türkei von Trapezunt bis zum Vansee war zu diesem Zeitpunkt von russischen Truppen besetzt, sodass sich die Frage ergab, was jetzt mit diesen Gebieten zu geschehen habe. Zu diesen eroberten Gebieten gehörten auch die bis 1915 vor allem von Armeniern besiedelten Gebiete. Es ging dabei um das bisherige Russisch-Transkaukasien, das aus den christlichen Gebieten Georgien und Armenien und dem überwiegend muslimischen Aserbeidschan bestand. Auch in Georgien und Aserbeidschan gab es Armenier. England war nicht abgeneigt, mit den Türken einen Frieden zu schließen, um die europäische Front zu entlasten. Sechs armenische Bataillone in Russland weigerten sich, an die persische Grenze zu gehen, und das „Armenische Komitee“ in Petrograd wollte wissen, wie es mit der Zukunft Armeniens aussehe. Die Türken wollten sich die günstige Situation nicht entgehen lassen, die von den russischen Truppen eroberten Gebiete in Anatolien wieder zurückzugewinnen.

[53] Ebenda, 532.

Enver Pascha, einer der drei jungtürkischen Diktatoren, der danach strebte, die Turkvölker von Sibirien bis Aserbeidschan unter türkischer Herrschaft zu vereinigen („Turanismus“), befahl am 9.2.1918 den Einmarsch in die Ostprovinzen, der am 14.2. begann. Im Artikel 4 des Friedensvertrages von Brest-Litowsk verpflichtete sich Russland im März 1918 zur Räumung der ostanatolischen Provinzen sowie der drei genannten Gebiete von Batumi, Kars und Ardahan und versprach, sich nicht in die Frage der Neuregelung der Verhältnisse in diesen Gebieten einzumischen. Er enthielt jedoch nichts über das Schicksal von Georgien, Armenien und Aserbeidschan. Georgien wurde von den Deutschen als eine Art Protektorat betrachtet; in einem Zusatzabkommen vom 27.8.1918 verzichtete Russland in Berlin ausdrücklich auf Georgien. Binnen zwei Monaten erreichten die Türken wieder die alte Ostgrenze von 1877; sie eroberten auch die damals verlorenen Provinzen Batumi, Kars und Ardahan zurück.
Seit Dezember 1917 wurde die Frontlinie von lokalen Truppen verteidigt; Georgier verteidigten Batumi, Armenier die Linie von Erzinjan bis Van; zusammen verfügten die beiden Länder über etwa 20.000 Mann. Der armenische General Thomas Nazarbekian befehligte zwei Divisionen, General Andranik eine dritte und Chaldäer unter Aga Petros und Nestorianer unter Mar Shimun sicherten die Grenze gegen Persien. Vor Beginn der Verhandlungen zwischen den Türken und Transkaukasien wurde Erzerum am 12.3.1918 von den Türken zurückerobert; dabei wurden 120 Armenier von den Türken erschlagen. Mit dem Fall von Erzerum war die Rückeroberung von Türkisch-Armenien besiegelt. Während die Türken die Verhandlungen in Trapezunt verschleppten, überschritten ihre Truppen am 19.3. die alte Grenze nach Ardahan. Während Baku noch unter sowjetischer Kontrolle blieb, propagierte Enver Pascha den Anschluss des Gebietes der Aseris an die Türkei.
Im Bürgerkrieg verbündeten sich die Bolschewiken in Baku mit der armenischen sozialistischen Partei der Daschnaken. Am 20./21.4.1918 beschlossen die Armenier, die wichtige Festung Kars gegen die Türken zu verteidigen. Akaki Chkhenkeli, der

als Ministerpräsident Transkaukasiens vorgesehene Georgier, übergab hinter dem Rücken der Armenier Kars an die Türken, die es am 25.4. unter der Führung von General Kiazim Karabekir einnahmen. Die „Transkaukasische Republik" erkannte die Türkei noch vor dem Friedensschluss an.

Die bis dahin russischen Gebiete Armenien, Georgien und Aserbeidschan riefen am 22.4.1918 in Tiflis die „Transkaukasische Republik" aus, die jedoch rasch wieder zerfiel. Am 28.5.1918 kam es zur Ausrufung der Republiken Armenien und Georgien, die nun sowohl von der Türkei wie auch vom bolschewistischen Russland bedroht waren. Die Friedensverhandlungen begannen am 5.5.1918 in Batumi. Auf der türkischen Seite nahmen neben Justizminister Khalil Bey auch Cemal Pascha, Graf von Schulenburg und Otto von Wesendonck teil – ein Symptom dafür, dass Deutschland mit der Türkei gemeinsame Sache machte. Die Türken forderten einen großen Teil von Russisch-Armenien, und die Georgier verhandelten mit den Deutschen über einen Austritt aus der „Transkaukasischen Republik". Nach einem Sieg der Armenier über die Türken bei Sardarabad am 24.5.1918 wurden einen Tag später die „Republik Georgien" und die „Republik Armenien" als unabhängige Staaten proklamiert.[54]

Die Situation Georgiens war besser als die Armeniens, denn Deutschland betrachtete Georgien als ein Protektorat, das bald auch militärisch unterstützt wurde, sodass die Türken eine Konfrontation mit Deutschland fürchteten und umso mehr Armenien bedrängten. Neben den 350.000 Einwohnern in dem nur etwa 12.000 qkm großen Armenien lebten hier auch noch etwa 400.000 Flüchtlinge aus der Türkei, darunter 100.000 Muslime. Der zu den Daschnaken gehörende Hovhannes Kachaznuni wurde Ministerpräsident. Das Land war kaum bewaffnet und schwer gegen die türkische Militärmacht zu verteidigen. Auf Anraten der Deutschen schloss Armenien daher am 4.6.1918 in Batumi einen harten Waffenstillstandsvertrag mit den Türken, die einen Teil des Landes besetzten und das Durchmarschrecht nach Aserbeidschan erhielten. In 14 Artikeln wurde das Durch-

---

[54] Artem Ohandjanian: Armenien. Der verschwiegene Völkermord, Wien-Köln-Graz 1989, 148-156.

marschrecht der Türken, die sieben km von Erewan und 10 km von Etschmiadzin stationiert waren und den Nachschub für die Armenier unterbinden konnten, vereinbart. Das schwache und nur noch 11.000 qkm große Armenien verlor die Stadt Alexandropol und ersuchte daher Österreich-Ungarn um Unterstützung; der Donaumonarchie schien damit ein letzter Erfolg möglich, aber sie war zu weit weg, um wirklich effektive Hilfe leisten zu können. Am 19.6. unterzeichneten die Vertreter der drei Kaukasusrepubliken in Konstantinopel einen Friedensvertrag mit den Zentralmächten; für Armenien unterschrieben Avetis Aharonian, Alexander Khatisian, M. Babachanian und Colonel Gorghanian. Die Türkei erkannte die Unabhängigkeit der drei Staaten an, die sich verpflichteten, die Türkei gegen die Entente und den General Andranik zu unterstützen, der sich weigerte, auf Türkisch-Armenien zu verzichten und den Vertrag von Batumi zu unterzeichnen.[55] Am 17.7.1918 verlegte Hovhannes Kachaznouni, der Premier des Armenischen National-Rates in Tiflis, den Sitz seiner Regierung nach Erewan; ein türkischer und zwei deutsche Offiziere begleiteten sie. Die Türken hatten nun keine gemeinsame Grenze mit Russland mehr.

Am 30.7.1918 ersuchte Armenien Österreich um diplomatische Anerkennung. Mitte Juli kam eine armenische Delegation nach Berlin, um Deutschland um militärischen Beistand zu bitten. Der österreichische Diplomat Franckenstein berichtete dem Botschafter Pallavicini am 4.8.1918, dass Armenien nur mit den Grenzen des Vertrags von Brest lebensfähig sei. Der Legationsrat Trautmannsdorf wurde instruiert, die Möglichkeit einer Truppenentsendung zu erkunden. Der armenische Katholikos Georg V. schrieb am 3.8. ein Hilfegesuch an Kaiser Karl, das diesem am 17.9.1918 übergeben wurde. Der armenische Diplomat Dr. Ohandjanian kam am 7.9. nach Wien, um hier über Hilfsmaßnahmen zu verhandeln. Inzwischen marschierten die Türken durch Armenien nach Baku, das sie am 14.9.1918 einnahmen; dabei wurden mehr als 20.000 Armenier niedergemetzelt. Die Türken kamen bis Dagestan und Nordpersien, dann brach das Osmanische Reich im Oktober 1918 zusammen und musste mit

[55] Vahan M. Kurkijan: A History of Armenia, 1958, 477.

den Engländern Friedensverhandlungen aufnehmen. Nach der Einnahme Bakus schloss das Deutsche Reich am 23.9.1918 ein geheimes Abkommen über den Kaukasus mit den Osmanen, in dem vereinbart wurde, dass die Türkei Armenien anerkennen und die Truppen aus Armenien und Aserbeidschan zurückziehen werde. Es war dies das einzige Abkommen zwischen Deutschen und Türken über den Kaukasus![56] Der Kapitulation der Türkei gingen in der zweiten Hälfte des Jahres 1918 bereits mehrere Sondierungen für einen Waffenstillstand voraus, in denen auch das Schicksal der Armenier zur Sprache kam. Der türkische Marineminister Raouf Bey fragte den in Konstantinopel zu Verhandlungen weilenden armenischen Politiker Alexander Khatisian sogar, ob er ihn als Zeichen einer Versöhnung mit zu den Verhandlungen nach Mudros begleiten wolle. Eine Autonomie Armeniens wurde auch unter den türkischen Politikern diskutiert, die das Regime der „Jungtürken" ablösen wollten.

[56] Wolfdieter Bihl: Die Kaukasuspolitik der Mittelmächte, Bd. 2: Die Zeit der versuchten kaukasischen Staatlichkeit (1917-1918), Wien-Köln-Weimar 1992, 259.

3. Erste Verhandlungen nach dem Waffenstillstand zu Mudros (1918-1919)

Am 7.10.1919 hatte eine interalliierte Kommission die Bedingungen für einen Waffenstillstand mit der Türkei ausgearbeitet. Am 30.10.1918 unterzeichneten die Türken auf einem englischen Kriegsschiff in Mudros auf Lemnos den Waffenstillstand gegenüber dem Admiral S. A. Gough Calthorpe, der England vertrat, das damit zur führenden Macht des Nahen Ostens wurde. Frankreich, Italien und die USA waren dabei formal nicht beteiligt. Die Engländer wollten bewusst den Waffenstillstand allein diktieren, da Frankreich und Italien zur Niederringung der Türkei kaum etwas und die USA nichts beigetragen hatten – die offiziell nie mit der Türkei im Kriegszustand gewesen waren. Die Kapitulation war bedingungslos; Calthorpe verabsäumte die Entwaffnung der Armee und die Aburteilung der Jungtürken. In zwei Punkten wich der Waffenstillstand von den Beschlüssen der Kommission ab: Hier war die sofortige Räumung von Kilikien gefordert wurden – die vor allem von Frankreich gewünscht wurde, und weiters schränkte Calthorpe die zunächst geforderte Stationierung alliierter Truppen in der Türkei insofern ein, dass dies geschehen sollte, wenn es die Sicherheit der Alliierten erfordere.[57] Die Türken wollten auf keinen Fall zulassen, dass die Griechen sich an den Dardanellen und am Bosporus festsetzten. Es wurde nun festgelegt, dass die türkische Armee sich auf die Vorkriegsgrenzen zurückziehen musste; die sechs armenischen Vilayets wurden unter türkischer Verwaltung belassen. Der Artikel 16 beinhaltete die Übergabe der militärischen Garnisonen in Arabien, Jemen, Syrien und Mesopotamien; Kilikien, das zuerst auch zur Räumung vorgesehen war, wurde in der endgültigen Fassung herausgestrichen. Artikel 24 erlaubte eine Intervention der Alliierten nur bei neuen Massakern!

Mark Sykes protestierte gegen den rein militärische Aspekte berücksichtigenden Waffenstillstand, der den Armeniern keine konkreten Zusagen machte. Die Beherrschung der Dardanellen und des Mittleren Ostens und der Sieg über Deutschland waren

[57] Helmreich (1974), 4.

für die Sieger wichtiger als die Armenier. England und Frankreich trauten den neuen kaukasischen Staaten nicht zu, ihre Grenzen zu schützen; die armenischen Gebiete aber lagen weit von den Gebieten entfernt, die sie bis dahin besetzt hatten (Irak, Palästina, Libanon). Das Vorgehen der Engländer erweckte den Eindruck, als habe man bei den Türken die Räumung Mesopotamiens, Syriens und Palästinas dadurch erkauft, dass die türkische Armee auch weiterhin in den armenischen Gebieten bleiben konnte. Vergeblich protestierten Diplomaten und Intellektuelle wie der Historiker Arnold Toynbee gegen diese Bestimmungen, die er als „falsche Position gegenüber den Armeniern" bezeichnete.
Die türkische Herrschaft über die armenischen Provinzen war damit nicht beendet, die überlebenden Flüchtlinge konnten nicht in ihre Heimat zurückkehren und mussten in der Republik von Erewan bleiben, die ungeschützt vor türkischen Übergriffen war. Lord Bryce bezeichnete den Waffenstillstand als „capital error"; die in die Harems verschleppten armenischen Frauen und Kinder wurden nicht befreit; Hilfsmaßnahmen waren nicht gesichert. Das Schicksal der armenischen Gebiete wurde dem zukünftigen Friedenskongress überlassen. Der Vorschlag Balfours, Stützpunkte in den Gebieten zu besetzen, um zukünftige Massaker zu verhindern, wurde nicht ausgeführt. Auch wurde keinerlei Entwaffnung der türkischen Armee durchgeführt. Dies war eine Voraussetzung für den türkischen Angriff auf die Republik von Erewan im Herbst 1920.
Offiziell blieb man jedoch auf der Seite der Entente bei den proarmenischen Versprechungen. Die beiden Mächte England und Frankreich erklärten am 8.11.1918, ihr Ziel sei es, die von den Türken unterjochten Völker im Orient zu befreien. Der englische Premier David Lloyd George und der italienische Ministerpräsident Vittorio Orlando sagten den Armeniern ihre Unterstützung zu. Der amerikanische Präsident Wilson hatte im 12. seiner „14 Punkte" gefordert, dass die nichttürkischen Völker des Osmanischen Reiches ihre Unabhängigkeit mit sicherer und autonomer Entwicklungsmöglichkeit erlangen sollten. Die Unabhängigkeit Armeniens war damit aber noch keine ausgemachte Sache. Präsident Wilson hatte damit der amerikanischen Außenpolitik einen neuen Weg gewiesen und klar gemacht, dass eine

Englischer Plan für ein unabhängiges Armenien (1919)

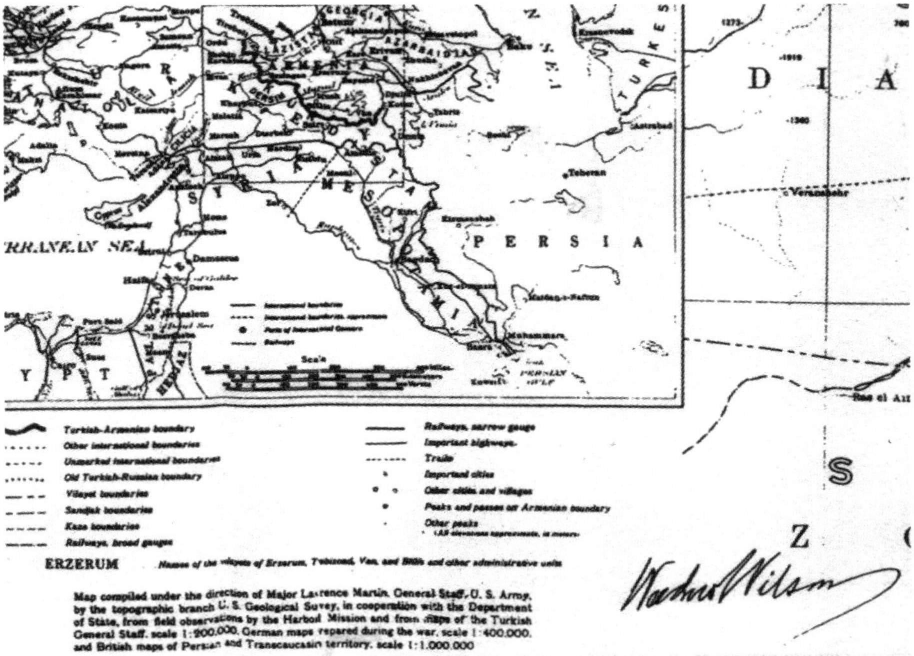

Plan des amerikanischen Präsidenten Wilson für Armenien (1920)

Friedensregelung nicht ohne die Zustimmung der USA erfolgen könne. Das Mandat für Armenien war von Wilson nicht gewollt; es war nur der notwendige Preis für das Mandatssystem als Ganzes.[58] Die vertraglich vereinbarten Kriegsziele der Alliierten wurden am 30.10.1918 von Wilsons Mitarbeiter Oberst House nach seiner Rückkehr aus Europa kommentiert. Dabei heißt es: „Konstantinopel und die Dardanellen sollten unter internationale Kontrolle gestellt werden. ... Den Griechen mochte unter Umständen ein Mandat über Smyrna und die angrenzenden Gebiete zugestanden werden. Armenien sollte ein unabhängiger Staat werden unter der Schutzherrschaft irgendeiner Großmacht."[59] Von einer Eigenstaatlichkeit Armeniens war dabei jedoch keine Rede. Colonel House schrieb am 5.11.1918 in einer Interpretation zu den von Präsident Wilson proklamierten „14 Punkten": „Armenia must be given a port on the Mediterranean, and a protecting power established. France may claim it, but the Armenians would prefer Great Britain."[60] Calthorpe als Hoher Kommissar sagte am 18.1.1919 zum türkischen Außenminister, die britische Regierung habe sich festgelegt, die Verantwortlichen für die Armenier-Massaker zu bestrafen.

Zu Beginn der Verhandlungen Anfang 1919 beschäftigte sich Präsident Wilson zunächst mit der Gründung des Völkerbundes, der in Zukunft maßgeblich die Friedenssicherung übernehmen sollte. Bei den Gesprächen über die Zukunft und Aufteilung der deutschen Kolonien entstand der Begriff eines „Mandates": darunter sollte man Gebiete verstehen, die der Völkerbund einem Land zur zeitweisen Verwaltung übergeben wollte. Damit ließen sich die Ambitionen Frankreichs auf Syrien und Englands auf Mesopotamien juristisch genau definieren. Auch Armenien und die griechisch besiedelten Gebiete Kleinasiens kamen prinzipiell für ein derartiges Mandat in Frage. Die „Mandate" waren ein Kompromiss zwischen den Annexionswünschen Englands, Frankreichs und Italiens und dem Wilson'schen Prinzip der Selbstbestimmung.[61]

---

[58] Evans (1965), 128.

[59] Nicolson (1919), 20.

[60] Evans (1965), 79 u. http://www.lib.byu.edu/~rdh/wwi/1918.html.

[61] Evans (1965), 105.

Die Armenier zweifelten an der Ernsthaftigkeit der von England und Frankreich geleisteten Versprechen bezüglich ihrer Befreiung. Der englische Außenminister Balfour versicherte dem armenischen Gesandten Boghos Nubar am 12.10.1918, die Befreiung Armeniens sei ein Kriegsziel der Engländer. Talaat Pascha werde für seine Taten gehängt werden. Die Frage war nur, ob die Politiker sich später durch derartige Versprechungen gebunden fühlen würden. Anfang Dezember 1918 plünderten türkische Truppen Alexandropol in der Republik Armenien, sie schleppten Eisenbahnteile, Haushaltswaren, Baumwolle und Nahrungsmittel davon. Zunächst wurde Kilikien von den Engländern besetzt. Am 25.11.1918 kam der französische Colonel Raymond nach Adana in Kilikien und teilte dem ottomanischen Gouverneur mit, dass französische Truppen Kilikien besetzen würden und die osmanische Armee und die Mitglieder der Jungtürken-Partei CUP das Gebiet unverzüglich zu verlassen hätten. Am 21.12.1918 wurde Adana besetzt und von hier aus die französische Position in Kilikien ausgebaut.[62] Kilikien, der Sandschak von Iskenderum mit Antakia – der alten christlichen Metropole Antiochia –, Syrien und der Libanon wurden rasch von den Franzosen besetzt, die den Scherifen Feisal von Mekka, der sich mit Hilfe der Engländer zum „König von Syrien" ausgerufen hatte, aus Damaskus vertrieben. Die aus Kilikien geflüchteten überlebenden Armenier kamen daher zum großen Teil wieder zurück und wurden erst nach Abzug der Franzosen Ende 1921 in einem neuerlichen Massaker von den Türken ermordet. Am 6.1.1919 publizierten die Armenier einen Hilferuf an die Welt, sie vor neuen Massakern zu schützen.
Angesichts der chaotischen Zustände im Libanon, wo nach Aufhebung der Autonomie durch die Jungtürken 1914 mehr als 100.000 Menschen umgekommen waren und wo in Camps bei Beirut etwa 15.000 geflüchtete Assyrer und Armenier vom amerikanischen „Near East relief committee" versorgt wurden, landete bereits am 7.10.1918 eine französische Marine-Division.[63] Dies entsprach nicht nur der traditionellen Politik Frankreichs, sondern

[62] Andrew Mango: Atatürk, London 2004, 193.

[63] Hitti (1957), 485f.

auch dem Sykes-Picot-Abkommen, das in Zukunft jedoch nur noch eine beschränkte Gültigkeit hatte.
Die zweitgrößte christliche Gruppe im Osmanischen Reich bildeten die Armenier, die bereits 1895/96 Progrome hatten erleiden müssen und ähnlich wie die Griechen einen Nationalstaat erstrebten, in dem die auf das Osmanische Reich, das Persische Reich und Russland verstreuten Armenier eine nationale Heimstätte erhalten sollten. Durch den von den Jungtürken 1915/17 durchgeführten Genozid mit eineinhalb Millionen Toten fühlten sich vor allem die erst 1917 in den Weltkrieg eingetretenen USA verpflichtet, an der Errichtung eines armenischen Staates mitzuwirken. Das größte Problem dabei war, dass die Armenier in ihrer ursprünglichen Heimat, den sechs „östlichen Vilayets" im Osmanischen Reich, zahlenmäßig keine Mehrheit mehr bildeten und auch im Bereich des mittelalterlichen Königreichs „Klein-Armenien" in Kilikien nur noch eine Minderheit bildeten. Die Entente hatte sich hohe Kriegsziele gesteckt und mehrfach die Notwendigkeit einer „Bestrafung" für die Türkei betont. In einer gemeinsamen Erklärung hatten England und Frankreich erklärt, Ziel ihrer Politik sei die vollständige Befreiung der von den Türken unterjochten Völker. Der italienische Premier Vittorio Orlando erklärte, man solle den Armeniern sagen, dass er ihre Sache zu der seinigen machen werde. In den USA unterstützte vor allem das „American Committee for the Independence of Armenia" die Armenier.
Ein großes Problem bei den Friedensverhandlungen bildeten auf englischer Seite die Meinungsverschiedenheiten in der liberal-konservativen Koalition. Vor Beginn der Friedensverhandlungen wurde in der englischen Regierung im Dezember 1918 ein „Eastern Committee" gebildet. Der konservative Außenminister Arthur James Balfour sollte nach Beendigung der Friedensverhandlungen zurücktreten. Der ebenfalls konservative Vorsitzende des Committees, Lord George Curzon, der seit Ende 1916 als Lordsiegelbewahrer Mitglied des Kriegskabinetts war, legte zunächst ein bereits Anfang 1918 verfasstes Memorandum vor, das auf dem Prinzip des Konsenses der Beteiligten beruhte und es vermied, den orientalischen Nationalismus in die Opposition

zu treiben. Wenn man den von der Türkei unterjochten Armeniern und Arabern das Recht der Selbstbestimmung gewähre, müsse dies auch für die Türken gelten. Er verwarf den von Italienern, Franzosen und Griechen vorgetragenen Plan einer Aufteilung Kleinasiens, auch der Premier Lloyd George pflichtete dem bei. Er schlug daher vor, den Türken das anatolische Kernland mit Ankara oder Bursa als Hauptstadt zu belassen, um den türkischen Nationalismus abzuwehren. Andererseits sollte den Türken klar gemacht werden, dass sie den Krieg verloren hatten und dafür bezahlen müssten. Daher sollten sie Konstantinopel und die Meerengen mit Ost-Thrakien für immer verlieren. „Fast fünf Jahrhunderte lang ist die Anwesenheit der Türken in Europa eine Quelle der Wirrnis, Intrige und Korruption in der europäischen Politik gewesen, der Unterdrückung und Missregierung für die unterworfenen Nationalitäten und ein Antrieb zu unbegründeten und überheblichen Ansprüchen in der moslimischen Welt. Sie hat die Türken ermutigt, sich als eine Großmacht zu betrachten, und es ermöglicht, auch anderen diese falsche Vorstellung beizubringen. Sie hat sie in die Lage versetzt, die eine Macht gegen die andere auszuspielen und in deren Eifersüchteleien wie in den eigenen Ränken Vorwände zu finden, sich dauernd jeder Verpflichtung zu entziehen."[64]
Curzon vertrat daher die Auffassung, die Türkei auf Kleinasien zu beschränken und Konstantinopel und die Meerengen in andere Hände zu geben. Diese Gebiete sollten dem von Präsident Wilson initiierten Völkerbund unterstellt und unter amerikanischem Vorsitz verwaltet werden. Hier wäre es auch leicht gewesen, angesichts der britischen Flottenpräsenz militärischen Druck auszuüben, was in allen anderen Gebieten der Türkei viel schwieriger war. „Waren die Türken erst einmal aus Europa vertrieben und eine internationale Verwaltung in Konstantinopel eingerichtet, so hätte kein Gasi[65] die Möglichkeit oder auch nur das Verlangen gehabt, ein so übermächtiges und strategisch so

---

[64] Nicolson (1934), 80f.

[65] Gasi bzw. Gazi war der Titel seldschukischer (türkischer) Bandenführer im 14. Jhdt. in Anatolien, die christliche Gebiete ausraubten; später erhielt Mustafa Kemal den Titel von der Republik als besondere Auszeichnung!

gut ausgebautes System herauszufordern.“[66] Aber die Alliierten gingen auf Curzons Vorschlag nicht ein, dessen Annahme viel Leid und Unrecht hätte ersparen können.
Curzon betonte weiters die Notwendigkeit der Gründung eines armenischen Staates, der ein Bollwerk gegen den Pan-Turanismus der Türken bilden könne. Er meinte auch, dass es notwendig sei, die Türken endgültig aus Europa zu vertreiben: „Stambul in the hands of the Turks has been not only the hotbed of every sort of Eastern vice, but it has been the source from which the poison of corruption and intrigue has spread far and wide into Europe itself. The presence of the Turks at Constantinople has been an ulcer in the side of Europe. If we could get rid of them, if we could agree on the ‘bag and bagage’ policy of Mr. Gladstone and remove them to the other side, we should all feel that a kind of miasma had disappeared from the atmosphere of Europe.“[67] Der britische Diplomat Robert Cecil schlug vor, die sechs Vilayets – in denen es vor dem Krieg 35 % Armenier, 25 % Türken, 20 % Kurden und 20 % andere Christen und Minderheiten gegeben habe – mit Kilikien zu verbinden. Er plädierte für ein „größeres Armenien“, das die Türkei von den Turkvölkern im Kaukasus trennen sollte. Da die Amerikaner wohl nicht auf Dauer als Puffer im Kaukasus bleiben wollten, propagierte Cecil ein französisches Mandat.[68] Am 5.12.1918 erklärte der Generalstab sich damit einverstanden, wollte aber die britische Militärpräsenz in Georgien und im Kaukasus beibehalten und das Mandat durch die alte türkisch-russische Grenze beschränken, wodurch die Republik Armenien eigenständig gewesen wäre. Schließlich einigten sich die Engländer darauf, der Friedenskonferenz ein eigenständiges Armenien, bestehend aus Russisch-Armenien, den sechs Vilayets und Kilikien, vorzuschlagen. Armenien hätte damit einen Zugang zum Schwarzen Meer bei Trapezunt und zum Mittelmeer von Mersin bis Alexandrette gehabt. Damit wären auch Kars, Alexandropol und Julfa armenisch geworden.

---

[66] Ebenda, 82.
[67] Lloyd George II (1938), 1015.
[68] Nassibian (1985), 145.

Außenminister Curzon glaubte, die USA hätten ein größeres Interesse an Armenien, seien aber nicht bereit, ein Mandat zu übernehmen. Schließlich wandten die Briten sich gegen ein französisches Mandat; der Friedenskonferenz schlugen sie am 18.2.1919 das größere Armenien mit Erewan, den sechs Vilayets und Kilikien vor. In diesem Sinne war England, das gegenüber Armenien nur sentimentale und humanitäre Interessen verfolgte, am 16.12.1918 zur Revision des Sykes-Picot-Abkommen bereit und gesonnen, entweder Frankreich oder den USA das Mandat anzuvertrauen. Das englische Dilemma war, dass man zwar prinzipiell für einen armenischen Staat war, andererseits aber keinerlei Verantwortung für eine Realisierung übernehmen wollte. Als der französische Premier Clemenceau im Dezember 1918 London besuchte, fragte er Lloyd George, was er speziell von Frankreich wünsche. Dieser erwiderte, Frankreich solle zustimmen, dass England Mossul und Palästina von Dan bis Beersheba erhalte. Clemenceau erklärte sich ohne Zögern damit einverstanden.[69] Für Frankreich war der französische Einfluss auf das Rheinland und das Niederhalten Deutschlands wichtiger als die angeblichen „historischen Rechte“ Frankreichs auf den Nahen Orient, die zwar immer betont wurden, für die Frankreich jedoch nach dem 1. Weltkrieg letztlich kaum Potential einsetzte und hier den Briten stets den Vortritt überließ. Am 11.2. einigten sich die Großmächte auf eine provisorische Aufteilung, die den Briten Palästina und Mesopotamien, den Franzosen Syrien (ohne Kilikien und Palästina) und den Italienern den Bezirk von Konya und nicht näher bezeichnete Gebiete im Kaukasus überließ.[70] Ein schwelender Konflikt wurde die Unvereinbarkeit der englischen Versprechungen an die Araber mit den französischen Protektoratswünschen in Syrien.
Zu Beginn der Pariser Verhandlungen warnte Lewis Heck, der amerikanische Hochkommissar in Konstantinopel, die Pariser Friedenskonferenz, ein unabhängiges Armenien zu proklamieren, bevor die alliierte militärische Kommission die Kontrolle in Kleinasien übernommen habe und eine große Zahl von Per-

[69] Helmreich (1974), 17.

[70] Ebenda, 29f.

sonen, die an den Armeniermassakern schuldig waren, verhaftet worden seien, damit die Türken sähen, was ihnen bei weiteren Massakern passieren würde.[71] Beide Voraussetzungen wurden jedoch nie erfüllt; dies trug auch dazu bei, dass es auf türkischem Boden nie zu dem Versuch der Errichtung eines armenischen Staates kam. Als die Franzosen zu Beginn des Jahres 1919 mit vorwiegend aus Armeniern bestehenden Truppen in Mersin landeten, reagierten die Türken rasch. Rückkehrende Armenier wurden überall daran gehindert, ihre früheren Güter wieder in Besitz zu nehmen.

Neben England, Frankreich und Italien spielte auch Griechenland unter den Siegermächten bei den Pariser Friedensverhandlungen mit den Türken eine wichtige Rolle. In Konstantinopel, das 1922 den Namen Istanbul erhielt, wurde der orthodoxe Patriarch Germanos V. von einem Komitee von Bischöfen und Laien im Oktober 1919 abgesetzt, weil er zu willfährig gegenüber den Türken gewesen sei. Der Metropolit Dorotheos von Bursa wurde zum Statthalter gewählt. Er brach die Beziehungen der Orthodoxen zur osmanischen Regierung ab und sprach sie aller Verpflichtungen gegenüber dem osmanischen Staat ledig. Über dem Amtssitz Phanar wurde die griechische Fahne gehisst und in den Kirchen Kundgebungen für den Anschluss der Stadt an Griechenland abgehalten. Dorotheos verlangte zunächst die Vereinigung Konstantinopels mit Griechenland, später aber die Ausrufung eines Staates Konstantinopel unter griechischem Mandat. In London warb er um die Unterstützung der anglikanischen Kirche für diesen Plan.[72]

In Griechenland war die Situation angesichts des Gegensatzes zwischen dem im Juni 1917 abgesetzten König Konstantin I. und dem kretischen Politiker Venizelos verworren. Am 2.11.1918 schrieb Venizelos an Lloyd George, die Armenier verdienten die Sympathie der ganzen Welt wie ebenso auch die Griechen; es dürfe keinen Frieden geben, ohne dass ihre Zukunft gesichert sei. Er brachte jetzt wieder die Frage West-Kleinasien zur

---

[71] Helmreich (1974), 47.

[72] Friedrich Wilhelm Fernau: Patriarchen am Goldenen Horn. Gegenwart und Tradition des orthodoxen Orients, Opladen 1967, 110f.

Sprache und meinte, vielleicht lasse sich die Annexion von Ost-Thrakien leichter realisieren. Aber auch die Übergabe von West-Kleinasien an Griechenland würde den Zielen der Alliierten dienen.[73] Lloyd George meinte, dass das Vilayet Aydin mit seiner griechischen Mehrheit eher an Griechenland als an Italien fallen solle. Es kam auch der Austausch zwischen Griechen und Türken in Thrakien zur Sprache. Am 30.12.1918 legte Venizelos der Pariser Friedenskonferenz seine Denkschrift „La Grèce devant le Congrès" vor, in der er ausführte, von den 1.173.000 Bewohnern des Vilayets Konstantinopel seien 419.000 Türken und 364.000 Griechen; an wirtschaftlicher und kultureller Bedeutung seien die Griechen den Türken jedoch weitaus überlegen. Er betonte auch, dass Konstantinopel der Sitz des ökumenischen Patriarchates sei. Die Großmächte aber fürchteten Unruhen in der islamischen Welt und wollten nicht so weit gehen. Venizelos schlug daraufhin die Internationalisierung der Stadt vor. Im Januar 1919 kam es auch zwischen Griechenland und Italien zu Verhandlungen; Botschafter Lelio Bonin Longare meldete nach Rom, dass Venizelos zu Zugeständnissen bereit sei, wenn die Griechen Smyrna bekämen. Außenminister Sonnino bot Entgegenkommen im Dodekanes, wenn Griechenland Nord-Epirus an Albanien übergebe. Schließlich forderte Venizelos neben einem Teil des Vilayets Bursa und dem Vilayet Aydin bis auf den Sandschak Denizli auch noch Zypern, das die Engländer 1915 König Konstantin für einen Kriegseintritt angeboten hatten. Die exponierten Städte Trapezunt und Adana war er bereit an Armenien abzutreten. Die britischen Diplomaten Eyre Crowe und Arnold J. Toynbee arbeiteten Vorschläge aus, die die Insel auch weiterhin im Besitz Zyperns beließen; die konservative Parlamentsmehrheit war ohnedies gegen jede Überlegung einer Aufgabe der Insel oder ihre Abtretung an Griechenland.[74]
In Pontus legte Chrysanthos Philippidis, der Metropolit von Trapezunt, dem ökumenischen Patriarchat am 12.10.1918 eine Auflistung der Verbrechen vor, die die Türken an der griechischen

---

[73] Lloyd George II (1938), 1228f.

[74] Heinz A. Richter: Geschichte der Insel Zypern, Bd. 1: 1878-1949, Mannheim-Möhnesee 2004, 115 f u. Helmreich (1975), 38-46.

Minderheit seiner Diözese begangen hatten; derartige Berichte wurden auch in der Konstantinopler Zeitung „Neues Leben“ veröffentlicht. Er betrieb mit Unterstützung des orthodoxen Patriarchats im Phanar die Gründung eines griechischen Staates an der Schwarzmeerküste. Er suchte auch die Führer der armenischen Nationalbewegung in Tiflis und Erewan auf, um einer griechisch-armenischen Konföderation den Weg zu ebnen. Dafür aber konnten sich weder Venizelos noch die diesen unterstützende englische Regierung unter dem liberalen Premier Lloyd George erwärmen. Im Mai 1919 besuchten der Archimandrit Panaretos und der Arzt K. A. Fotiadis von der „Zentralen Vereinigung der Pontusgriechen“ auf Empfehlung des Patriarchats das Pontusgebiet; sie stellten fest, dass im Sandschak Amasya vor dem Krieg 136.768 Griechen lebten, die 393 Schulen mit 12.360 Schülern und 493 Lehrern sowie 498 Kirchen hatten. Von diesen Griechen wurden 72.375 deportiert und verbannt; 70 % der Deportierten starben und 30 % konnten zurückkehren.[75] Ende 1920 veröffentlichte das Ökumenische Patriarchat das Schwarzbuch über die Massaker an den Orthodoxen in den Jahren 1919/20; es zeigt, wie viele Diözesen damals noch bestanden, die von den Kemalisten vernichtet wurden.[76] Als die Griechen sich auf eine Invasion in Kleinasien vorbereiteten, besetzte Italien in einer Blitzaktion am 28.3.1919 den Hafen von Antalya und am 29.4.1919 auch den Hafen von Smyrna Kusadasi (Scala Nova) sowie das türkische Hinterland bis nach Konya. Die Italiener arrangierten sich schon bald mit den Türken gegen die Griechen; Italien sollte die erste Macht der Entente sein, die zu den Türken überging.
Nach der militärischen Katastrophe kamen auch im Osmanischen Reich liberalere Politiker an die Regierung. Am 11.11.1918 übernahm Tevfik Pascha nach dem Sturz der „Jungtürken“ die Regierung des Osmanischen Reiches. Damat Ferit, der Ministerpräsident, der 1919 die Kriegsverbrecherprozesse gegen die Jungtürken durchführen sollte, verurteilte deren Taten am

---

[75] Konstantinos Fotiadis: Der Völkermord an den Griechen des Pontos, in: Verfolgung, Vertreibung und Vernichtung d. Christen, hg. v. T. Hofmann, (2004), 185-219. hier 194.

[76] http://www.greece.org/genocide/Blackbook.htm (Schwarzbuch des Ökumenischen Patriarchates).

18.11.1918 im Senat: „Die verübten Verbrechen sind unerhört. Nicht nur für die osmanische Geschichte, sondern auch für die gesamte Menschheit.“[77] Unter den sieben zivilen Richtern des am 16.12.1918 erstmals zusammengetretenen 1. Sonderkriegsgerichtshofes waren auch drei Christen, darunter zwei Armenier. Auch Mustafa Kemal Pascha wurde verurteilt, aber der italienische Hochkommissar Graf Sforza bot ihm in der italienischen Botschaft Unterschlupf an. Im Mai 1919 wurde Cemal Azmi Bey, der Vali von Trapezunt, in Abwesenheit zum Tode verurteilt. Am 28.5.1919 überstellten die Engländer 12 Untersuchungshäftlinge nach Mudros und 55 nach Malta. Die meisten hier festgehaltenen Gefangenen wurden von der kemalistischen Regierung später nach Kidnapping britischer Offiziere freigepresst. Nur ein kleiner Teil der Schuldigen wurde verurteilt. Am 31.3.1923 wurden alle des Genozids Verdächtigen amnestiert.
Die türkische Regierung in Konstantinopel war über die Rivalitäten zwischen England und Frankreich hinsichtlich der Dominanz im Nahen Osten erfreut und suchten diese gegeneinander auszuspielen. Da sie von den Vertretern der USA und Englands zurückgewiesen wurden, knüpften sie Kontakte zu französischen und italienischen Diplomaten an. Frankreich als größter Geldgeber des Ottomanischen Reiches ging es dabei auch um die Sicherung der wirtschaftlichen Interessen und die Rückzahlung der Schulden. Obwohl der Friedensvertrag erst in Vorbereitung war, erhielt die Regierung des Sultans am 17.6.1919 Gehör vor dem „Rat der Zehn“. Der Zerfall der Kriegskoalition ermöglichte es den Türken, auf dem diplomatischen Parkett verlorenes Terrain zurückzugewinnen. Um entsprechenden Druck bei den Friedensverhandlungen ausüben zu können, besetzten die Engländer am 16.3.1920 Konstantinopel; etwa 50.000 Mann Entente-Truppen blieben dort stationiert; 30.000 von ihnen waren Engländer.[78]

[77] Fotiadis (2004), 193.

[78] Zürcher Erik J.: Turkey. A Modern History, London-New York 2001, 145.

4. Die Vertreter der Christen im Orient bei den Pariser Friedensverhandlungen

Am 20.12.1917 hatte der englische Premier Lloyd George erklärt, der Boden Armeniens sei mit dem Blut von Unschuldigen getränkt; Armenien sei daher ein Land das „never be restored to the blasting tyranny of the Turk".[79] Noch im Sommer 1918 sagte er, England werde nie seine Verpflichtung für Armenien vergessen. Der französische Außenminister hatte bereits am 10.1.1917 geäußert, das ultimative Kriegsziel sei die Befreiung der Völker von der barbarischen Herrschaft der Türken, die sich radikal von der europäischen Zivilisation entfernt hätten.[80] Es ist keine Frage, dass die Gespaltenheit der orientalischen Christen das aggressive Vorgehen der Türken gegen die Christen erleichterte. Von einer ökumenischen Bewegung existierte am Ende des 1. Weltkrieges keine Spur; erste Ansätze gingen damals vom Phanar, dem Sitz des griechisch-orthodoxen Patriarchen von Konstantinopel, aus. Zerstritten waren die Christen auch in ihren Zielsetzungen. Die mit Rom unierten syrischen Christen forderten ein französisches Mandat für Syrien, die syrisch-orthodoxe („jakobitische") Kirche[81] und die ostsyrische „apostolische Kirche des Ostens" („Nestorianer" oder „Chaldäer")[82] bevorzugten ein englisches Mandat und wehrten sich, unter die Herrschaft des Scherifen Feisal von Hedschas zu kommen; amerikanische Chaldäer dagegen wollten ein amerikanisches Mandat. Man war sich auch nicht einig, ob und wie es einen mehrheitlich christlichen Staat geben könne – der schließlich nur im Libanon realisiert werden sollte.

---

[79] Christopher J. Walker: Armenia. The Survival of a Nation, 2. ed., London 1990, 263.

[80] Akcam (2003), 284.

[81] Es handelt sich hierbei um die aus dem alten Patriarchat Antiochien hervorgegangene Kirche mit syrischer Liturgiesprache, die sich heute „syrisch-orthodoxe Kirche" nennt, von ihren Gegnern jedoch als „jakobitisch" bezeichnet wurde. Ein Teil dieser Kirche hat sich durch eine Union mit der katholischen Kirche verbunden.

[82] Die ostsyrische „Apostolische Kirche des Ostens" trennte sich bereits im 5. Jhdt. von der byzantinischen Reichskirche, der sie nie unterstellt wurde. Von ihren Gegnern wurde sie fälschlich als „nestorianisch" bezeichnet. Auch von ihr verband sich ein Teil mit der katholischen Kirche; diese Gruppe bezeichnet sich auch als „Chaldäer"; eine eher politisch interessierte Gruppe der ostsyrischen Christen bezeichnet sich als Nachkommen der alten Assyrer, deren Namen sie übernahmen.

Die sehr nationalistische griechisch-orthodoxe Kirche unterstützte die Politik von Venizelos und forderte einen Anschluss von Westkleinasien, Ost-Thrakien, Zypern und z. T. auch Pontus an Griechenland („Enosis"). Nach dem Sturz von Venizelos war die griechisch-orthodoxe Kirche gespalten. In Paris agitierten die Christen mehr gegen- als miteinander und suchten Frankreich, die USA, England und Griechenland für sich zu gewinnen. Deutschland, Österreich und Russland spielten hingegen bei den Pariser Verhandlungen keine besondere Rolle.
Bei den Pariser Friedensverhandlungen war eine Reihe von Vertretern der verschiedenen christlichen Kirchen anwesend, die griechisch-orthodoxe Kirche durch den Patriarchatsverweser Erzbischof Dorotheos und Erzbischof Chrysanthos Philippidis von Trapezunt. Erzbischof Dorotheos wandte sich am 14.2.1920 an Lloyd George, dem er ein neues Memorandum vorlegte, in dem er betonte, dass Konstantinopel weder in Ursprung, Kultur noch in der Bevölkerung türkisch gewesen sei und dass die Stadt eine hl. Stadt für die Griechen, nicht aber für die Türken sei. „Das Ideal der griechischen Nation ist nicht erreicht, so lange Konstantinopel nicht durch eine starke Verpflichtung mit Griechenland vereint ist". Griechenland sei auch in der Lage, die Meerengen zu beschützen. „Wir bitten daher um eine Union Konstantinopels mit unserem Mutterland, und wir schlagen dieses Arrangement zusammen mit einer Internationalisierung der Meerengen als beste Lösung vor, weil es das Recht der Selbstbestimmung garantiert und mit den Interessen der Mächte übereinstimmt." Wenn dies zu viel verlangt sei, solle man Griechenland ein Mandat zur Verwaltung des Staates Konstantinopel geben. Der ökumenische Patriarch klage der Friedenskonferenz, dass die unerlösten Griechen nicht länger das untragbare Joch der Türken tragen wolle. So lange der Sultan und die türkische Regierung in Konstantinopel sei, sei man ihr unterworfen. Die Christen erhofften von der Friedenskonferenz Reparationen für die im Osten begangenen Verbrechen und die Garantie der eigenen Rechte und Zivilisation. Er sei überzeugt, dass die Entente in ihrer Sorge für die unterdrückten Völker zu einer radikalen Lösung komme.[83] Die

[83] Documents on British Foreign Policy, vol. 7 (1958), 628f, Appendix 5 zu Nr. 70 (14.2.1920).

orthodoxen Kirchenführer sahen sich in ihrer Politik noch immer als die Anführer des Volkes und ihre Vertreter nach außen – wie schon in der osmanischen Zeit! Dorotheos starb am 18.3.1921 in London, wo er um die Unterstützung der anglikanischen Kirche und das „Saint Sophia Redemption Committee" für die Rückgabe der Hagia Sophia an die Orthodoxen warb. Am 27.3.1920 legte Erzbischof Chrysanthos von Trapezunt als Präsident des Pan-Pontischen Kongresses und der Nationalen Liga vom Schwarzen Meer Lloyd George ein Memorandum vor, in dem der Pontus seine Unabhängigkeit von der Türkei forderte. Basis der Wünsche war eine kompakt griechische Bevölkerung von 800.000 Menschen. 250.000 davon waren Flüchtlinge aus Russland und dem Kaukasus.[84] Der orthodoxe Erzbischof von Zypern reiste nach Paris, um die Vereinigung der Insel mit Griechenland zu erreichen.

Neben der katholischen und der orthodoxen Kirche waren auch die syrischen Kirchen in Paris vertreten, darunter die westsyrische Kirche („Jakobiten"). Der westsyrische („jakobitische") Patriarch Ignatius Elias III. reiste 1919 zu Sultan Mehmet VI. nach Konstantinopel, von dem er einen Firman (Bestätigung der Privilegien) erhielt. Am 7.11.1919 berichtete die französische Botschaft in Rom dem Außenamt, dass Bischof Severius Ephrem Barsauma mit Empfehlung des französischen Kommissars in Beirut und des Hochkommissars in Konstantinopel unterwegs nach Paris sei. Man habe aus sicherer Quelle erfahren, dass der Prälat mit dem Emir Feisal in Damaskus in enger Verbindung stehe. Von den Italienern habe er eine Empfehlung zu Minister Tittoni haben wollen. Man müsse vorsichtig sein, zumal er von Paris aus noch nach London wolle.[85] Am 17.11. ersuchte der Erzbischof den französischen Außenminister Pinchon um eine Audienz. Am 21. 11. erhielt das Außenministerium vom Patriarchen Ignatius Elias III. aus Konstantinopel die Auskunft, Barsauma solle um das Protektorat Frankreichs ersuchen, die Opfer der Deportationen und Massaker bekannt machen und um die gleiche finanzielle

---

[84] Ebenda, 582, Nr. 67 (22.3.1920).

[85] Sébastien de Courtois: The Forgotten Genocide. Easttern Christians, The Last Arameans, Piscataway, N.J. 2004, 231f

Der armenische General Andranik

Der nestorianische Aga Petros

Surma, die Schwester des nestorianischen Katholikos

Bischof Ephrem Barsauma in Paris

Hilfe für die Opfer bitten, die auch die Armenier erhalten hätten. Wenn der Patriarch von seinen Glaubensbrüdern in den USA die notwendige finanzielle Unterstützung erhalte und es notwendig sei, werde er auch selbst nach Paris kommen.[86] Ein Beamter des Außenministeriums berichtete kurz darauf, er habe einen Besuch von Barsauma bekommen, der bei ihm den Eindruck hinterlassen habe, ein orientalischer Intrigant zu sein. Im Streit mit den Unierten um das Kloster Mar Elias in Syrien habe er gebeten, seine Position zu unterstützen, obwohl Picot hinter den Unierten stehe. Barsauma agitiere sehr lautstark und glaube, damit Eindruck zu schinden. Er versuche, Feisal für sich zu gewinnen, aber Frankreich habe nichts davon zu befürchten. Die französischen Diplomaten holten Erkundigungen ein und erfuhren, dass Barsauma bei den Dominikanern in Mossul studiert habe und zeitweise Katholik gewesen sei. Dann sei er zum Kloster Deir al-Zafaran bei Mardin gegangen und Bischof geworden.[87]
Da Ephrem Barsauma Französisch sprach, wurde er zum Friedenskongress nach Paris geschickt.[88] Er wurde bald desillusioniert von dem, was er in Paris sah und hörte. In London übergab er der britischen Regierung am 2.4.1920 eine Protestnote über die Massaker der Türken an den Aramäern 1914/15, bei denen 90.313 Menschen ermordet und 346 Dörfer und 156 Kirchen zerstört worden waren. Darin schlug er auch vor, statt von „Armenier-Massakern" der Türken besser von „Christenmassakern" zu sprechen. Aufgelistet werden darin vor allem die Verbrechen der Türken in den Bezirken Diyarbakir, Bitlis, Van und Urfa (Edessa). Für die Zerstörung der Kirchen forderte er eine Entschädigung von 250.000 Pfund. Die Friedenskonferenz wurde aufgefordert, dafür Sorge zu tragen, dass die Christen in Zukunft unbehelligt ihr Leben führen könnten. Auch verlangte er 250.000 Pfund Entschädigung für die Schäden an den Klöstern. So wurden allein in Nisibis (heute Nusaybin) 7000 Christen ermordet und 12 Kirchen zerstört, in Mardin 5815 Menschen und 12 Kirchen und in Midyat

---

[86] Ebenda, 233.

[87] Ebenda, 233f.

[88] Ebenda, 235f.

im Turabdin 25.830 Menschen und 60 Kirchen.[89] Auf einer Sitzung der Friedenskonferenz verteidigte er die Rechte der Araber statt der Assyrer. Die Jakobiten kamen zu der Überzeugung, sie könnten sich nicht durch Flüchtlinge in den USA vertreten lassen.[90] Barsauma arbeitete in Paris mit den Arabern zusammen, die ihn als „Mutran al-Uruba", als „Bischof des Arabismus" bezeichneten. Die Führer der „Jakobiten" waren überzeugt, dass nur die eigenständige Regierung ihnen ihre Rechte zurückgeben könne, während die „Jakobiten" in den USA anders dachten. Im März 1920 war Barsauma wieder bei Patriarch Ignatius Elias in Konstantinopel, wo er mit dem Kardinal Dubois beim französischen Hochkommissar Defrance zusammentraf und ökumenische Fragen erläuterte.[91] 1922 setzte er sich beim Völkerbund für die Rechte der Flüchtlinge aus Kilikien und Edessa ein. Patriarch Ignatius Elias wandte sich am 16.2.1921 von Konstantinopel aus an den Erzbischof von Canterbury, dem er berichtete, dass seine Gläubigen im Krieg wie die Armenier in den Bezirken Urfa, Diyarbakir, Siirt, Bitlis, Harput und Mardin verfolgt worden seien. 166 Kirchen seien zerstört worden. Im März 1920 habe das Außenministerium ihn zu Verhandlungen mit Lord Curzon ermächtigt; nun ersuche er die Konferenz in London um Vermittlung bei der Restitution der Kirchen und Klöster und dem Schutz der Christen in der Türkei. Die Kinder erhielten keine Bildung, und tausende von Witwen lebten unter unbeschreiblichen Bedingungen. Die Kunstwerke ihrer Kultur seien in den Museen Europas zu finden. Er hoffe daher auf Hilfe von England.[92] Die Briefwechsel zeigen, dass auch die kleineren christlichen Kirchen versuchten, bei der Pariser Friedenskonferenz Gehör und Hilfe zu finden.
Angesichts der Tatsache, dass im Oktober 1918 Streitkräfte des Scherifen Feisal wegen der Opposition der Christen gegen seine Staatspläne Beirut besetzt hatten, innerhalb von einer Woche jedoch von britischen und französischen Truppen unter General

[89] Ebenda, 237f. u. 334-336.

[90] John Joseph: The modern Assyrians of the Middle East. Encounters with Western Christian Missions, Archaeologists & Colonial Powers, Leiden-Boston-Köln 2000, 157.

[91] de Courtois (2004), 235f.

[92] Ebenda, 240f.

Allenby wieder vertrieben wurden, rüsteten die Christen sich zur Gegenwehr.[93] Auch Ignatius Ephrem II. Rahmani, der Patriarch der mit Rom unierten „syrisch-katholischen" Kirche (1898-1929), der 1911 seinen Sitz von Mardin nach Mossul und zu Ende des Weltkriegs nach Beirut verlegt hatte, reiste zu Beginn des Jahres 1919 über Rom nach Paris, um an den Verhandlungen teilzunehmen. Am 23.3.1919 meldete G. Picot aus Kairo seine Abreise nach Paris.[94] Am 18.6.1919 wandte Rahmani sich mit einem Memorandum an den Präsidenten des Rates und kritisierte, dass eine Regierung des Scherifen Feisal mit den Prinzipien des Präsidenten Wilson nicht vereinbar sei, dass das Reich Hedschas mit Syrien nie etwas zu tun gehabt habe, die Araber zu einer anderen Rasse als die Syrer gehörten und die Völker nichts miteinander zu tun hätten. Die Herrschaft Feisals würde für die Christen eine neue Sklaverei zur Folge haben, denn die Herrschaft des Scherifen sei noch fanatischer als die der Türken, Abbassiden und Omayaden. Er legte eine Denkschrift über die Leiden der Christen während des Krieges bei. Zu dem französischen Protektorat über Syrien sollte auch Mossul, Mardin und Diyarbakir gehören.[95] Der Generalvikar Tappouni der mit Rom unierten Syrer verlangte am 18.7.1919 ein ausschließlich französisches Mandat über die christlichen Gebiete der Türkei.[96] Die Unierten wollten ein eigenes „syrisches" Staatsbewusstsein begründen, das sich von den Arabern des Hedschas unterscheiden sollte. Dieses „neue Syrien" sollte durch die christlichen Flüchtlinge aus der Türkei ein besonderes Gewicht bekommen.[97] Ephrem II. Rahmani erwähnte auch, dass bei den antifranzösischen Ausschreitungen in Damaskus Ende Februar 1919 hunderte von Christen umgekommen seien. Er forderte daher, dass die britischen Truppen so rasch wie möglich durch französische abgelöst würden und die arabische Verwaltung durch eine französische abgelöst würde. Im Juni 1919 richtete er ein Schreiben an den Präsidenten des

[93] Robert Brenton Betts: Christians in the Arab East, Athens 1978, 31.

[94] de Courtois (2004), 241.

[95] Ebenda, 212, 242-244 u. 343-352..

[96] Ebenda, 356f.

[97] 1943 gründete der orthodoxe Christ Michel Aflaq die syrische Baath-Partei, eine Verbindung von Arabismus und Sozialismus.

Obersten Rates, in dem er daran erinnerte, dass 1916 beschlossen worden sei, ganz Kilikien und Syrien von Diyarbakir bis Mossul unter französische Verwaltung zu stellen. Er beklagte sich darüber, dass Mossul gegen das – ihm offensichtlich bekannte – Sykes-Picot-Abkommen von England besetzt sei. Die Syrer wollten mit dem Scherifen von Mekka nichts zu tun haben. In einer Beilage wurden die Massaker von Edessa (Urfa), Diyarbakir, Mardin, Siirt, Mossul, Jezireh und Aleppo aufgelistet.[98]
Im Juli 1919 war Rahmani in Rom, wo er dem französischen Botschafter erklärte, die Syrer würden nie die türkische Herrschaft gegen eine arabische eintauschen und wünschten ein Syrien von Mossul bis Diyarbakir.[99] Der Botschafter leitete dies ans Außenamt weiter. Der Generalvikar Tappouni wandte sich im Juli 1919 in der gleichen Frage an die „American International Commission of mandates in Turkey". Er betonte, dass die Araber nicht fähig seien, eine Nation zu führen. In ihrer Intoleranz, Blutdürstigkeit und Humanitätslosigkeit glichen sie den Türken. Er erinnerte an die Massaker von 1850 in Damaskus und im Libanon. Die Araber hätten 1915 an den Massakern von Mardin, Urfa und Deir-es Sor teilgenommen und im Februar 1919 unter arabischer Herrschaft die Massaker von Aleppo inszeniert. Im türkischen Sold hätten sie die Massaker in der syrischen Wüste vollendet. Der Araber sei ein Unionist und denke und handle wie ein Jungtürke.[100] Tappouni wandte sich auch vehement gegen die Errichtung eines Kurdenstaates, der für das Los der Christen keine Verbesserung bringe. „Der Türke hat über 300 Jahre regiert und ist weg, zurückgelassen hat er nichts als Ruinen hinter sich. Wird der Araber mehr verstehen als der Türke?" Im Namen „unserer Weisen und Nachkommen" fordere er das französische Mandat. Das „süße Frankreich" sei die Adoptivmutter, zu der die Syrer kämen. Wenn man den Untergang der Nation wolle, solle man sie den Späßen der Araber überlassen. Dann solle man Schiffe schicken, um sie alle zu evakuieren.[101] Die arabische Un-

[98] de Courtois (2004), 242-253.

[99] Ebenda, 212f.

[100] Ebenda, 213 u. 253-259.

[101] Die zukünftige Geschichte sollte zeigen, dass der Prozentsatz der Christen im Vorderen Orient von 1919 bis heute weiterhin rasant zurückgehen sollte!

abhängigkeit lehnten die Christen ab, weil sie ihnen Niedergang und Tod brächte. Der Generalvikar berief sich auf die Artikel 261, 287 und 317 des Vertrags von Sèvres und forderte die Rückgabe des 1914 von den Türken beschlagnahmten Klosters Mar Elias in Qaryatain in Syrien.

Der ostsyrische („nestorianische") Katholikos Shimun XX. ließ sich im Sommer 1919 durch seine Schwester Surma Khanum vertreten, die vom India Office die Erlaubnis erhielt, nach London zu reisen und dem Hohen Kommissar A.T. Wilson seine Forderungen vortrug. Sie traf eine Reihe prominenter Persönlichkeiten in London, kam aber nicht nach Paris. Shimun wollte die Problematik der „Assyrer" nicht mit der armenischen Frage verbunden sehen und verlangte seine Anerkennung als weltliches und geistliches Oberhaupt in einem eigenen Gebiet im Irak unter britischem Protektorat. Der aus Harput stammende A. K. Yoosuf und Yoel E. Werda, der Präsident der Assyrer in den USA, legten der Konferenz die von Daid Namik und Rustam Nedschib verfasste Schrift „La Question assyro-chaldéenne devant la Conférence de la Paix" vor. Der General Aga Petros wurde in Paris zum Präsidenten des National-Komitees der Assyro-Chaldäer gewählt. Die assyro-chaldäische Delegation in Paris legte 1919 die Gesamtzahl von 250.000 Toten bei den Ereignissen von 1915-1918 vor; unklar ist, ob dieser Zahl nur die Ermordeten oder auch die Personen zugrunde liegen, die an Hunger und Seuchen starben. Heute sprechen die assyrischen Organisationen von einer halben Million Toten bzw. 75 % der gesamten aramäischsprachigen Bevölkerung.[102] Der Patriarch Shimun XX. erschien im August 1919 vor der King-Crane Kommission und verlangte die Errichtung eines autonomen Staates der Chaldäer, Nestorianer und Jakobiten in Mesopotamien und Jazira (dem Gebiet westlich von Mossul) zwischen Euphrat und Tigris. Die „Assyrer", der politische Flügel der sogen. „Nestorianer", setzte sich besonders für einen christlichen Staat im oberen Mesopotamien ein.[103] Der Katholikos mit dem Aufgebot von 4000

[102] Tessa Hofmann: Mit einer Stimme sprechen, in: Verfolgung, Vertreibung und Vernichtung der Christen im Osmanischen Reich 1912-1922, hrsg. v. T. Hofmann, Münster 2004, 9-51, hier 40.

[103] Brenton Betts (1978), 34.

Mann hatte auch einen hervorragenden Anteil an der Einrichtung des Mandates Irak und des Thrones für König Feisal.[104]
Nach der Erstarkung der türkischen Nationalbewegung nahmen der orthodoxe Patriarchatsverweser Dorotheos und der armenische Patriarch Zaven Der-Eghyayan im Oktober1919 Kontakt mit dem britischen Hochkommissar von Konstantinopel auf, um ihrer Sorge für das Wohl der Christen Ausdruck zu verleihen; für sie bedeutete die neue nationale Regierung eine Rückkehr der CUP (Jungtürken).[105] Das „Armenische Komitee" versorgte die Flüchtlingslager in Haidar Pascha an der asiatischen Seite Konstantinopels; das „Griechische Komitee" erhielt große Spendensummen von der griechischen Regierung. Flüchtlinge wurden auch in Dörfern angesiedelt, deren christliche Bevölkerung deportiert worden war. Die Berichte des Admirals Robeck erläutern die Situation der christlichen Minderheiten.[106]
Auch die katholische Kirche versuchte ihren Einfluss geltend zu machen. Papst Benedikt XV. (1914-1922) suchte die Kontakte zum laizistischen Frankreich zu verbessern, zu dem 1920 wieder diplomatische Beziehungen aufgenommen wurden. Ihm ging es vor allem um die Sicherung der hl. Stätten in Palästina. Ein Problem bildete zunächst das „Christenprotektorat", das Frankreich bis zum Weltkrieg über die Katholiken des osmanischen Reichs ausgeübt hatte. Frankreich verlangte daher, der Vatikan müsste sich in allem und jedem Verkehr der Vermittlung des französischen diplomatischen Vertreters bedienen, dem dafür auch „liturgische Ehren" zuständen.[107] Benedikt XV. lehnte dies ab; während des Krieges war es schon zu Verhandlungen über die Aufnahme diplomatischer Beziehungen gekommen; der Gesandte Mgre. Dolci konnte vielen Christen das Leben retten. Präsident Wilson wurde am 4.1.1919 vom Papst im Vatikan empfangen. Im April 1919 trug Kardinalstaatssekretär Gasparri den Wunsch des Vatikans nach einer Internationalisierung Palästinas vor. Es wäre tragisch, wenn „die heiligsten Stätten der christlichen

[104] R. Strothmann: Heutiges Ostchristentum und Schicksal der Assyrer, in: Zeitschrift für Kirchengeschichte 55, 1936, 17-82, hier 65.

[105] Documents on British Foreign Policy, 2 (1952), 827f, Nr. 552 (19.10.1919).

[106] Z.B. in: Documents on British Foreign Policy, 4 (1952), 873-876, Nr. 585.

[107] Lama (1925), 503.

Religion unter Aufsicht von Nichtchristen kämen".[108] Hier überließ Frankreich aber gemäß dem Sykes-Picot-Abkommen England den Vortritt, das Palästina als Mandat erhielt. Als Italiens Außenminister von der Sache erfuhr, verlangte er Kompensationen in Antalya, Smyrna, Konya, Adana und Mersin. Der Papst knüpfte 1919 auch Kontakte zu Venizelos an; eine Aufnahme diplomatischer Beziehungen des Vatikan zu Griechenland wurde ins Auge gefasst, bis die Politisierung des orthodoxen Patriarchats die Sache zunichte machte.[109]

Von den mit Rom verbundenen unierten Patriarchen reiste neben Ignatius Ephrem II. auch der maronitische Patriarch Elias Hoyek[110] aus dem Libanon im Juni 1919 nach Paris zu den Friedensverhandlungen. Er war für die Unabhängigkeit des Libanon und wollte nur Frankreich – wenn nötig – als Mandatsmacht zulassen und verlangte die Festlegung der „historischen und ökonomischen Grenzen" des Libanon. Auf einem französischen Schiff reiste er vom Hafen Jounieh nach Paris, um für einen unabhängigen Libanon unter maronitischer Führung zu kämpfen und eine Zugehörigkeit zu einem muslimischen Staat zu verhindern. Am 5.10.1919 traf er mit Ministerpräsident Clemenceau zusammen, ebenso auch mit Präsident Poincaré, den er um die Wiederherstellung der „historischen und ökonomischen Unabhängigkeit" des Libanon ersuchte; er legte der Friedenskonferenz am 27.10. ein Memorandum über das Recht des Libanon auf seine Unabhängigkeit vor. Darin berief er sich auf die alten Phönikier und suchte eine neue nationale Identität im Rückgriff auf das Seefahrervolk der Antike zu begründen – eine Auffassung, die von den meisten Arabern abgelehnt wurde. Clemenceau unterstützte das Memorandum am 10.11.1919. Als er nach seiner Rückkehr in den Libanon erfuhr, dass Feisal auch den Libanon beanspruchte, schickte er den Patriarchalvikar Abdullah Khoury nach Paris. Am 19.5. schrieb der neue französische Premier Alexandre Millerand an Erzbischof Khoury, dass Frankreich an seiner Politik festhalte.

---

[108] Karen Armstrong: Jerusalem – die Heilige Stadt, München 1999, 542.

[109] Schmidlin 3 (1936), 310.

[110] Wilhelm Baum: Elias Hoyek, in: Biographisch-Bibliographisches Kirchenlexikon, Bd. 27, 2007 (im Druck).

Die Friedenskonferenz beschloss die Ausweitung des Libanon auf die heutigen Grenzen; dadurch hatten die Christen jedoch nur noch eine knappe Mehrheit im Mandatsgebiet. Immerhin erreichte Hoyek sein Ziel durch die Bildung eines mehrheitlich christlichen Staates Libanon, der freilich zunächst noch unter französischer Vorherrschaft stand. General Gouraud ersetzte bald darauf den Hochkommissar Picot; Gouraud gelang es auch, im September 1920 Feisal aus Damaskus zu vertreiben und seinem kurzlebigen Reich ein Ende zu setzen. Der Libanon wurde von den Franzosen über seine historischen Grenzen hinaus erweitert und zum unabhängigen Staat innerhalb des Mandates Syrien erklärt. Am 8.12.1920 begrüßte der Patriarch die Unabhängigkeit des Libanon in einer Proklamation, in der er betonte, dass sein Volk sich keiner Tyrannei und Unterdrückung mehr beugen werde.[111] Die Unabhängigkeit des Libanon war der einzige nachhaltige Erfolg, den die Christen des Orients in der ihnen feindlichen muslimischen Umwelt erreichen konnten.
Auch die „gregorianische" Kirche von Armenien versuchte den Gang der Verhandlungen in Paris zu beeinflussen. Der Patriarch Zaven Der Yeghiayan (1913-1922), der 1918 nach Bagdad versetzt und Ende 1918 zurückgekehrt war, gründete eine Organisation zur Errichtung eines unabhängigen Armenien und reiste Ende 1919 nach Paris und anschließend nach London, wo er mit Außenminister Curzon, den Diplomaten Cecil und Harding, König George V., dem französischen Premier und dem Diplomaten Chambon sowie mit dem griechischen Premier Venizelos Gespräche führte. Er stand auch mit der Delegation der Republik Armenien im ständigen Kontakt. Gemeinsam mit dem orthodoxen Patriarchalvikar Dorotheos verlangte Zaven am 17.10.1919 von den Alliierten die vollständige Besetzung der Türkei.
Aus heutiger Sicht ist es nur noch schwer nachvollziehbar, dass die Christen des Osmanischen Reiches weder in der Zeit der Massaker von 1915/17 noch in der der kemalistischen Massaker (1920/22) zu einer „ökumenischen" Haltung fanden und sich gegenseitig unterstützten und dass es im Grunde überhaupt keinerlei Kontakte zwischen den christlichen Konfessionen gab;

[111] Brenton Betts (1978), 33.

jede Gruppe verfolgte machtpolitisch die eigenen Interessen, ohne sich um das Schicksal der anderen zu kümmern. Die Geschichte der ökumenischen Bewegung ist demnach eine recht junge Angelegenheit. Auch in den kirchenhistorischen Werken dieser Zeit ist von den jeweils „anderen“ stets nur als von den „Schismatikern“ die Rede. Benedikt XV. empfing jedoch am 4.1.1919 Präsident Wilson in Audienz, am 7.4.1921 auch die kemalistischen Politiker Bekir Sami und Cami Bey.[112] Hier zeigte der Papst keinerlei Berührungsängste. Der „Osservatore Romano“ veröffentlichte daraufhin eine Depesche des Kardinals Gasparri an Mustafa Kemal, der beschworen wurde, „so rasch als möglich die zweckdienlichen Befehle zu erteilen, um die Achtung für das Leben und die Güter der Christen des Kaukasus, Kleinasiens und Anatoliens zu sichern.“ Kemals Antwort lautete: „Die Gewähr für die Sicherheit und das Wohlergehen aller Bewohner unseres Landes ohne Unterschied der Rasse und der Religion ist für uns eine uns von den Gefühlen der Menschlichkeit wie der muselmanischen Religion gebieterisch auferlegte Pflicht. Daher sind bereits zu gegebener Zeit die notwendigen Maßnahmen getroffen worden, damit die Christen all jener Gegenden, über die sich die Autorität und der Einfluss der Regierung der großen Nationalversammlung der Türkei erstreckt, der vollkommensten Ruhe sich erfreuen.“[113] Die Tatsachen sahen freilich anders aus. Frankreich war über diese direkten Kontakte zwischen dem Vatikan und den Kemalisten ungehalten, da es auch weiterhin das Vertretungsmonopol beanspruchte.

---

[112] Schmidlin 3 (1936), 324.

[113] Lama (1925), 504.

5. Die Zusammenarbeit der Christen in der Türkei

Unmittelbar nach dem Waffenstillstand mit der Türkei schlossen sich die Vertreter der griechisch-orthodoxen Bevölkerung in der Türkei mit den überlebenden Armeniern, Arabern und Juden zu einer „Vereinigung der in der Türkei unterdrückten Nationen“ („Ligue des Nationalites Opprimes de Turquie“) zusammen. Die Vereinigung wurde vom Nationalkomitee der Griechen in der Türkei und Boghos Nubar, dem aus Ägypten stammenden Armenier, der in der Politik eine wichtige Rolle spielen sollte, geleitet; die britische Botschaft in der Schweiz unterstützte diese Bewegung, deren Vorsitzender M. Fazi, der Präsident des Kantons Genf, wurde. In neutralen und alliierten Ländern sollten Arbeitsgruppen gebildet werden. Bereits im Parlament arbeiteten griechische und armenische Abgeordnete bei der Verfolgung der Schuldigen an den Massakern zusammen; sie versuchten, den Völkermord zur Sprache zu bringen; sie sprachen von 550.000 ermordeten Griechen und 1 Million getöteten Armeniern; türkische Abgeordnete bezeichneten die Zahlen für übertrieben und sprachen von 50.000 bis 600.000 armenischen Opfern. Die griechischen Abgeordneten Emanuel Emanuelidi von Aydin und Dimistokli Efkalidis sowie der armenische Abgeordnete Nalbandyan gehörten hier zu den Wortführern.[114] Am 2.11.1918 brachten die Griechen im Parlament unter der Führung der Abgeordneten Emanuelidi und Dimitriadi aus Pharsalos den Antrag ein, die Verantwortlichen für die Ermordung von einer Million Armeniern zu verfolgen. Sieben griechische Abgeordnete stellten am 17.11. den Antrag, dass ihre Behauptung, dass sich in den letzten fünf Jahren große Tragödien in der Türkei abgespielt hätten, untersucht werde. Reiche Griechen wie der Fabrikant und Eisenbahnindustrielle Bodusaki Atanasiadis aus Mersin spendete dem armenischen Patriarchat 1200 Lira zur Verteilung an Waisen und Auswanderer. Nach der Rückkehr des armenischen Patriarchen Zaven nach Konstantinopel wurde Ende 1918 das „Komitee der Rumisch-Armenischen Union“ gegründet; „Rum“ war die Bezeichnung für die griechischen

[114] Taner Akcam: Armenien und der Völkermord. Die Istanbuler Prozesse und die türkische Nationalbewegung, Hamburg 1996, 86f.

Orthodoxen. Auf Anweisung von Venizelos leitete Kanelopoulos, der Vertreter Griechenlands in Konstantinopel, das Komitee. Erst später, als bekannt wurde, dass die Armenier die Küste bis Trapezunt beanspruchten, kam es zu Meinungsverschiedenheiten. Am 5.1.1919 wurde in der Hagia-Triada-Kirche in Konstantinopel ein gemeinsamer Gottesdienst für die „umgesiedelten Rums und Armenier abgehalten, bei der der Bischof von Canakkale eine Rede über die türkischen Grausamkeiten hielt und ein gemeinsames Vorgehen der beiden Gruppen forderte. Zum Neujahrsfest 1919 besuchten sich der bulgarische, armenische und griechische Patriarch gegenseitig. Daran wollten auch Vertreter der Juden teilnehmen. Auch in Smyrna schlossen sich Griechen und Armenier nach anfänglichen Schwierigkeiten zusammen. In Paris propagierte Venizelos am 3.2.1919 die „Solidarität mit den Armeniern." Am 17.10.1919 verlangte Patriarchalvikar Dorotheos und Patriarch Zaven von den Alliierten die vollständige Besetzung der Türkei. Neben den Anfängen einer „ökumenischen Bewegung", die 1920 vom Phanar ausging, kam es auch bei den Überlegungen über eine Gründung einer Republik Pontos zu einer Zusammenarbeit zwischen Orthodoxen und Armeniern. Erzbischof Chrysanthos von Trapezunt reiste nach Tiflis und Erewan, um einer griechisch-armenischen Konföderation die Wege zu ebnen.[115] Zu einer Aufnahme von direkten Kontakten zwischen dem Vatikan und dem Phanar kam es jedoch erst 1958!
Die Vorkommnisse in Kilikien wurden am 5.3.1920 auch im griechischen Parlament behandelt. Der Abgeordnete Birisimitsakis forderte das Parlament auf, die Stimme gegen die Massaker an den Armeniern zu erheben; Außenminister Politis forderte das griechische Volk zur Anteilnahme am Schicksal der Armenier auf und Parlamentspräsident Th. Sofulis brachte dem armenischen Parlament in einem Telegramm die Anteilnahme am Gemetzel in Kilikien zum Ausdruck und bedauerte, dass Griechenland keine Hilfe bringen könne. Am 6.5.1920 bedankte sich der armenische Präsident Khatisian und brachte die Erwartung einer gemeinsamen Politik beider Länder zum Ausdruck. Nach der Landung der Griechen in Smyrna antwortete Venizelos auf ein

[115] Fernau (1967), 111.

Glückwunschschreiben des armenischen Patriarchats, er sei sich sicher, dass die Besetzung Smyrnas durch die Griechen auch der armenischen Gemeinde den Weg in die Freiheit ebnen werde.
Die Solidarität zwischen Griechen und Armeniern wurde lediglich im Frühjahr 1919 getrübt, als in Paris über das Schicksal Trapezunts verhandelt wurde, das von beiden Seiten reklamiert wurde. Der aus Trapezunt stammende Grieche Konstantinidis lehnte die armenischen Ansprüche ab, erkannte aber an, dass Armenien einen Zugang zum Meer haben müsse. Die Armenier forderten neben den östlichen Vilayets auch Trapezunt und Sivas. Venizelos vertrat jedoch am 13.5.1920 vor dem griechischen Parlament die Auffassung, dass man Trapezunt den Armeniern überlassen könne. Daraufhin schlug der Metropolit Chrysanthos eine „Republik Pontos" innerhalb der armenischen Föderation vor. Ilkonomos, der Präsident der „Nationalliga von Pontos" protestierte gegen die griechische Politik, die mit dem Selbstbestimmungsrecht der Völker nicht vereinbar sei, zumal die Armenier in Trapezunt nur eine kleine Minderheit darstellten. Abgesehen von diesem Konfliktpunkt unterstützten sich die christlichen Gruppen, soweit es ihnen möglich war. Der lange Aufenthalt des syrisch-orthodoxen Patriarchen Ignatius Elias III. in Istanbul (1920/21) könnte auch mit Intentionen eines gemeinsamen Vorgehens zusammenhängen, worauf sein Brief an den Erzbischof von Canterbury hindeutet; schon seit dem 19. Jahrhundert unterstützte die „Church of England" die syrischen Kirchen im Osmanischen Reich.

6. Die griechische Frage bei den Verhandlungen in Paris (1919/20)

Am 18.1.1919 sollten in Paris die Friedensverhandlungen beginnen, bei denen neben dem amerikanischen Präsidenten Wilson der französische Ministerpräsident Clemenceau, der britische Premier Lloyd George und der italienische Ministerpräsident Orlando die führende Rolle spielten. Russland, Deutschland und Österreich konnten auf das Geschehen in Paris keinen Einfluss mehr nehmen. Das entscheidende Wort hatte in vielen Fragen Präsident Wilson, auf den auch die Initiative bei der Gründung des Völkerbundes zurückging und der sich in besonderer Weise der Frage der orientalischen Minderheiten widmete. Bei den Friedensverhandlungen unter den Siegermächten ging es zunächst in erster Linie um einen Friedensvertrag mit Deutschland. Man sollte eine große Truppenstärke als „Drohpotential" so lange aufrechterhalten, bis Deutschland den Diktatfrieden unterzeichnet hatte. Dennoch wurden bei den allgemeinen Vorbesprechungen auch grundsätzliche Fragen besprochen, die die Türkei betrafen. Lloyd George, der philhellenische englische Premier, kam in einem Eingangs-Plädoyer auf die Misswirtschaft der Türken zu sprechen, die blühende Länder zerstört, unterworfen und herabgewirtschaftet hätten. Es sei eine große Aufgabe, diese alten Zivilisationen wieder aufzurichten und vom Despotismus der Türken zu befreien.[116]

Ein ähnlich „humanistischer" Impetus beseelte den amerikanischen Präsidenten Woodrow Wilson, der von allen beteiligten Politikern den größten Idealismus zeigte, die Lage der unterdrückten Christen im Osmanischen Reich zu bessern. Schon früh tauchte der Plan auf, die Türken aus Europa zu vertreiben und Mandate einzurichten, die eine Zeit lang von einer Großmacht unterhalten würden, bis die Gebiete in der Lage seien, sich selbst zu regieren. Derartige Mandate wurden von Anfang an für das Gebiet von Konstantinopel und den Meerengen sowie für Armenien vorgesehen, später auch für Syrien, Libanon, Palästina und Kilikien. Für das Mandat über Konstantinopel und

[116] David Lloyd George: The Truth about the Peace Treaties, vol. I, London 1938, 62f.

Armenien standen schon früh die USA zur Diskussion.[117] In England wurden diese Themen im „Eastern Committee" diskutiert, wo Außenminister Balfour und sein Nachfolger Lord Curzon die Diskussion entscheidend mitbestimmten. Am 16.1.1919 legte das englische Kriegsministerium ein Memorandum vor. Hier wurden die griechischen Siedlungsgebiete in Kleinasien genau beschrieben und festgehalten, dass im Juni 1914 300.000 und bis März 1915 etwa 450.000 Griechen aus diesen Gebieten vertrieben worden seien. Eine Auslieferung von über einer Million Griechen unter italienische Herrschaft sei eine grobe Verletzung des Prinzips der Selbstbestimmung der Völker. Die Türken hätten viele Griechen ins Landesinnere verschleppt. Die irredentistische Agitation werde nicht aufhören, solange eine griechische Bevölkerung unter türkischer Herrschaft verbleibe, während die Erfüllung hellenistischer Wünsche zu einer Beruhigung führen würde. Dies alles mache es notwendig, dass es zumindest eine Autonomie mit internationaler Garantie geben müsse und die Zivilrechte der griechischen Minderheit in der Türkei geschützt würde; der türkische Staat müsse daher einer internationalen Kontrolle unterworfen werden.[118] Lloyd George betont ausdrücklich, dass die Idee einer Vereinigung Südwest-Anatoliens mit Griechenland nicht von Venizelos, sondern 1915 vom britischen Foreign Office ausgegangen sei.

Lord Curzon betonte, dass die Einwohner Armeniens sich in erster Linie ein französisches oder amerikanisches Protektorat wünschten.[119] Als Lloyd George Colonel House, den wichtigsten Berater Wilsons, fragte, ob die USA überhaupt bereit seien, ein solches Mandat zu übernehmen, signalisierte er Zustimmung und bot auch an, dass die USA eine generelle „Supervision" über Anatolien übernehmen könnten. Clemenceau aber reklamierte Syrien und Kilikien für Frankreich. Lloyd George machte ihm klar, dass die USA ein Mandat über Konstantinopel und Armenien übernehmen würden.[120] Der südafrikanische General Jan

---

[117] Ebenda, 189f.

[118] Ebenda, II (1938), 1235-1239.

[119] Nicolson: Friedensmacher (1934), 121f.

[120] Lloyd George II (1938), 288f.

Smuts riet als Delegierter der britischen Dominions, das Mandat über Armenien ganz anders zu organisieren als bei den früheren deutschen Kolonien.

Alle Interessengruppen auf allen Seiten versuchten, ihre Wünsche auf der Friedenskonferenz mit Hilfe geschickter Lobbyisten durchzusetzen. Zur englischen Delegation gehörte neben Lloyd George der noch amtierende Balfour, während Lord Curzon als geschäftsführender Außenminister in London blieb, wo er von den Pariser Verhandlungen nur unvollständige Nachrichten erhielt und von Lloyd George über dessen letzte Ziele nicht informiert wurde. Seine Warnungen gegen eine Aufteilung Anatoliens wurden jedenfalls bei der Pariser Konferenz nicht beachtet. Die Ignorierung der Auffassungen Lord Curzons, der es als aussichtslos ansah, das anatolische Kernland der Türken unter fremde Verwaltung zu stellen, sollte später zu bitteren Konsequenzen für Griechen und Engländer führen, als die kemalistische Nationalbewegung die Griechen, Italiener und Franzosen aus Kleinasien verdrängte, was zum Ende der Weltkriegskoalition führen sollte!

Auch innerhalb der Alliierten kam es zu schweren Auseinandersetzungen, da Präsident Wilson gemäß seinen 14 Punkten – die Deutschland als Grundlage für den Waffenstillstand anerkannt hatte – versuchte, das Selbstbestimmungsrecht der Völker durchzusetzen. Hiergegen wandte sich vor allem Italien mit dem Insistieren auf der Brennergrenze, dem Dodekanes und dem Mandat über Antalya und Konya, aber auch Frankreich mit dem Beharren auf das Mandat Syrien, das von den Arabern strikt abgelehnt wurde. Auch das Sykes-Picot-Abkommen erwies sich hierfür als Hindernis, während das englisch-russische Abkommen vom November 1914 durch die Oktoberrevolution gewissermaßen gegenstandslos geworden war. Es gelang Wilson freilich nicht, seine idealistischen Vorstellungen durchzusetzen. Eine wichtige Quelle zu den Verhandlungen hinter den Kulissen bilden die erwähnten Tagebücher des englischen Diplomaten Harold Nicolson, der immer wieder mit Lloyd George, Wilson, Clemenceau, Balfour, Lord Curzon und Venizelos Gespräche führte und Kompromisse auslotete, die häufig Grundlage für Entscheidungen in den Kommissionen waren. Als Lloyd George am 20.3.1919 erklärte, ein französisches Mandat über das von den Engländern eroberte Syrien würde einen Treuebruch Englands gegenüber den Arabern bedeuten, erklärte der französische Vertreter, er könne England nicht vom Sykes-Picot-Abkommen entbinden. Nicolson berichtet dazu: „Präsident Wilson erklärte (und es war so ziemlich das letzte Mal, dass er zu seinen Grundsätzen stand), dass es für ihn vollkommen belanglos sei, was Frankreich und Großbritannien in Form von Geheimverträgen abgemacht hätten: sie hätten seither die Vierzehn Punkte angenommen und wären somit verpflichtet, ungeachtet früherer Vereinbarungen lediglich die Wünsche der betroffenen Bevölkerungen zu berücksichtigen."[121] Es kam daraufhin zur Entsendung der King-Crane-Commission, deren Ergebnisse jedoch keine echte Berücksichtigung mehr erfuhren, da Präsident Wilson zum Zeitpunkt der Rückkehr der Kommission bereits aus Paris abgereist war. Sie schlug vor, die Türkei auf drei separate Staaten aufzuteilen: Konstantinopel, Armenien (ohne Kilikien) und die „Rest-Türkei", alles als Mandat. Für die Griechen sah sie keinen separaten Staat vor, sondern begnügte sich mit einer lokalen Autonomie.[122] Auch der liberale englische Premier konnte sich angesichts der Beherrschung Irlands oder Indiens nicht vorbehaltlos hinter Wilson stellen, dessen Grundsätze von Frankreich noch weniger und von der vom „sacro egoismo" bewegten italienischen Delegation überhaupt keine Berücksichtigung zu erwarten hatten.

Noch vor der offiziellen Eröffnung der Friedenskonferenz kam es zu Gesprächen zwischen Engländern und Amerikanern, die ihre Vorstellungen akkordieren wollten. Am 7.1.1919 notierte Nicolson über die Haltung der Amerikaner: „Sehr dagegen, dass Griechenland sich Westthrazien nimmt – worin ich ganz ihrer Meinung bin. ... Türkei. Wollen Türken aus Konstantinopel heraushaben. Denken offenbar daran, sich ergebende Meerengenzone den kleineren Mächten anzuvertrauen – Dänemark und Belgien. ...Wären sehr einverstanden, uns als Mandatar in Konstantinopel zu sehen – aber weniger einverstanden, selber in dieser Eigenschaft zu fungieren. Öffentliche Meinung in den USA

[121] Nicolson (1934), 140.

[122] Evans (1965), 154.

nicht bereit, diese Verantwortung zu übernehmen, aber eventuell bereit, Verantwortung für Armenien zu übernehmen. Sie sind sehr für eine griechische Zone in Smyrna."[123] Am 9.1. berichtet Nicolson über die Einstellung der US-Diplomaten Lybyer und Day: „Bulgarien. ...Sehr gegen Abtretung von Westthrazien an Griechenland. ...Neigen sogar dazu, ...Griechenland in Kleinasien zu entschädigen. ...Griechenland. Entschieden dafür, dass Italien den Dodekanes herausgibt. Entschieden für Smyrna. ...Türkei. Offenbar fest entschlossen, Türken aus Europa herauszuwerfen. ...Was Türkei in Asien betrifft, so rechnen sie offenbar damit, dass sie Armenien werden übernehmen müssen, sind aber über alles andere noch im Unklaren."[124] Bei der Eröffnung der Konferenz notiert er am 14.1. beifällig, der britische Außenstaatssekretär Balfour habe einen Brief an den italienischen Außenminister vorgelesen, „in dem er für seine Person jede Bindung an den Londoner Vertrag ablehnt."[125] Am Tag darauf traf Nicolson Venizelos, der ihm erklärte, „dass die ganze kleinasiatische Küste westlich vom Meridian von Konstantinopel ... griechisch sei."[126] Venizelos habe offenbar von Wilson Zusicherungen bezüglich des Dodekanes erhalten; „uns sind in dieser Hinsicht durch den Vertrag von 1915 die Hände gebunden. Er sieht das ein. Kein Wort über Zypern."[127] Auch in der nächsten Zeit kommen mehrfach Bemerkungen vor, England sei durch das Londoner Abkommen gebunden, was Wilson ablehne, dessen Haltung er bewundert. „Ich bin außer mir wegen Zypern. Die britische Delegation hat beschlossen, es aus strategischen und anderen Gründen zu behalten. Sie sind vollkommen im Unrecht: das kompromittiert unsere ganze moralische Stellung gegenüber den Italienern."[128] Nicolson sinnierte auch über Zypern, das durchwegs griechisch sei und bei Anwendung des Selbstbestimmungsrechtes für Griechenland stimmen werde. „Wie können wir Zypern behalten und

---

[123] Nicolson: Friedensmacher (1934), 218f.

[124] Ebenda, 220f.

[125] Eben da, 228.

[126] Ebenda, 230.

[127] Ebenda.

[128] Ebenda, 233.

uns gleichzeitig moralisch entrüsten darüber, dass die Italiener Rhodos behalten wollen?"[129] Gestützt auf Zusagen britischer Sozialisten beim Sozialistischen Kongress in Bern war eine zypriotische Delegation in Paris, die die „Enosis" forderte, was von Lloyd George zurückgewiesen und von Venizelos nur lau unterstützt wurde.[130]

Die Italiener boten an, die griechischen Ansprüche auf den Dodekanes und Smyrna zu unterstützen, wenn die Griechen Südalbanien den Italienern zuerkannten. Wilson sei entschlossen, „den Griechen sowohl Smyrna wie Rhodos zu geben", verlangte dafür jedoch „Kompensationen".[131] Bei der Vorbereitung des Vorschlages für die Kommission zur Darlegung von Venizelos notierte Nicolson am 27.1.: „Thrazien sowohl Ost wie West berechtigt. Kleinasien berechtigt, aber nicht mit dem ganzen Aydin-Wilajet und dem Mäandertal."[132]

Am 30. und 31.1. wurde im „Rat der Zehn" (Siegermächte) über Konstantinopel und Kleinasien gesprochen. Nicolson notierte: „Die Militärs sind dagegen, dass Konstantinopel irgendeiner Großmacht in die Hand gegeben wird. Sie wollen, dass es bei der Türkei bleibt, unter internationaler Kontrolle. ...Schließlich wird beschlossen, dass der Türke weg müsse und dass irgendein internationales Regime an seine Stelle treten müsse". Am Tage darauf notierte er: „Delegationsberatung über die Zukunft Kleinasiens. Hardinge vertritt die Ansicht, die Türkei müsse Smyrna behalten. Darin unterstützen ihn die Militärs. Crowe ist entgegengesetzter Meinung. Schließlich wird beschlossen, dass es an Griechenland kommen soll mit einer Zone, wie sie auf meiner Karte eingezeichnet ist."[133]

Am 4.2.1919 wurde auf Vorschlag von Lloyd George ein Sachverständigenausschuss eingesetzt, der die griechischen Ansprüche prüfen sollte. Auch Wilson war dafür, nicht aber die Italiener. Venizelos legte hier sein Papier „Greece before the

---

[129] Ebenda, 236.

[130] Kostas P. Kyrris: History of Cyprus, Nicosia 1985, 315.

[131] Nicolson: Friedensmacher (1934), 237.

[132] Ebenda, 240.

[133] Ebenda, 243.

Peace Congress“ vor, das er im Dezember 1918 hatte drucken lassen. Zunächst beanspruchte er die seit 1912 von den Italienern besetzten Inseln des Dodekanes. Dann das Gebiet von Nordepirus, das bulgarische Westthrakien und das türkische Ostthrakien – alles Gebiete, in denen die Griechen keine eindeutige Mehrheit hatten. Zypern verlangte er nicht direkt, weil das England Lloyd Georges sein Hauptverbündeter war. Er hoffte aber, es bei Kriegsende gewissermaßen als Geschenk zu erhalten. Bezüglich der Griechen in Trapezunt schlug er vor, das Vilayet mit dem neuen Staat Armenien zu vereinigen.[134] Damit hätte Griechenland nicht die Verantwortung für die Verteidigung der weit vom Mutterland entfernt lebenden Griechen zu übernehmen brauchen. Venizelos forderte auch die Inseln vom Imbros und Tenedos bis zum Dodekanes, wo 370.000 Griechen und 25.000 Türken lebten – mit dem Argument, das sie zum türkischen Festland gehörten.[135] Dieses Argument wirkte für die Griechen freilich gefährlich, wenn sich der Anspruch auf die Festlandszone nicht realisieren ließ. Er forderte auch die Repatriierung der während des Krieges verschleppten und noch lebenden 450.000 Griechen in diesen Gebieten. Als die Amerikaner einwarfen, mit Smyrna würde Anatolien einen wichtigen Exporthafen verlieren, antwortete Venizelos, er werde für die Türken einen Freihafen an der Westküste schaffen. Die Türkei sollte auf das anatolische Kernland um Ankara und Konya reduziert werden. Konstantinopel, das er als „in Wirklichkeit griechische Stadt“[136] bezeichnete, sollte Teil einer internationalen Zone werden. Venizelos unterstützte damit nicht das Begehren der Pontus-Griechen nach einer eigenen Republik, wie dies von Erzbischof Chrysanthos von Trapezunt in der Denkschrift „The Pontus Question“ am 10.3.1920 der Friedenskonferenz vorgelegt wurde. In Kleinasien forderte Venizelos das Gebiet von Panderma am Marmara-Meer mit Smyrna und dem größten Teil des Vilayets Aydin bis Kastellorizo an der türkischen Südküste. Nach der Zählung des Ökumenischen Patriarchats von 1912 lebten in diesem Gebiet mehr als 800.000 Griechen neben einer Million Türken

---

[134] Llewelyn Smith (2005), 72.

[135] Nicolson: Friedensmacher (1934), 72f.

[136] Lloyd George II (1938), 1240.

und über 100.000 Armeniern und Juden. Venizelos begründete seine Ansprüche mit dem Hinweis auf die Unfähigkeit der Türken, einen Staat korrekt zu verwalten, besonders angesichts der Ermordung von über einer Million Armeniern und von 300.000 Griechen in den letzten drei Kriegsjahren. Außerhalb Westkleinasiens lebten unter türkischer Herrschaft noch 922.000 Griechen, organisiert in 1400 Schulen mit 100.000 Schülern.[137] Er stellte auch die Forderung auf, die Türkei dürfe keine Gebiete behalten, in denen die Türken nicht die absolute Mehrheit der Bevölkerung hätten. Derartige Forderungen trugen natürlich auch dazu bei, bei den Kemalisten den Plan zu bestärken, ein für allemal „klare Verhältnisse" zu schaffen; indirekt war dies die Ursache für den Genozid der Kemalisten in den Jahren 1919/1922!
Venizelos beeindruckte die Pariser Konferenz und gewann Wilson und Lloyd George für sich. Am 4.2.1919 schrieb er an einen Abgeordneten, er erwarte die Zuerkennung von Smyrna und Ayvali, werde aber wohl aus Rücksicht auf Italien auf den Dodekanes und Nordepirus verzichten müssen, ebenso auf Zypern. Das Ganze wurde an eine Expertenkommission überwiesen, zu der der kanadische Premier Robert Borden, Sir Eyre Crowe und Nicolson gehörten. Engländer und auch die Franzosen unterstützten Venizelos, die Amerikaner blieben reserviert, und Italien opponierte heftig. Die Engländer und Franzosen wollten den griechischen Brückenkopf jedoch kleiner machen als es Venizelos verlangte; Gebiete mit türkischer Mehrheit sollten ausgeschlossen bleiben. Amerikanische Untersuchungen ergaben, dass es nur im Vilayet Smyrna eine griechische Mehrheit gab; die Italiener beriefen sich auf die Verträge von London und St. Jean de Maurienne und wollten die Frage in eine Gesamtlösung für Anatolien eingebunden wissen. Die amerikanischen Kommissionsmitglieder waren gegen die griechischen Ansprüche auf Kleinasien, aber Präsident Wilson schloss sich dem englisch-französischen Vorschlag an. Die Abreise Wilsons im Juni 1919 erwies sich auch in dieser Frage als Hindernis für eine zufrieden stellende Lösung der Probleme.

---

[137] Ebenda (Auffallend ist, dass Venizelos die Zahl der Ermordeten nicht höher angab!).

Die Engländer blieben ihrer alten Politik des Gleichgewichtes treu. Griechenland konnte ihnen als Bollwerk gegen die Ansprüche Frankreichs und Italiens in Kleinasien dienen. Vor allem England unterstützte die Politik von Venizelos, um diesen als Verbündeten an der Macht zu erhalten. Das englische Kriegsministerium blieb skeptisch, weil man hier die griechische Position in Smyrna als schwer zu verteidigen ansah.[138] Anfang Februar 1919 setzte der „Rat der Zehn" ein „Komitee für die griechischen Angelegenheiten" ein, das die Frage des Anspruches der Griechen auf Smyrna, Thrakien und Epirus klären sollte. Die Engländer lehnten die Forderungen der Italiener nach der Durchführung der Bestimmungen des Vertrages von St. Jean de Maurienne ab, die an die Zustimmung der Russen gebunden gewesen war, die nie erfolgt war. Am 21.2. sprachen sich die Amerikaner gegen die griechischen Ansprüche aus; die Italiener erklärten sich für nicht zuständig. Am 26.2. wurde Venizelos über den Schutz der muslimischen Minderheiten befragt. Am 1.3. widersprachen die Amerikaner den griechischen Forderungen, die von England und Frankreich befürwortet wurden. „Die Italiener brausen auf, sie müssten es ablehnen, im Ausschuss über Fragen zu verhandeln, die unter die Geheimverträge von 1915 und 1917 fielen. Die Yanks, Gott segne sie, stellen daraufhin feierlich fest, dass sie an den Geheimverträgen nicht beteiligt waren und ihre Gültigkeit nicht anerkennen können. Die Italiener drohen damit, sich zurückzuziehen."[139] Am 6.3. äußerte Venizelos sich gegenüber Nicolson besorgt über den amerikanischen Widerstand gegen den griechischen Anspruch auf Smyrna. „Er sagt, solange wir und die Franzosen ihn unterstützen, sei er nicht wirklich in Sorge."[140] Nicolson riet ihm, mit Wilson selbst zu verhandeln. Die USA und Italien blieben den griechischen Ansprüchen gegenüber ablehnend. Die Vertreter der USA betonten, sie hätten in Erfahrung gebracht, dass die Griechen in besagten Gebieten in der Minderheit seien. Der amerikanische Delegierte Sidney Mezes erklärte am 11.3.1919, bevor man sich über das weitere Schicksal der

[138] Helmreich (1974), 44f.

[139] Nicolson: Friedensmacher (1943), 263.

[140] Ebenda, 267.

Türkei nicht einig sei, könnten keine weiteren Zusagen gemacht werden.[141] Auch der amerikanische Hochkommissar Lewis Heck von Konstantinopel warnte davor, Smyrna den Griechen zu geben.
Die Verhandlungen wurden durch eine vorübergehende Abreise der italienischen Delegation unterbrochen. Nicolson empfahl Balfour, ein paar Kriegsschiffe nach Smyrna zu schicken, wo die Italiener möglicherweise eine Landung vorbereiteten. Venizelos erklärte sich damit einverstanden, „dass er nur eine sehr kleine Enklave bekommt und der Rest unter ein Mandat des Völkerbundes gestellt wird."[142] Das Schicksal Konstantinopels blieb jedoch noch ungeklärt. Am 15.3. schlug Nicolson ein griechisches Mandat für Kleinasien vor – mit Ausnahme von Smyrna, das direkt annektiert werden sollte. Am 20.3. – als Wilson sich gegen den Londoner Vertrag aussprach – beschloss der Oberste Rat, die Untersuchungskommission nach Kleinasien zu schicken, „um die Wünsche der Bevölkerung selbst festzustellen".[143] Am 26. arbeitete Nicolson einen Plan zur Aufteilung der Türkei aus; am Tag darauf sagte Venizelos Nicolson gegenüber, Oberst House habe ihm angedeutet, „die Vereinigten Staaten würden die franko-britische Linie in Kleinasien annehmen."[144] Am Tag darauf ging Nicolson mit dem Historiker Arnold Toynbee zur amerikanischen Delegation. „Wir sprachen über die Zukunft der Türkei. Wir einigten uns über eine Grenze des zukünftigen armenischen Staats. Wir einigten uns auch endgültig über eine gemeinsame Linie für die griechische Zone in Kleinasien, vorbehaltlich gewisser Veränderungen, falls Italien dort ein Mandat erhält."[145]
Am 25.3.1919 verfasste Lord Curzon seine zweite Denkschrift zur orientalischen Frage an den Premier und das Kabinett. Er erinnerte daran, dass der Jungtürkenführer Enver Pascha 1913 im Balkankrieg nach der türkischen Niederlage durch entschlossenes Auftreten den Krieg erfolgreich beendet habe. Das sei

[141] Helmreich (1974), 86.
[142] Nicolson: Friedensmacher (1934), 273.
[143] Ebenda, 275.
[144] Ebenda, 278.
[145] Ebenda, 279 u. Helmreich (1974), 88.

auch jetzt möglich, da unter den Türken die Hoffnung auf einen möglichen Widerstand auflebe und da sich die Reste des „Komitees für Einheit und Fortschritt“ (CUP) mit den Nationalisten zusammengeschlossen hätten, um die Niederlage wiederum in einen Sieg umzuwenden. Man bemerke auf jungtürkischer Seite ein Nachlassen des Siegeswillens. Hinter der Fassade der Willfährigkeit des Sultans und der Sultansregierung schöpften die Nationalisten angesichts der langen Dauer der Pariser Verhandlungen neuen Mut, zumal die Briten die Linie von Batumi bis Baku zu räumen begännen und eine französisch-griechische Expedition nach Südrussland kläglich gescheitert sei. Aufgrund der Risse in der Koalition zwischen England und Frankreich, die um Syrien und Mossul streite, hoffe „der Jungtürke, der uns, wenn er kann, um die Früchte des Sieges zu betrügen gedenkt.“[146] Aber auch diese Warnung Curzons wurde von Lloyd George und der Friedenskonferenz nicht beachtet.

Die griechischen Politiker Stratos und Kalogeropoulos legten in einem offenen Brief an Präsident Wilson im April 1919 ihre weiteren Forderungen vor: Sie verlangten Thrakien mit Konstantinopel und Gallipoli, die Vilayets Aydin und Bursa, Nikomedia und die Dardanellen, den Dodekanes und Zypern sowie die Zusicherung, dass die Griechen in Pontus ein unabhängiges politisches Leben führen konnten.[147] Im April 1919 zeichnete sich bereits ab, dass Kleinasien zum Objekt einer Kompensationspolitik wurde, das man einsetzte, um Staaten zu veranlassen, Ansprüche in Europa aufzugeben (so vor allem bei Italien!). Vor allem Lloyd George versuchte Wilson dazu zu bewegen, den Italienern „als Ersatz für Fiume“ ein Mandat in Kleinasien zu geben, was Wilson mit Berufung auf die „14 Punkte“ vehement ablehnte.

Dies alles veranlasste Lord Curzon am 18.4.1919, dem britischen Premier noch eine dritte Denkschrift zukommen zu lassen, in der er vor der Entwicklung in der Türkei warnte. Als „Entschädigung“ für die Nichterfüllung von Gebietsansprüchen an der Adria sollte Italien mit türkischem Gebiet entschädigt werden. Italienische

---

[146] Harald Nicolson: Nachkriegsdiplomatie. Curzon: The last Phase 1919-1925, Berlin 1934, 82f.

[147] Llewellyn Smith (2005), 144f.

Truppen waren bereits in Antalya gelandet – wie die Franzosen in Kilikien. Curzon protestierte dagegen, dass Italien die Bergwerke in Eregli und das Mandat im Kaukasus „mit einer Hast angenommen hat, für die sich schwer eine Parallele finden lässt." Er fragte, ob Italien sich überhaupt bewusst sei, wie schwer es sein würde, sich in einem derart abgelegenen Gebirgsland zu behaupten. Ob man glaube, das Griechenland, das nicht fünf Meilen von Saloniki entfernt Ordnung halten könne, im Vilajet Aydin Frieden schaffen könne? Ein derartiges Vorgehen könne weder durch Moral noch durch Zweckmäßigkeit gerechtfertigt werden. „Dass die Türken Konstantinopel verlieren, ist meiner Meinung nach unvermeidlich und auch erwünscht als krönender Beweis ihrer Niederlage im Kriege; und ich glaube, dass die östliche Welt sich, wenn auch unter schmerzlichen Zuckungen, damit abfinden wird. Aber wenn man vernimmt, dass die Heimatlosen in der Welt herumgestoßen werden sollen und dass es überhaupt kein türkisches Kaiserreich und wahrscheinlich auch kein Kalifat mehr geben soll, so glaube ich, dass wir damit die moslemischen Empfindlichkeiten in der ganzen orientalischen Welt in höchst gefährlicher und gänzlich überflüssiger Weise aufstacheln und dass sehr leicht ein dumpfer Groll in wildem Aufruhr ausbrechen könnte."[148] Aber auch dieses zweite Memorandum Curzons wurde ignoriert; schon bald sollte sich zeigen, wie recht er gehabt hatte!
Nach der Rückkehr von Präsident Wilson nach einmonatiger Abwesenheit von Paris am 14.3.1919 schlug Lloyd George vor, dass die Vertreter der vier Großmächte wichtige Fragen außerhalb des „Rates der Zehn" beraten sollten. Im „Rat der Vier" wurden fortan wichtige Fragen diskutiert, bis Präsident Wilson Ende Juni 1919 Paris für immer verließ. Ende März 1919 waren die Amerikaner schließlich bereit, einer griechischen Zone in Kleinasien zuzustimmen. Clemenceau signalisierte Venizelos seine Zustimmung, betonte aber, dass Frankreich auf Italien Rücksicht nehmen müsse. Schließlich tauchte ein neuer Lösungsvorschlag auf. Mit Toynbee zusammen schmiedete Nicolson Pläne für Konstantinopel; sie fürchteten, sie würden nicht „imstande sein, die Griechen nach Smyrna zu setzen; ich meine sie dort zu halten. Sie können

[148] Nicolson: Nachkriegsdiplomatie (1934), 83f.

es nicht ohne Unterstützung durch die Alliierten halten, es wäre denn, die ganze Türkei dahinter würde unter die alliierten Mächte aufgeteilt. Aber wenn sie Smyrna nicht bekommen, stürzt Venizelos." Toynbee und Nicolson schlugen daher vor, Griechenland solle statt Smyrna die europäische Türkei bekommen, die Türken aber ganz Anatolien.[149] Der britische Diplomat Crowe stimmte Toynbee zu. Hier klang Skepsis gegenüber der griechischen Besetzung Smyrnas auf; auch das Projekt der Übergabe der europäischen Türkei an Griechenland ließ sich nicht realisieren. Am 26.4. einigten sich die Delegationen Englands und der USA, Italien im äußersten Notfall ein „Mandat über Anatolien, ausschließlich der griechischen Zone" zuzuerkennen.[150] Damit war zwischen der von den Griechen beanspruchten Zone von Smyrna und der von Italien beanspruchten Zone um Antalya eine Grenze gezogen.
Das forsche Vorgehen der Italiener, die am 24.4.1919 wegen Fiume Paris verließen, verärgerte vor allem Präsident Wilson, der überlegte, den Kreuzer „George Washington" nach Smyrna zu schicken. Als auch die Italiener Kriegsschiffe nach Smyrna schickten, nützten dies nach Nicolsons Ansicht mehr den Griechen. Als sie am 5.5. zurückkehrten, versuchte Lloyd George sie durch „Kompensationen" dazu zu bewegen, auf Smyrna zu verzichten. Venizelos selbst wies am 2.5. Nicolsons Vorschlag zurück, Konstantinopel an Griechenland zu übergeben, das dafür auf Smyrna verzichten sollte. Er blieb dabei, dass, „wenn Italien ein Protektorat in der asiatischen Türkei bekommt, Griechenland die Smyrnazone plus Aivali haben muss und den Rest seiner Ansprüche unter einem gleichen ‚Mandat'."[151]
Die „großen Drei" erfuhren, dass die Italiener versuchten, sich mit den Türken zu arrangieren. Lloyd George sagte Wilson, Venizelos habe angefragt, ob er ein Kriegsschiff nach Smyrna schicken könnte und regte an, alle sollten Schiffe dorthin beordern. Damit nahm die Unternehmung gegen Smyrna ihren Lauf. Im Rat der „Großen Drei" vom 5.5. erklärte Wilson, er habe ein

[149] Nicolson: Friedensmacher (1934), 298f.
[150] Ebenda, 303.
[151] Ebenda, 307f.

Schreiben der griechischen Bevölkerung von Rhodos erhalten, dass die Italiener dort Massaker veranstaltet hätten. Lloyd George berichtete, dass Italiener in Marmaris gelandet seien und ein „Fait accompli" demonstrieren wollten. Er schlug daher vor, die Griechen in Smyrna landen zu lassen, um weitere Massaker zu verhindern. Es sei am besten, die Entscheidung jetzt in Abwesenheit der Italiener zu fällen. Clemenceau stimmte dem zu, ebenso Wilson, ungeachtet der Proteste in der europäischen Kolonie in Smyrna und der Warnungen amerikanischer Missionare und des britischen Hochkommissars von Konstantinopel.[152] Henry Wilson, der Chef des englischen Generalstabs, notierte in seinem Tagebuch, er glaube nicht die Hälfte von dem, was Lloyd George sage. Im Rat der Drei beschwerte sich Wilson über die Perfidie der Italiener.

Venizelos wurde am Nachmittag des 6.5. ins französische Außenministerium bestellt, wo Lloyd George ihm mitteile, er habe mit Wilson und Clemenceau beschlossen, ihm die Landung in Smyrna zu gestatten.[153] Winston Churchill bezeichnete den Schritt als „unklugen und verletzenden Akt", der viele Gefahren mit sich brachte und dessen Konsequenzen das Kriegsministerium nicht überdachte. Die Übergabe der Stadt an die Griechen, die die Türken als Rebellen und entlaufene Untertanen ansahen, stärkte den türkischen Widerstandswillen und die Position des gegen die Sultansregierung rebellierenden Kemal Pascha, der nun zum „Helden des Widerstandes" wurde. Churchill konnte es nicht verstehen, wie so intelligente Staatsmänner wie Wilson, Lloyd George, Clemenceau und Venizelos die Tragweite einer solchen Entscheidung nicht begriffen, die zu einem Wendepunkt in der Geschichte Kleinasiens werden sollte.

Kurz darauf wurde in Paris ein Beschluss ausgearbeitet, die Türkei aus Armenien und Europa zu vertreiben, Griechenland ein Mandat über das Gebiet von Smyrna und Aivali bis Aydin zu übergeben und Italien ein Mandat über Südkleinasien von Marmaritza bis Mersina mit Konya zu übertragen.[154] Am 6.5.

---

[152] Churchill V (1929), 365 u. Evans (1965), 166.

[153] Llewelyn Smith (2004), 78f

[154] Nicolson: Friedensmacher (1934), 320.

erfuhr Nicolson, dass Lloyd George und Clemenceau beschlossen hätten, „eine griechische Division in Smyrna zu landen. Das besagt wenigstens, dass die Smyrnafrage entschieden ist. Ein persönlicher Triumph für Venizelos."[155] Bei einem Essen mit Venizelos erklärte Lloyd George am 9.5., Griechenland habe eine große Zukunft im Nahen Osten. Man werde versuchen, ein amerikanisches Mandat für Konstantinopel zu erreichen, was kein Präjudiz dafür sei, dass Konstantinopel nicht letztendlich doch an Griechenland falle. Wenn das amerikanische Mandat nicht zu erreichen sei, werde Griechenland die alte Metropole erhalten.[156] Auf der Sitzung des Rates vom 12.5. teilte Clemenceau dem nach Paris zurückgekehrten Orlando das Ergebnis mit und betonte, dies sei kein Präjudiz darüber, was die Friedenskonferenz über Smyrna beschließen werde. Nach einer Beratung mit Sonnino willigte Orlando ein. Als die Italiener versuchten, Mitte Mai die etwaigen Zugeständnisse durch eine Landung in Antalya vorwegzunehmen, ermutigte Lloyd George die Griechen, in Smyrna zu landen.[157] Die „Großen Drei" hatten von den ständigen überzogenen Forderungen der Italiener – auch bezüglich Fiumes und der Grenze zu Jugoslawien und ihren Protektoratsplänen in Albanien – genug und beschlossen, einer möglichen Landung der Italiener in Smyrna zuvorzukommen.[158]
Entscheidend war, dass Wilson aus Verärgerung über die Italiener den Rat der Experten des „Greek territorial Committee" ignorierte. Zu den wenigen Kritikern dieser Entscheidung gehörte Churchill, der die Aktion als „fatalen Schritt" ansah. Am 13.5. notierte Nicolson zu den von Italien für einen Verzicht auf Fiume ins Spiel gebrachten „Kompensationen" in Kleinasien: „Ich schlage die Adalia-Zone vor, und das übrige Kleinasien an Frankreich. ... Der Eindruck von einem Kuchen, der verteilt werden soll, wird dadurch noch verstärkt. ... Zum Schluss zeigen sie sich bereit, ein Mandat über das Adalia-Gebiet[159] anzunehmen, aber es ist

[155] Ebenda, 312.
[156] Llewelyn Smith (2004), 80.
[157] Nicolson: Nachkriegsdiplomatie (1934), 108.
[158] Helmreich (1974), 100f.
[159] Adalia = Antalya.

nicht ganz klar, ob sie dafür Fiume und Rhodos preisgeben wollen."[160] Die Engländer gaben den Wink mit dem Zaunpfahl, nach dem Völkerbundvertrag könnten Mandate nur bei Zustimmung der betroffenen Bevölkerung erteilt werden. Nicolson formulierte dann die endgültigen Beschlüsse: „1. Türkei wird aus Europa und Armenien ausgetrieben. 2. Griechenland bekommt Smyrna-Aivali-Zone und ein Mandat über den größten Teil des Vilayets Aydin. 3. Italien bekommt ein Mandat über Süd-Kleinasien von Marmaritza bis Mersina plus Konia. 4. Das übrige bekommt Frankreich. Es ist unmoralisch und undurchführbar. Aber ich gehorche meinen Befehlen. Die Griechen bekommen zu viel."[161] Schließlich erhielt Nicolson noch den Auftrag, Beschlüsse für ein eventuelles amerikanisches Mandat über Konstantinopel und Armenien auszuarbeiten. Nach einem Besuch bei Wilson, Lloyd George u. Clemenceau sinnierte Nicolson darüber, „dass diese unwissenden Männer Kleinasien mir nichts dir nichts in Stücke schneiden. Und niemand ist dabei als ich, der ich beiläufig nicht das Mindeste mit Kleinasien zu tun habe. Ist es nicht furchtbar, dass über das Glück von Millionen auf solche Art verfügt wird?"[162] Am 14.5. wurde den Griechen die Smyrna-Aivali-Zone mit dem unteren Mäandertal zugeteilt, Italien erhielt den Süden, Frankreich den Norden und Zentral-Anatolien. Die USA sollten das Mandat Armenien übernehmen. Zwei Tage später richtete Nicolson noch einen letzten Appell an Balfour, dann erfuhr er von der Landung der Griechen in Smyrna, durch die vollendete Tatsachen geschaffen wurden. Venizelos schickte auch den Bischof Chrysanthos von Trapezunt wegen der pontischen Griechen zu Nicolson; der Ministerpräsident äußerte nach der Landung der Griechen: „Griechenland kann zu seiner wahren Zukunft nur gelangen von dem Augenblick an, wo es zu beiden Seiten des ägäischen Meeres sitzt".[163] Um eine italienische Eroberung Smyrnas mit Berufung auf den Londoner Vertrag zu verhindern, erlaubten die französische, englische und amerikanische Regierung den

---

[160] Nicolson: Friedensmacher (1934), 317f.

[161] Ebenda, 320.

[162] Ebenda. 322.

[163] Ebenda, 326.

Griechen die Landung in der Hafenstadt, die in der Nacht vom 14. auf den 15.5.1919 erfolgte.
Auf diese Weise begann mit Billigung der englischen, französischen und amerikanischen Regierung ein Krieg, der von beiden Seiten mit großer Grausamkeit geführt wurde und der mit der Vernichtung der griechischen Minderheit von Kleinasien endete. Es kam auch zu Massakern an Muslimen. Die Landung italienischer Truppen hatte Wilson endgültig umgestimmt; er war jetzt bereit, einer Besetzung der Zone von Smyrna durch Griechenland zuzustimmen.[164]
Am Tag der Invasion schickte Sultan Mehmed VI. Vahettin General Kemal Pascha als Inspekteur zur 3. Armee. Seine Absetzung am 8.7.1919 führte zum Aufbau einer „nationalen Bewegung" in Anatolien, die schließlich zur Bildung einer Gegenregierung in Ankara führte. Auf einem Kongress der östlichen Vilayets in Erzerum wurde er am 23.7. zum Führer der nationalen Opposition gewählt, die mit der Abwehr der griechischen Invasion in der Türkei sehr populär wurde. Die Griechen waren nach anfänglichen Erfolgen zunehmend in die Defensive geraten. Smyrna gehörte zum Vilayet Aydin, das eine türkische Mehrheit hatte. Die Furcht vor Rachemaßnahmen führte zur Einigung der Türken in der Abwehr der Invasion. Winston Churchill blieb skeptisch: „Right has now changed sides. Justice ... has gone to the other camp", bemerkte er dazu.[165]
Außenminister Curzon reiste am 18.5. voller Empörung nach Paris, wo er am Tag darauf seine Missbilligung aussprach, dass man den Griechen die Einrichtung einer Einflusszone in Smyrna gestattet hatte.[166] Er drängte wiederum auf die Ausschließung der Türkei aus Europa und billigte „mit tiefem Bedauern" die griechische Zone in Smyrna. Winston Churchill ersuchte darum, den USA das Mandat über Armenien und Konstantinopel und die Meerengen „nebst einer Zone bis Trapezunt" zu geben; Balfour plädierte ebenfalls für ein amerikanisches Mandat über Konstantinopel und die Abtretung Smyrnas an die Griechen, die

[164] Ebenda, 93.
[165] Churchill V (1929), 368
[166] Nicolson: Nachkriegsdiplomatie (1934), 109.

jedoch von den Engländern die Anweisung erhielten, nicht über den Sandschak von Smyrna und Aivali hinauszugehen.[167] Das Tagebuch Nicolsons lässt die Taktik von Venizelos erkennen, mit der Rückendeckung Englands und Frankreichs die Zusicherung Smyrnas zu erreichen. Das lautstarke Auftrumpfen der Italiener, die sich stets auf das von den Amerikanern nie anerkannte Londoner Abkommen beriefen, ließ die Griechen auch für die Amerikaner als das kleinere Übel erscheinen. Lloyd George entschied sich für den griechischen Weg, von dem General Henry Wilson, Curzon und auch Churchill und die muslimischen Vertreter der indischen Regierung abrieten, weil dies zu einem neuen Krieg führen würde; Henry Wilson bezeichnete die Entscheidung in seinem Tagebuch als „stupid thing"; auch Admiral Calthorpe war dagegen, ebenso der amerikanische Admiral Bristol. Admiral Bristol war es auch, der nach eingehendem Studium der Situation in der Türkei der US-Regierung am 23.7.1919 riet, auf ein Gesamtmandat für die Türkei für eine gewisse Zeit zu dringen, da ein Mandat für Armenien allein der Anfang der Aufteilung der Türkei sei. Imperialistische Ziele der Großmächte waren ja nicht im Sinne der Politik Wilsons. Ein Gesamtmandat für die USA hätte die Möglichkeit geboten, nach einiger Zeit im Einzelfall darüber zu entscheiden, was mit einem Gebiet geschehen solle.[168] Bristols Bericht verdeutlicht, wie wenig einheitlich die Haltung der Alliierten war; auch der französische Premier Clemenceau war kein Freund einer neuen Kolonialpolitik.

Die Reaktion der Türken auf die Entscheidungen der Siegermächte in Paris wurde in den Gesprächen der Entente kaum bedacht. Gerade dieser Schritt aber führte dazu, dass Mustafa Kemal begann, englische Offiziere aus dem Inneren der Türkei zu vertreiben und zu verhaften und die Mitarbeit mit dem Kriegsverbrechergericht in Konstantinopel kündigte. Es konnte auch der falsche Eindruck entstehen, die Verbündeten wollten die Türkei aufteilen. Präsident Wilson, der die Ansprüche der Griechen auf Smyrna als berechtigt ansah, konnte sich auch mit der französischen Besetzung Kilikiens keineswegs anfreunden; gegen die

---

[167] Nicolson: Friedensmacher (1934), 328.

[168] Evans (1965), 178f.

Politik der Italiener entwickelte er einen heftigen Widerwillen, besonders auch gegen ihre Anbiederung an die kemalistische Bewegung und ihre ständige Forderung von „Kompensationen“ – wusste doch jedermann, dass ihr Beitrag zum Sieg der Entente nur sehr gering gewesen war.
Lloyd George ruderte jedoch schon bald wieder zurück, da er massiven Widerspruch im eigenen Lande erfuhr; am 19.5. forderte er die Griechen in einem Telegramm auf, nicht über den Sandschak von Smyrna und den Kreis von Aivali hinaus zu marschieren. Balfour wandte sich gegen die Aufteilung der Türkei und meinte, Italien solle sich mit ökonomischem Einfluss zufrieden geben. Edwin Montagu kam für die Regierung Indiens nach Paris; er brachte die Wünsche von 70 Millionen Muslimen in Indien vor, dass ein türkischer Staat mit Konstantinopel und Thrakien für den Sultan erhalten blieb.[169] Zudem trat der italienische Ministerpräsident Orlando zurück; sein Nachfolger Francesco Nitti war nicht bereit, weitere Abenteuer in Anatolien zu unterstützen. Außenminister Tommaso Tittoni erklärte jedoch am 7.7.1919, Italien werde seine Truppen aus dem Hafen Scalanuova bei Smyrna nicht zurückziehen, da es im Londoner Vertrag einen Anteil an Kleinasien zugesichert bekommen habe. Außerdem sei die italienische Okkupation im Gegensatz zur griechischen friedlich verlaufen und das Volk habe die Italiener willkommen geheißen. Damit hing der Rechtsstatus des von Italien besetzten Gebietes auch weiterhin in der Luft. Die Beweggründe, die die Alliierten trotz aller Warnungen von klar sehenden Persönlichkeiten wie Churchill oder Curzon veranlassten, den Griechen die Erlaubnis zur Invasion in Kleinasien zu geben, müssen letztlich als sehr kurzsichtig betrachtet werden. Die Verärgerung über die Italiener und deren Auftreten in Paris verdeckte bei etlichen Beteiligten die Einschätzung der Probleme, die jetzt auf alle Beteiligten zukamen. Man hatte den Nationalstolz der Türken unterschätzt, für die es eine ungeheure Herausforderung bedeutete, dass eine ihnen einst unterworfene Nation, die sie ein halbes Jahrtausend gedemütigt hatten, jetzt zum Angriff auf das türkische Kernland ansetzte, das vorher griechisch gewesen war. Frankreich war

[169] Helmreich (1974), 117.

eher an der Rheingrenze interessiert und ließ den Engländern bei der Türkei den Vortritt. Die Position des amerikanischen Präsidenten Wilson wurde in den USA bereits unterhöhlt. In der englischen Koalitionsregierung hatte der griechenfreundliche Lloyd George (noch) das Sagen, ein walisischer Politiker, der sich im Vorderen Orient weit weniger auskannte als seine Minister Churchill und Curzon, deren Rat er in den Wind schlug. Das persönliche Schicksal Lloyd Georges hing in Zukunft am Ausgang des Abenteuers von Smyrna.

Am 10.7. unterbreitete der amerikanische Präsident Wilson dem amerikanischen Senat den Vertrag von Versailles, der von der Oppositionsmehrheit jedoch abgelehnt wurde, die Wilsons Politik nicht mehr unterstützte. Als er das Land durch Vorträge für seine Politik und die Ratifizierung der Friedensverträge gewinnen wollte, erlitt er in Colorado einen Schlaganfall; dadurch wurde klar, dass die USA die Entente nicht mehr unterstützen würde. Auch das Mandat über Armenien (oder Konstantinopel) hing damit in der Luft. Am 30.9.1919 musste die türkische Regierung Damat Ferit zurücktreten und wurde durch eine Regierung unter Ali Riza Pascha ersetzt. Zur Invasion der Griechen bemerkte der englische Hohe Kommissar Admiral J. de Robeck am 23.11.1919, die Türken müssten bestraft werden, aber aus englischer Perspektive sollte die Bestrafung nicht darin bestehen, die vorwiegend ottomanischen Provinzen aufzuteilen." Im Exil übten später einige Armenier Rache an ihren Henkern: Der für den Genozid hauptverantwortliche frühere Innenminister Talaat wurde 1921 in Berlin von dem jugendlichen Soghomon Tehlirian erschossen, der später in einem Prozess, in dem der deutsche Armenier-Freund Johannes Lepsius und der General Liman von Sanders aussagten, freigesprochen wurde. Cemal Pascha hingegen wurde 1922 in Tiflis erschossen, der frühere Außenminister Said Halim 1921 in Rom und Cemal Azmi, der „Schlächter von Trapezunt",1922 mit Behaeddin Shakir in Berlin.

7. Erste Verhandlungen über die Zukunft Armeniens (1919)

Die Idee einer Annexion Armeniens durch eine auswärtige Macht verschwand mit Russland von der Szene. Seit den Sykes-Picot-Verhandlungen von 1916 gewann die Idee einer Selbstbestimmung an Gewicht und dominierte fortan die Friedenspolitik der Alliierten. Die Armenier, die vor und während des Krieges glücklich über die Aussicht gewesen waren, eine Provinz eines christlichen Reiches zu werden, richteten ihre Gedanken nun auf die Restauration Armeniens im alten Glanz als unabhängiges Land. In Russland hatte es bis zur Revolution eine Kreuzzugsmentalität für die Christen des Orients gegeben – die aber war jetzt verschwunden. Wenn es die englische Intervention 1876 nicht gegeben hätte, wäre Armenien schon damals im Frieden von San Stefano unter russischen Einfluss geraten. Als das Sykes-Picot-Abkommen den Russen bekannt gemacht wurde, ging es auch um Armenien. Dabei wurde beschlossen, „that the northern half of Armenia should be placed under Russian control, and the southern half under the French".[170] Durch die russische Revolution hatte sich die Bewertung der armenischen Frage vollständig geändert. Russland war damit als Mandatsmacht ausgeschieden. Die vom Zaren geschlossenen Geheimverträge über Konstantinopel und Armenien interessierten die Bolschewisten nicht mehr. Das Schicksal der Armenier, die den türkischen Holocaust überlebt hatten und hauptsächlich im früheren Russisch-Armenien lebten, hing seit Kriegsende zunächst von den Engländern ab, die in den von den Russen geräumten Gebieten militärisch präsent waren. Armenien war für die britische Politik zweitrangig; man versuchte hier eher den Humanisten Wilson zu einem Engagement zu bringen. Für England war das oberste Ziel die Sicherung des Weges nach Indien und der Zugriff auf die Ölreserven. Die Engländer hatten bereits am 17.11.1918 Baku besetzt, um den Öltransport nach Batumi zu sichern. Die Kaukasus-Staaten sollten nach britischem Wunsch eine Barriere zwischen Russland und der französischen Einfluss-Zone bilden; es wurde ihnen anheim gestellt, in einer Föderation oder

[170] Gürün (1985), 242.

auch getrennt voneinander zu existieren. Man unterstützte den „weißen" General Denikin, von dem man hoffte, dass er die Bolschewiken besiegen würde. Nach seinem militärischen Erfolg lenkte Denikin allerdings Anfang 1919 seine Truppen nach Baku, das er für Russland sichern wollte. Winston Churchill, der Unterstaatssekretär im Kriegsministerium, befürchtete, dass Russland die Kaukasus-Gebiete zurückerobern würde und setzte sich für eine Unterstützung Denikins ein; die Unabhängigkeit der kaukasischen Staaten war ihm nicht so wichtig. Die Folge war, dass die Kaukasus-Republiken und die Russen der britischen Politik mit größtem Misstrauen gegenüber standen. England war auch nicht bereit, die Kaukasus-Republiken als unabhängige Staaten anzuerkennen – worum Avetis Aharonian in Paris ersuchte. Denikin bestand offen auf der Wiedereingliederung der drei Republiken im Kaukasus. Nach dem Sieg der Bolschewiken über Denikin Ende 1919 war es für eine Unterstützung seiner Politik schon zu spät.

Während Präsident Wilson zunächst ein amerikanisches Mandat für Konstantinopel im Dezember 1918 ablehnte, erklärte er am 30.1.1919, er werde versuchen, die Amerikaner für die Übernahme eines derartigen Mandates zu gewinnen. Wilsons Stellvertreter Edward House bekräftigte dies; den Engländern und Franzosen kam diese amerikanische „Zusage" sehr gelegen. Für die britische Politik waren die Republiken Georgien und Aserbeidschan letztlich wichtiger als Armenien; deswegen unterstützten die Briten auch den Anschluss von Berg-Karabach an Aserbeidschan. Der Republik von Erewan wurde von den Engländern lediglich die Zivilverwaltung von Kars und Nachitschevan übergeben. Am 5.2.1919 beschloss der oberste Rat der Alliierten in Paris, dass die englischen Truppen in Transkaukasien und Konya durch italienische ersetzt werden sollten. Besonders das britische Militär sympathisierte mit der Türkei, während die Diplomaten eher auf die öffentliche Meinung hörten. Britische Zeitungen und Parlamentsabgeordnete sprachen sich gegen den Abzug der Briten von Armenien aus. Die Briten erklärten sich schließlich bereit, die Möglichkeit zu studieren, in wichtigen Städten politische Missionen mit einer kleinen Wache in Arme-

nien zu belassen. Die Armee war auch nicht bereit, nach ihrem Abzug am 15.8.1919 den Armeniern Kriegsgerät zur Verteidigung gegen Türken, Kurden und Tataren zu überlassen.
England übte durch Lord Curzon über den amerikanischen Botschafter John Davis Druck auf die USA aus, hinsichtlich des Mandates zu einer Entscheidung zu kommen; England werde die Truppen nur in Armenien belassen, wenn die USA Interesse zeige und die Stationierungskosten übernehme.[171] Die öffentliche Meinung in den USA und vor allem im Senat war keineswegs geneigt, sich im Ausland zu engagieren. Clemenceau bedauerte es, dass es schwierig werden würde, den Armeniern zu helfen. Balfour gab daraufhin den Franzosen zu verstehen, England habe nichts dagegen, wenn Frankreich sich in Armenien engagiere. Daraufhin fragte Clemenceau bei seinem Generalstab nach und sagte kurz darauf 12.000 Mann zu. Die Engländer und Amerikaner waren misstrauisch und glaubten nicht, dass es den Franzosen darum gehe, den Armeniern zu helfen. Es ging Clemenceau aber nur darum, in Kleinasien Fuß zu fassen. Er weigerte sich, die Truppen übers Schwarze Meer und Batumi zu schicken und bevorzugte den Weg von Alexandrette und Mersin über das Gebirge. Als Frankreich einen Monat später das Mandat über Kilikien erhielt, verlor es rasch das Interesse an der militärischen Unterstützung Armeniens.
Die im Mai 1918 ausgerufene Republik Armenien ließ sich bei den Pariser Friedensverhandlungen zunächst von dem armenischen früheren ägyptischen Minister Boghos Nubar – der selbst nie in Armenien gewesen war – vertreten, der die Alliierten ersuchte, Armenien vor weiteren Massakern zu schützen. Er stand auch im Kontakt mit dem armenischen Katholikos Georg V., der ihn aufforderte, die armenische Sache für alle Armenier zu vertreten, da dies die Regierung verabsäumt habe, die die Verträge von Batumi und Konstantinopel unterschrieben habe. Im Februar 1919 erschien jedoch eine Delegation der jungen Republik mit dem Schriftsteller Avetis Aharonian an der Spitze. Boghos Nubar war ein konservativer Levantiner mit reichem Hintergrund in Ägypten, der dem „zivilisierten Westen“ verbunden war, Avetis Aharonian

[171] Ebenda, 133.

stammte aus Armenien; er war skeptisch und vertraute eher auf die eigene Stärke des Volkes als auf die Zusicherungen der Politiker. Die beiden Politiker verstanden sich nicht, und es bedurfte erst der Intervention des Katholikos, um sie zur Kooperation zu bringen. Der Diplomat Loris-Melikov berichtet, dass zu Beginn der Konferenz die Armenier die Sympathien fast aller Teilnehmer genossen; durch ihre exzessiven Forderungen und den Ton ihres Auftretens machten sich die zahlreichen Diplomaten, Schriftsteller, Sänger, Professoren und Ex-Minister aber unbeliebt. Sie forderten ein Armenien, das vom Mittelmeer bis zum Schwarzen Meer und zum Kaspischen Meer reichen müsse und die sechs Vilayets Van, Bitlis, Diyarbakir, Kharput, Sivas, Erzerum und Trapezunt sowie Kilikien und Alexandrette. In einem derartigen Staat wären die Armenier selbst in der Minderheit gewesen. Ihre Opfer an den Massakern gaben sie selbst mit einer Million Toten bei einer Zahl von zwei Millionen türkischen Untertanen von 1914 an.[172] Sie argumentierten damit, dass nur 300 bis 400 Syrer auf Seiten der Alliierten gekämpft hätten, im Vergleich zu 5000 Armeniern, die in Palästina auf ihren Seiten standen.

Im Februar 1919 legten die beiden Vertreter Armeniens der Friedenskonferenz ihr Memorandum vor. Sie beanspruchten die Unabhängigkeit für das frühere Russisch-Armenien und die sechs Vilayets, um einen Zugang zum Meer zu haben. Weiters verlangten sie das überwiegend von Armeniern bewohnte Berg-Karabach, Zangezur im Süden und von Armeniern besiedelte Gebiete in Georgien. Darüber hinaus beanspruchte Armenien auch die vier Distrikte von Kilikien an der Mittelmeerküste, die im Mittelalter das so genannte „kleinarmenische Reich" gebildet hatten. Boghos Nubar und Avetis Aharonian wünschten auch, dass Armenien unter dem Protektorat der Alliierten stehen oder ein Mandat des Völkerbundes bilden sollte. Lloyd George berichtet in seinen Memoiren über den Vortrag der Armenier am 26.2.1919.

Die Vorschläge der armenischen Delegation unterschieden sich kaum von den englischen, eher von den französischen, die gemäß dem Sykes-Picot-Abkommen die Gebiete im Nordosten

---

172 Helmreich (1974), 48.

von Sivas, Kharput und Diyarbakir und in Kilikien forderten. England selbst aber wollte unter keinen Umständen ein derartiges Mandat übernehmen, das zu einer ständigen Konfrontation mit der Türkei und der UdSSR führen würde. Sogar Armenophile wie der englische Historiker Arnold Toynbee lehnten ein derartiges Ansinnen ab. Toynbee war seit 1915 in der britischen Geheimdienstabteilung tätig; sein „Blaubuch“ über den Völkermord trug maßgeblich dazu bei, die bisher neutrale USA zum Kriegseintritt zu bewegen.
Es war allen Beteiligten klar, dass das zerstörte und ausgeblutete Armenien sich nicht selbst gegen die Türken auf der einen und die Bolschewiken auf der anderen Seite verteidigen konnte. Man begab sich also auf die Suche nach einer Großmacht, die das Mandat übernehmen würde. England, Frankreich und Italien lehnten ab, weil sie mit ihren Mandaten in Anatolien, Syrien, Mesopotamien, Afrika und in der Südsee überfordert waren. Die Interessen der Regierung in Russland richteten sich nicht mehr auf die Reformen in Armenien, sondern auf den Sieg im Bürgerkrieg und die Versorgungslage. Lloyd George berichtet: Weder England noch Italien waren vorbereitet, in die Schuhe der Russen zu steigen, und obwohl Frankreich bereit war, die Aufsicht über den Südteil Armeniens zu übernehmen, war es nicht dazu vorbereitet, die Kontrolle auch auf den Norden auszudehnen. Franzosen, Engländer und Italiener kamen zu der Überzeugung, dass allein Amerika dazu befähigt war, adäquat die Verantwortung eines Mandats zu übernehmen. Als die Delegierten der Großmächte die Schwierigkeiten besprachen, kam man zu der Schlussfolgerung, dass allein Amerika als Träger eines Mandates in Frage kam. Die Verhandlungen mit der Türkei wurden bis zur Klärung der Mandatsfrage in den USA vertagt. Die türkische Nationalbewegung vertrat den Standpunkt, die Türkei sei in den Krieg hineingezogen worden. Die Alliierten besetzten nur den Süden und Westen Anatoliens bis Konya; überlebende Armenier aus den Konzentrationslagern in Mesopotamien wurden auch weiterhin von den Türken massakriert, als sie versuchten, nach Kilikien oder nach Armenien zu gelangen.
England propagierte daher ein französisches oder amerika-

nisches Mandat für die armenischen Gebiete. Im März 1919 unterschrieben 40 Gouverneure, 250 College- u. Universitätspräsidenten, 85 Bischöfe und 20.000 Priester in den USA eine Bitte an Wilson, für den Schutz der Armenier einzutreten. Auch Clemenceau – ein scharfer Gegner der Türken – erklärte, Frankreich könne den Schutz der Armenier übernehmen. Auch Lloyd George versuchte Wilson zu einem Engagement in Armenien zu überreden. Im März 1919 kam auch Henry Morgenthau, der frühere US-Botschafter in Konstantinopel und Freund Wilsons, nach Paris. Hier wirkte der amerikanische Politiker – und spätere Präsident – Herbert Hoover eher gegen eine Mandatsübernahme. Im April 1919 traf Wilson in Paris mit Boghos Nubar, Avetis Aharonian und Der Hagopian zusammen, denen er versicherte, er sei willens, das Mandat zu übernehmen und die Grenzen Armeniens gegenüber der Türkei festzulegen.[173] Er schlug dem amerikanischen Senat im Mai 1919 ein Mandat der USA über Armenien und Konstantinopel vor.[174] Nach dem Sturz der Regierung Orlando im Juni 1919 zeigte die neue Regierung Nitti in Italien durchaus Interesse an der Übernahme eines Mandates im Kaukasus, nachdem die Vorgängerregierung mit einem Mandat über Anatolien gescheitert war.[175] Italien unternahm allerdings nie ernsthafte Anstrengungen, wirklich militärisch in Armenien Fuß zu fassen. Es pochte bei der Friedenskonferenz immer auf seinen Status als Siegermacht, ohne sich jedoch militärisch ernsthaft zu engagieren.

Am 6.5.1919 erklärte Wilson im Großen Rat, er zweifle, ob die USA ein Mandat annehmen würden. Am 13.5. erklärte er sich vorbehaltlich der Zustimmung des Senates bereit, ein Mandat über Konstantinopel, Armenien, die Meerengen, das Marmara-Meer und einige kleinere Gebiete zu übernehmen. Der Sultan sollte in Konstantinopel nur noch eine Stellung erhalten wie der Papst in Rom. Zu dieser Zeit war Prinz Lwoff mit einer russischen Delegation in Paris, wo er den Admiral Alexander Kolchak, ei-

---

[173] Kurkjian (1958), 482.

[174] Alan Palmer: Verfall und Untergang des Osmanischen Reiches, München 1994, 355.

[175] Helmreich (1974), 132f.

nen von England unterstützten Führer der „Weißen“ gegen die Bolschewiken vertrat. Sie legten eine Denkschrift vor, in der die Befreiung der Armenier vom türkischen Joch begrüßt und darauf verwiesen wurde, dass Russland 1914 die Reformen in Armenien propagiert habe. Der siegreiche Vormarsch der Russen habe einem Teil der Armenier das Leben in den Massakern gerettet. Die „Russische Politische Konferenz“ der „Weißen“ unterstütze den Emanzipationsprozess der Armenier und das Völkerbundsmandat.[176] Auch Vertreter der Kurden diskutierten die Pläne über eine armenische Unabhängigkeit, weil diese auch Gebiete betraf, die z. T. von Kurden bewohnt waren. Der britische Zivilkommissar Arnold T. Wilson von Bagdad entwickelte im Juni 1919 die Idee zu einem armenischen Staat, der auch kurdische Gebiete umfassen sollte; Trapezunt und Erzerum sollten einen armenischen Staat unter amerikanischen Auspizien bilden, die übrigen vier Vilayets einen Kurdenstaat unter britischen Auspizien. Admiral Webb sprach sich dagegen aus, weil es in Trapezunt keine Armenier mehr gebe, die in den Vilayets Van und Mush vorherrschend gewesen seien, die jetzt an ein „Kurdistan“ kommen würden. Dies wäre gegen die armenischen Interessen und ein Bruch der gegebenen Versprechen.[177] Diese Diskussion zeigt, dass die Konzeption eines neuen Armenien im Sommer 1919 noch nicht ganz ausgereift war.

Inzwischen hatte die Republik Armenien am 28.5.1919 zum ersten Jahrestag der Ausrufung der Republik die Vereinigung mit den westarmenischen Gebieten verkündet, obwohl sie noch nicht einmal diplomatisch anerkannt war. Dieser Schritt überraschte die armenische Verhandlungsdelegation in Paris; Boghos Nubar befürchtete eine Präjudizierung der Entscheidung der Friedenskonferenz. In Armenien selbst kam es zu Spannungen zwischen den revolutionären Daschnaken und den „Ramkavars“, die für eine reformistische konstitutionelle Demokratie eintraten. Bei den Wahlen vom 3.6.1919 erreichten die gut organisierten Daschnaken 72 von 80 Parlamentssitzen, sie regierten fortan praktisch ohne Opposition. Dies machte die westlichen Demokratien noch

---

[176] Documents on British Foreign Policy 2 (1948), 673, Nr. 450.

[177] Ebenda, 735f, Nr. 492.

vorsichtiger bei Hilfszusagen. Alexander Khatisian übernahm die Regierung, die auch Bodenreformen durchführte.
Als türkische Diplomaten auf der Konferenz am 17.6.1919 ein Rederecht erhielten, forderte der liberale Ministerpräsident Damat Ferit Pascha in Thrakien die Rückkehr zum Status von 1878 und das Gebiet von Mossul. Die arabischen Gebiete könnten eine Autonomie erhalten, müssten aber unter der religiösen Kontrolle des Kalifates stehen. Das ehemals russische Armenien könnte in seinen bestehenden Grenzen anerkannt werden. Mit England wollte er über Zypern und Ägypten verhandeln. Damat Ferit Pascha gab bei den Pariser Verhandlungen zu, dass die Jungtürken die Verbrechen an den Minderheiten begangen hätten und entschuldigte sich dafür. In Konstantinopel wurden die Kriegsverbrecherprozesse durchgeführt; etliche Schuldige wurden hingerichtet. Allerdings betonte er, dass allein die Jungtürken dafür verantwortlich seien und nicht das türkische Volk. Berühmt wurde auch sein Ausspruch: „Meine und die einzige Hoffnung des Sultans ist nach Allah nur England." Auf die Verteidigung Damat Ferits, die Kriegsverbrechen seien nur von den Jungtürken und der CUP verübt worden, antworteten die Alliierten im Juni 1919, die Türkei als Nation sei schuldig geworden. „The Turkish people are guilty, because they massacred the Armenians without any reason".[178] Ferit Pascha war damit der einzige türkische Regierungschef, der die Kriegsverbrechen jemals öffentlich eingestand, die bis heute die Gemüter in der Türkei erregen. Lloyd George bezeichnete die Delegation und ihr Memorandum als „good jokes" und ihr Auftreten „als besten Beweis für die politische Inkapazität der Türken". Der Rat stellte fest, dass eine Nation nach ihrer Regierung beurteilt werden müsse. Unter den Christen in Europa wie auch unter den Moslems in Syrien, Arabien und Afrika hätten die Türken immer nur das zerstört, was sie erobert; „nie haben sie bewiesen, dass sie in der Lage gewesen wären, ein erobertes Land im Frieden weiter zu entwickeln."[179] Am 23.6. reichte die türkische Delegation ein Papier ein, in dem es um die

[178] Akcam (2003), 289.

[179] Helmreich (1974), 110. u. Documents on British Foreign Policy, 4 (1952), 646, Appendix IX zu Nr. 426.

Grenze der neuen Republik Armenien ging. Alle Armenier, die in die neue Republik auswandern wollten, sollten die Erlaubnis dazu erhalten. Allen denjenigen aber, die in der Türkei bleiben wollten, wurde eine freie ökonomische und kulturelle Entwicklung zugesichert.[180] Der französische Premier Clemenceau antwortete Damat Ferit am 25.6.1919, dass die Türkei diese Verbrechen, wenn nicht aus moralischen, dann aus politischen Gründen anerkennen müsse. Die Türkei besitze nicht die Fähigkeit, fremde Völker zu regieren.[181] Er forderte die Türken auf, das Schloss in Versailles zu verlassen und deutete an, dass die Kriegsverbrecher zur Verantwortung gezogen würden; die Türkei müsse die Verbrechen anerkennen und besitze nicht die Fähigkeit, fremde Völker zu regieren. Wilson antwortete, er habe „noch nie etwas so Stupides" gehört und erwiderte auf die türkischen Ausführungen, er habe die türkische Frage lange genug studiert; die Diplomaten hätten nur Unwahrheiten präsentiert. Bezüglich der Aufteilung der Türkei sagte Wilson, Mesopotamien, Syrien und Armenien würden abgetrennt. Lloyd George fragte nach der Zukunft Armeniens, wo keine alliierten Truppen stünden. Wenn die Türken ihre Truppen zurückzögen, wären die Armenier der Gnade der Kurden ausgeliefert.[182]

Im August tauchten Gerüchte über neue Armenier-Massaker der Türken auf. Die Amerikaner drohten den Türken im Alleingang an, die in den „14 Punkten" gemachten Zusagen über eine Erhaltung der „Kern-Türkei" könnten sistiert werden; dies führte zum Protest Clemenceaus, der betonte, die USA könnten das nicht allein entscheiden.[183] Am 22.8. unterzeichneten der Premier Damat Ferit und der amerikanische Admiral Mark L. Bristol ein Abkommen, in dem er nach dem Wunsch Präsident Wilsons eine Garantie abgab, dass keinerlei Massaker mehr an Armeniern vorgenommen würden.[184] Allerdings hatte die Sultansregierung

---

[180] Ebenda, 649, Appendix 10, Nr. 2 zu Nr. 426: „They would enjoy, like the other minorities, free cultural, moral and economic development".

[181] Fotiadis (2004), 193.

[182] Documents on British Foreign Policy, 4 (1952), 643f, Nr. 426.

[183] Evans (1965), 183.

[184] Documents on British Foreign Policy, 4 (1952), 737, Nr. 493: "No excuse of inability to prevent atrocities against Armenians will be accepted from Turks."

kaum eine Möglichkeit, diese Abmachung im Machtbereich Mustafa Kemals durchzusetzen. Es zeichnete sich damit mehr und mehr die Unlösbarkeit des Problems ab, wie ein unabhängiges Armenien gegen den Willen der Kemalisten und der Bolschewisten errichtet und auch verteidigt werden könnte, da keine der Großmächte letztlich bereit war, sich das Anliegen der Armenier zu eigen zu machen.
Nachdem die Friedensbedingungen für die Türkei ausgehandelt waren, verließ Wilson Paris und kümmerte sich in den USA um das Mandat für Armenien. Der amerikanische Diplomat Henry Morgenthau, ein enger Vertrauter Präsident Wilsons, schlug ein „föderalistisches“ Mandat vor, das Konstantinopel und die Meerengen, die anatolische Zentraltürkei und Armenien umfassen sollte.[185] Nach der Abreise Wilsons aber konnten die USA nur noch wenig Einfluss auf das Geschehen nehmen, zumal der amerikanische Senat unter dem Einfluss der Republikaner ein außenpolitisches Mandat im Völkerbund ablehnte und zu einer isolationistischen Politik zurückkehrte. Am 18.8.1919 berichtete Balfour aus Paris an Curzon, dass die Aussichten auf die Übernahme eines Mandates der USA in der Türkei sich verschlechtert hätten.[186] Curzon fragte daher in Washington an, wie es mit der Übernahme des Mandates stehe. Im August 1919 kam der amerikanische General Harbord, den Wilson zu einer Sondierungsmission nach Anatolien geschickt hatte, nach dem Besuch bei Mustafa Kemal über Tiflis nach Armenien.
Admiral Calthorpe schrieb Ende Juli 1919 an Minister Curzon, die Kurden organisierten einen Aufstand gegen die Armenier, der zweifellos von türkischen Offizieren angeführt werde. Eine Koalition aller Muslime und Tartaren könnte für Armenien und England gefährlich werden. Es sei auch nicht auszuschließen, dass Georgien mit den Türken gemeinsame Sache machte. Es sei daher gefährlich, einen für die Christen günstigen und für die Türken ungünstigen Friedensvertrag zu publizieren, ohne vorher die Durchsetzung geklärt zu haben. All dies führe ihn zu der

---

[185] Henry Morgenthau: Ambassador Morgenthau's Story (1918), ND Detroit 2003, 300.

[186] Documents on British Foreign Policy, 4 (1952), 734, Nr. 488.

Überzeugung, dass die Errichtung eines größeren Armenien die nationale Flamme bei den Türken anfachen könnte und nur den Extremisten nützen und die Kurden mit den Türken auf eine Linie zur Verstärkung des Pan-Islamismus bringen würde.[187] Einen Tag später leitete er Berichte über die Wirkung von Gerüchten über eine Pontos-Republik und ein unabhängiges Armenien weiter; die Restitution christlichen Eigentums und die Aufklärung über islamisierte Frauen und Kinder sei ins Stocken geraten.[188]
Lloyd George verhandelte Mitte September 1919 in Paris über ein französisches Eingreifen im Kaukasus und in Alexandrette und den Schutz der Armenier.[189] Letzten Endes ging es aber auch Frankreich nicht um die Armenier; sie wollten die Erlaubnis zur Einrichtung des Mandats Kilikien, um letztendlich in den Besitz Syriens zu kommen, das immer Hauptziel der französischen Politik im Nahen Osten blieb. Diese Haltung trug mit dazu bei, dass die Türken glaubten, gegenüber Armenien militant auftreten zu können. Die Republik Armenien hatte auch weder Zeit noch Geld, um eine Armee aufzubauen. Trotz inständigen Bitten des armenischen Premiers, Truppen im Land zu lassen, zog England seine Soldaten bis auf eine Besatzung in Batumi bis Ende September 1919 ab. Damit trat eine katastrophale Situation für die Armenier ein. Die Engländer beklagten mit Recht, sie hätten bisher den Löwenanteil am Sieg über die Türken gehabt; in Wirklichkeit zwangen die Finanzen sie jedoch zur Demobilisierung. Sie wussten, dass ein Mandat über Armenien enorme Kosten verursachen würde – in einem Land, in dem „nichts zu holen war“. Außerdem zeichnete sich Ende 1919 allmählich die Ablehnung des amerikanischen Mandats durch den Senat ab. Es wäre ein Horror-Szenario gewesen, wäre England erst im Moment des Scheiterns des armenischen Mandates abgezogen. So wollte man rasch handeln, um das Gesicht zu wahren.
Der von den Engländern geplante Abzug aus dem Kaukasus vergrößerte die Gefahr eines neuen Massakers der Türken an den Armeniern. M. Nabokoff, der Vertreter des „weißen“ Admirals

[187] Ebenda, 704f, Nr. 469.

[188] Ebenda, 705-707, Nr. 470.

[189] Helmreich (1974), 141f.

Kolchak in London, warnte England vor dem Abzug, da es angesichts des Bündnisses zwischen Georgien und den Tartaren und der Präsenz kurdischer Banden unter der Führung türkischer Offiziere zu neuen Gräueln kommen könnte. Russland könne den Armeniern jetzt nicht helfen, aber es erinnere sich an die alte russische Tradition der Protektion Armeniens.[190] England aber ließ sich in seinen Bestrebungen, die Armee aus dem Kaukasus abzuziehen, nicht beirren; nur der Hafen Batumi blieb zunächst noch unter britischer Kontrolle. Der amerikanische Colonel W. M. N. Haskell, der im Juli 1919 eingesetzte interalliierte Hochkommissar für Armenien, hielt es für absolut notwendig, die abziehenden britischen Truppen durch andere zu ersetzen. Haskell war es auch, der eine Ausbeutung der Ölfelder von Van durch Italien vereitelte, da Armenien zu arm sei, dass die Ressourcen von den Großmächten ausgebeutet werden könnten.[191] Am 25.8.1919 fragte Balfour im Großen Rat den Premier Clemenceau, ob Frankreich eventuell Truppen nach Armenien entsenden würde; Clemenceau erklärte, dies könne man überlegen, obwohl man nur wenige Truppen in Kilikien habe. Er versprach, dieses Thema mit der Armeeführung zu besprechen. Niemand wolle die Verantwortung für Armenien übernehmen.[192] In einem Telegramm an den Obersten Rat in Paris berichtete Haskell von der Hungersnot im Lande. Er hatte die erschreckenden Verhältnisse in Armenien selbst studiert. Im Osten, Süden und im Landesinneren unternähmen Tartaren Aufstände. Die Briten verließen den Kaukasus und weigerten sich, Truppen dort zu belassen. Wenn die britische Politik so sei, dann müssten eben andere Truppen gefunden werden.[193] Clemenceau sicherte ihm 12.000 Mann zu, die von Kilikien nach Armenien marschieren sollten.[194] Die Soldaten sollten mit dem Schiff nach Mersin und Alexandrette gebracht werden, beides Häfen unter französischer Kontrolle.

190 Documents on British Foreign Policy, 2 (1948), 741, Nr. 496

191 Evans (1965), 196.

192 Documents on British Foreign Policy, vol. 1: 1919, London 1947, 508, Nr. 42.5. (25.8.1919).

193 Ebenda, 574, Appendix A zu Nr. 46.

194 Ebenda, 574, Appendix B zu Nr. 46 u. Documents on British Foreign Policy, 4, 1952, 743f, Nr. 499 (29.8.1919).

Aber auch dieser Vorschlag ließ sich aufgrund der fehlenden Verbindungsstraßen nicht realisieren. Balfour schrieb an Curzon, Amerikaner und Engländer seien sich einig, dass die Armenier in Kilikien ohne ihre Hilfe verloren seien. England könne nur bei den Türken protestieren, die Finanzen erlaubten nicht einmal die Aufstellung eines Bataillons für Armenien; wenn ein solches kommen würde, wäre damit zu rechnen, dass jedem Armenier die Kehle durchgeschnitten würde.[195] Frankreich könnte jedoch von Kilikien aus den Armeniern eher Hilfe bringen. Curzon gab zu bedenken, dass eine solche Expedition vielleicht nie bis nach Erzerum kommen würde, andererseits aber die Feindseligkeit der Türken gegen die Armenier noch mehr anstacheln könnte. Admiral Robeck schrieb, die Truppen kämen in Mersin zu spät an, um noch im gleichen Jahr über Mardin und Diyarbakir nach Armenien zu kommen. Am 15.9. wurde der Oberste Rat darüber informiert, dass die amerikanische Regierung bereits eine Resolution bezüglich des Mandates in Armenien im Kongress eingebracht habe; die Entscheidung werde wohl noch bis Oktober dauern.[196] Lloyd George betonte, dass die französische Regierung sich bereiterklärt habe, Verantwortung für Armenien zu übernehmen; England unterstütze den Einsatz von Truppen von Alexandrette und Mersin aus. England erklärte, in unmittelbarer Zukunft alle Truppen aus Kilikien und Syrien bis zur Sykes-Picot-Linie abzuziehen. Der Entlastungszug der Franzosen unterblieb jedoch. Curzon meinte, man könnte nur übers Schwarze Meer und Batumi Hilfe bringen; Frankreich könne ja Nachschub aus Bulgarien oder von Konstantinopel bringen.[197] So schob jede Seite die Verantwortung auf die andere. Balfour betonte, dass die öffentliche Meinung in den USA, England und Frankreich Armenien retten wolle.[198]

Am 20.9.1919 wandte sich der armenische Vertreter Aharonian in Paris an die Friedenskonferenz und stellte die verzweifelte Situation seines Landes dar, das durch von türkischen Offizieren

[195] Ebenda, Bd. 2 (1948), 745f, Nr. 501 (31.8.1919).

[196] Documents on British Foreign Policy, 1 (1947), 688, Nr. 57.4 (15.9.1919).

[197] Ebenda, 747, Nr. 503 (2.9.1919).

[198] Ebenda, 748, Nr. 504 (3.9.1919).

angeführten turko-tartarischen Truppen umzingelt sei. Durch den Abzug der Engländer und das Ausbleiben von Munition sei das von allen Verbündeten verlassene Land wehrlos geworden. Trotz allem bestehe jedoch eine Chance, die Aggressoren abzuwehren. Vor allem aber brauche man Munition. Armenien sollte unter die Kontrolle der Alliierten gestellt werden und einen freien Zugang zum Schwarzen Meer und zum Kaspischen Meer erhalten, ebenso den Zugang zur Eisenbahnlinie Batumi –Erewan und Baku –Erewan. 300.000 Flüchtlinge aus der Türkei sollten aufgenommen werden. Diese Flüchtlingszahl habe auch zum Ansteigen der Hungersnot und der Epidemien beigetragen.[199]
Nach einer von Senator Williams am 9.9. eingebrachten Resolution im amerikanischen Senat wurde der Präsident nach dem Abzug der Engländer aus Armenien ermächtigt, angesichts der Bedrohung durch die Vernichtung durch Türken und Tartaren, Militär einzusetzen, um den Frieden herzustellen.[200] Durch die schwere Erkrankung des Präsidenten blieb der Beschluss jedoch mehr oder weniger ohne Wirkung. Italien bot an, das Gebiet unter den gleichen Bedingungen zu besetzen wie Frankreich Kilikien. In der Diskussion um ein unter britischer Oberaufsicht stehendes Kurdistan war die Position der USA, dass dieses im Süden unbedingt bis an den Euphrat reichen müsse; die kurdische Frage war daher mit der armenischen verbunden.[201] Angesichts der Wahlerfolge der Republikaner war der Erfolg Wilsons jedoch schon ab Herbst 1919 fraglich. Der Bericht des Generals Harbord vom Oktober 1919 sah keinen Anlass für die Gefahr eines neuen Massakers an den Armeniern durch die Türken – was öfters von armenischen Beteiligten behauptet wurde. Allerdings gab es Grenzkämpfe an der Südgrenze mit Türken, Tartaren und Kurden. Türkische Offiziere führten aserbeidschanische Gruppen an. Gefährdet seien auch die armenischen Dörfer zwischen Aserbeidschan und Nachitschevan, die nach den von England und Colonel Haskell festgelegten Grenzen zu Armenien gehörten. Nur hier seien die Armenier gefährdet. Der Hunger sei in

[199] Ebenda, 778f, Nr. 519 (20.9.1919).

[200] Ebenda, 797, Nr. 537 (7.10.1919).

[201] Ebenda, 813f, Nr. 545 (12.10.1919).

beiden Teilen Armeniens allerdings groß. Transkaukasien könne ohne ausländische Kontrolle nicht überleben. Lord Hardinge und Curzon meinten dazu, dass die Berichte über die Massaker an den Armeniern jetzt übertrieben würden und dass es mittlerweile sicher sei, dass die USA das Mandat nicht übernehmen würden.[202] Robeck leitete den Bericht eines Mitglieds der Harbord-Kommission nach London weiter, in dem es heißt, dass in den ehemals armenischen Vilayets nur noch sehr wenige Armenier lebten. Die Christen, die noch in der Türkei lebten, hingen völlig vom guten Willen Mustafa Kemals ab und würden von diesem als Geiseln für die Friedensverhandlungen benutzt. Auch den 30.000 bis 40.000 Überlebenden von den Massakern an den Nestorianern aus Hakkari gehe es schlecht, solange sie nicht in ihre Heimat zurück könnten. Ein anderer amerikanischer Offizier erzählte in Konstantinopel, die USA hätten kein Interesse an der Türkei; er war sich sicher, dass sie das Mandat über Armenien nicht annehmen würde.[203] Ende Oktober berichtete der englische Botschafter in den USA an Curzon, Henry Morgenthau denke, wenn der Senat den Vertrag von Versailles ratifiziert habe, werde er auch die Mandate für Konstantinopel und Armenien annehmen; es werde bald eine Kampagne für Armenien in den USA beginnen.[204] Der Kommissär Haskell beurteilte die Lage in Armenien hingegen wesentlich kritischer als General Harbord. Der Oberste Rat der Alliierten in Paris beschloss, keinen Friedensvertrag mit der Türkei zu schließen, bevor Präsident Wilson nicht klar gelegt habe, wie es die USA mit den Mandaten halten würden.[205] Am 12.12. notierte Minister Curzon nach einem Gespräch mit dem französischen Außenminister Pinchon, dass auch dieser der Meinung sei, dass es kein amerikanisches Mandat in der Türkei geben werde und letztlich nur England und Frankreich als Machtfaktoren übrig blieben.[206]

Am 14.11.1919 legte Colonel Haskell vor seiner Abreise aus

[202] Ebenda, 817-819, Nr. 548 (Okt. 1919)

[203] Ebenda, 821-825, Nr. 549 (18.10.1919).

[204] Ebenda, 843, Nr. 564 (24.10.1919).

[205] Ebenda, 846, Nr. 570 (28.10.1919).

[206] Ebenda, 879, Nr. 589 (12.11.1919).

Paris dem Obersten Rat einen Situationsbericht vor. Georgien und Aserbeidschan hätten sich miteinander verbündet, nicht aber Armenien mit ihnen. Ein Problem sei, dass die einzige Eisenbahnlinie vom Schwarzen Meer durch alle drei Länder gehe, sodass jede Republik die Bahn unterbrechen könne. Außerdem gebe es neutrale Zonen, was den Grenzwechsel kompliziere. Seine Vollmachten vom Obersten Rat erstreckten sich nur auf Armenien. Ein großer Teil der Armenier lebe innerhalb von Georgien. Man könne nichts importieren, weil die Währungen der drei Länder keinen Wert hätten. Es gebe etwa 800.000 Flüchtlinge in Armenien. Armenier im Ausland schickten oft Lebensmittel für die hungernden Landsleute. Diese Hilfslieferungen auf dem Weg von Batumi nach Armenien würden von den Georgiern oft aufgehalten.[207] Seine Vollmachten wurden daher vom Rat auch auf Georgien und Aserbeidschan ausgeweitet.
Im Herbst 1919 gibt es Anzeichen dafür, dass die britische Außenpolitik sich von den „idealistischen" Vorstellungen Wilsons löste und mit der Realität auseinandersetzte, dass keine Großmacht bereit war, sich für das kleine Armenien zu engagieren, das ökonomisch für die Mächte wertlos und mit Flüchtlingen angefüllt war. Auf die Vorschläge des russischen Generals Korganoff, für Armenien eine Armee von 30.000 Mann aufzustellen, wurde für Lord Curzon klar, dass es hier nur um das ehemalige Russisch-Armenien, also die heutige Republik Armenien, ging. In den östlichen Vilayets in der Türkei konnten die Alliierten mit ihren zahlenmäßig der Armee Kemals unterlegenen Truppen vor Ort kaum etwas ausrichten. Es ging darum, das kleinere Armenien überlebensfähig zu machen; dies war das Thema eines Briefes des britischen Diplomaten Crowe vom 19.11.1919. Darin hieß es, man müsse die Republik für die Defensive vorbereiten, solange keine amerikanischen Offiziere und Instrukteure da seien. Dies sei besonders angesichts des Abzuges der Engländer aus dem Kaukasus ihre Pflicht. Georgien sei besser gerüstet und habe nichts zu befürchten. Kemal Pascha könne jederzeit die Kurden gegen die Armenier mobilisieren; er habe 70.000 Mann unter Waffen. Die armenische Delegation in Paris sei frustriert über

[207] Documents on British Foreign Policy, 2 (1948), 321f, Nr. 22.4.

die lange Zeit ohne Entscheidung. Aber die Alliierten hätten das Sagen – Kurdistan und Armenien seien ihre größten Probleme. Er glaube aber, dass man bei einer amerikanischen Weigerung das Gebiet auch unter die Kontrolle des Völkerbundes stellen könnte. Armenien könnte vielleicht mit Kilikien verbunden werden und Kurdistan sich von Diyarbakir bis zur persischen Grenze erstrecken.[208] Erstaunlich ist, dass nur der weit vom Geschehen amtierende Präsident Wilson auch weiterhin an seinem Großarmenien bis Trapezunt festhielt – im britischen Foreign Office glaubte daran niemand mehr.

[208] Documents on British Foreign Policy, 4 (1952), 892-894, Nr. 596 (17.11.1919).

8. Mustafa Kemals türkische Nationalbewegung

Seit Juni 1919 erhielten die Amerikaner und die Vertreter der anderen Großmächte Kenntnis davon, dass der von der Regierung als Heeresinspekteur in den Osten gesandte General Mustafa Kemal in Anatolien begann, eine Nationalbewegung zu gründen, die das Ziel hatte, die griechische Invasion zurückzudrängen.[209] Der von der Regierung gegen Kemal geschickte General Kiazim Karabekir ging zu diesem über. Im Juli 1919 hielt die Nationalbewegung Kemal Paschas in Erzerum einen Kongress ab, auf dem bestimmt wurde, dass es den Flüchtlingen aus den östlichen Vilayets strikt verboten sei, ohne Genehmigung des Komitees in ihre Heimat zurückzukehren. Hier wurde auch beschlossen, die Republik Armenien anzugreifen, die Armenier in den Kaukasus zu treiben und – wie „Le Temps“ am 11.7.1919 berichtete – die Gründung eines armenischen Staates zu verhindern. Es wurde klar, dass die Nationalbewegung verhindern wollte, dass Armenien in den Besitz der östlichen Vilayets kommen könnte. Das erste Ziel der Kemalisten war es auch, die griechischen Invasoren aus Anatolien zu vertreiben. Anfang September hielten Mustafa Kemal und die Nationalisten in Sivas einen Kongress ab, auf dem ein „Repräsentativ-Komitee“ unter Kemals Vorsitz gebildet wurde, dem staatliche Kompetenzen übertragen wurden. De facto wurde es zur Gegenregierung der Nationalisten, die zunächst neben der Sultansregierung in Konstantinopel bestand.

Einer der ersten, der die Gefahr erkannte, war Admiral Calthorpe, der am 27.7.1919 an Curzon schrieb, zuerst wären die Türken bereit gewesen, eventuell auch Thrakien und Konstantinopel abzutreten. Dann sei die Invasion in Smyrna gekommen, die dazu geführt habe, dass sich ein Block aus ehemaligen CUP-Mitgliedern gebildet habe, der die Klarheit gewonnen habe, dass die Türken von den westlichen christlichen Mächten nichts zu erwarten hätten, sondern nur von ihren eigenen Anstrengungen, die man jetzt bei den Attacken auf die Christen sehen könnte.[210] Im September 1919 ließ Kemal den „Obersten Rat“ der Alliierten in Paris mitteilen, dass die Regierung Damat Ferit nicht den Willen

[209] Evans (1965), 176.

[210] Documents on British Foreign Policy, 4 (1952), 703, Nr. 457.

des Volkes repräsentiere. Er protestierte auch ausdrücklich gegen die griechische Invasion in Smyrna und die französische Invasion in Kilikien.[211] Damat Ferit trat am 30.9.1919 als Regierungschef der Sultansregierung zurück und wurde durch Ali Riza Pascha ersetzt, der mit den Nationalisten Kontakt aufnahm. Diese wurden von den Hochkommissaren in Konstantinopel genau beobachtet, die die personelle Kontinuität von CPU und Nationalbewegung feststellten. Sie bemerkten aber auch den Niedergang der Sultansregierung und die Schwierigkeit, einen Friedensvertrag durchzusetzen. Sie plädierten daher für einen raschen Friedensschluss und den kompletten Abzug der griechischen und italienischen Truppen aus Kleinasien. Nachdem Kemal seit September 1919 das gesamte unbesetzte anatolische Hochland kontrollierte, beklagten sich die Hochkommissare über den englischen Rückzug. Sie befürchteten, dass die Franzosen nun die vorherrschende Macht in Anatolien würden und forderten das Ende jeder türkischen Autorität über Konstantinopel und die Meerengen. Kemal signalisierte jedoch den USA, dass er bereit wäre, ein amerikanisches Mandat über die Gesamttürkei zu akzeptieren. Die Mitglieder der Sultansregierung wurden von ihm als eine Bande von Verbrechern und Verrätern bezeichnet.[212]

Kemal Pascha eröffnete am 4.9.1919 den Kongress zu Sivas, in dem er das gesamte türkische Gebiet beanspruchte, das beim Waffenstillstand in türkischer Hand war. Admiral Robeck berichtete darüber an Minister Curzon, Nichtmuslime sollten ihre Religion ausüben können, aber keine speziellen Privilegien erhalten. Projekte der Schaffung eines griechischen oder armenischen Staates auf ottomanischem Territorium wurden zurückgewiesen. Die Christen in der Türkei wurden dadurch sehr beunruhigt, hatten sie doch nur einen untergeordneten Stellenwert bei den Türken.[213] Am 26.10.1919 verbot die Regierung die Rückkehr der überlebenden Armenier in ihre Heimatorte in Westanatolien und Kilikien.[214]

---

[211] Helmreich (1974), 233.

[212] Evans (1965), 185.

[213] Documents on British Foreign Policy, 4 (1952), 803, Nr. 543 (10.10.1919, Bericht Robecks): "No projects for the creation of an independent Greek or Armenian State in Ottoman dominions. ...Ottoman Christians are their cattle, and they want to do with town what they will."

[214] Akcam (1996), 110.

General Milne berichtete im Oktober 1919, was Mustafa Kemal als die drei unverhandelbaren Fragen bezeichnet hatte: Smyrna, Thrakien und Armenien. Die Schaffung eines unabhängigen Armenien würde große Kräfte beanspruchen. Sogar die Regierung Damat Ferit habe strikte Anweisungen erteilt, keinen Armeniern die Repatriierung zu gestatten. Vielleicht könne man sich aber über eine Regelung der Frage einigen. Die Türken seien jedenfalls bereit, Erzerum zu verteidigen. General Djevid Bey habe erklärt, sie würden den größten Teil des Landes behaupten, aber einen Teil müssten sie wohl hergeben. Auch Karabekir habe territoriale Konzessionen als unvermeidlich erklärt.[215] Curzon erfuhr auch von den Verhandlungen Kemals mit den Bolschewisten, Franzosen und Italienern und einem Besuch Picots bei Mustafa Kemal im November 1919, was zu dem Eindruck verleitete, Frankreich wolle mit Hilfe der Türken und Araber den englischen Einfluss im Orient zurückdrängen.[216] Die von der kemalistischen Nationalbewegung für die neue Republik Armenien ausgehende Gefahr wurde sowohl von dieser selbst wie auch den Alliierten unterschätzt.
Beide Regierungen hielten Anfang Dezember eine gemeinsame Wahl ab, in der die Nationalbewegung angesichts der Bedrohung durch die Alliierten und die Griechen eine Zweidrittelmehrheit gewann. Nach der Wahl, an der die Bewohner der von Griechenland besetzten Zone nicht teilnehmen durften, verlegte die Nationalbewegung ihren Sitz nach Ankara. Das neue Parlament trat am 12.1.1920 zusammen. Am 28.1.1920 wurde der „Nationalpakt" (Misak-i Milli), der einerseits West-Thrakien für die Türkei reklamierte, andererseits aber auch die in den Kapitulationen verbrieften Minderheitenrechte garantiert wurden, in dem die freilich auch für die türkischen Minderheiten gefordert wurden[217], vom Parlament in Konstantinopel angenommen, in dem auch Kars, Ardahan und Batumi beansprucht wurden und in dem die Nationalisten für die Integrität der Türkei in den Gebieten eintraten, die bis zum

[215] Documents on British Foreign Policy, 4 (1952), 998, Nr. 646 (20.10.1919).

[216] Ebenda, 560, Nr. 385.

[217] Toynbee (1923), 210: 4.: „The rights of minorities as defined in the treaties concluded between the Entente Powers und their enemies and certain of their associates shall be confirmed and assured by us – in reliance on the belief that Moslem minorities in neighbouring countries also will have the benefit of the same right."

Waffenstillstand von Mudros unbesetzt waren und sich gegen die Intervention fremder Mächte zur Wehr setzten.
Nach den Verhandlungen des französischen Außenministers Pinchon in London im November 1919 beschlossen England und Frankreich, die Türken aus Europa auszuweisen und Konstantinopel einer alliierten Verwaltung zu unterstellen. Die Einigung der Großmächte erhielt jedoch am 6.1.1920 im britischen Ministerrat keine Mehrheit. Damit war das Projekt der dauernden Besetzung Konstantinopels und der europäischen Türkei gefallen. Eine Botschafterkonferenz sollte nun die Eckpunkte eines Friedensvertrages mit der Türkei ausarbeiten, die in London unter dem Vorsitz von Lord Curzon tagte. Minister Berthelot nannte die Befreiung Armeniens von der türkischen Herrschaft als einen der zentralen Punkte des künftigen Friedensvertrages. Es werde notwendig sein, die 1,5 Mill. Armenier aus Russisch-Armenien mit den 500.000 zerstreuten Armeniern in einem Staat zusammenzuführen. Armenien sollte auch die Gebiete von Biochelie, Kanbak und Zangezur umfassen, die jetzt noch von Georgien und Aserbeidschan beansprucht würden, weiters von Türkisch-Armenien den Ostteil des Vilayets Erzerum, die Ebene von Musch, den Distrikt von Bitlis und die Region vom Van-See bis zur persischen Grenze. Die Grenze selbst sollte von einer internationalen Kommission festgelegt werden. Eine Armee von 5.000 bis 20.000 Mann mit alliierten Offizieren sei notwendig. Damit Armenien einen Zugang zum Meer habe, seien Transitverträge mit den Nachbarn notwendig; Batumi sollte hier eine Rolle wie Danzig einnehmen. Auch sollte Armenien über das Eisenbahnnetz mit Konstantinopel, dem Schwarzen Meer, Diyarbakir und Bagdad verbunden sein. Das griechische Gebiet in Pontus sollte aber nicht mit Armenien verbunden werden. Würde man das 400 km entfernte Kilikien zu Armenien schlagen, würden die Armenier im eigenen Staat zu einer Minderheit. Man könne aber nicht alle verstreuten Enklaven mit Armenien vereinigen. Man müsse die Armenier im eigenen Land gegen Türken und Kurden schützen und hunderte von Millionen für den Wiederaufbau der zerstörten Dörfer spenden. Die lange Zeit der Sklaverei habe die Armenier ihres Selbstvertrauens beraubt. Mit Hilfe der USA und

des Völkerbundes lasse sich dieses Problem jedoch lösen.[218] Auch im Entwurf von Montagu sollte das unabhängige Armenien neben der Republik von Erewan den Ostteil des Vilayets Erzerum ohne die Stadt selbst, die Distrikte von Bitlis und Musch sowie das Gebiet vom Vansee bis zur persischen Grenze umfassen; die Grenze zu Georgien, Aserbeidschan, zu Kurdistan und zur französischen Zone sollte von einer interalliierten Kommission festgelegt werden. Der Zugang Armeniens zum Hafen Batumi müsse gewährleistet sein. Auch die nichtarmenischen Minderheiten im neuen Staat müssten geschützt sein. Die Armee und die Staatsfinanzen sollten von den Alliierten unterstützt und kontrolliert werden.[219] Nach diesem Entwurf wäre Armenien wesentlich kleiner gewesen als nach dem von Präsident Wilson im November 1920.

Nach den Erfolgen in Anatolien gingen die Kemalisten mit äußerster Härte gegen die christlichen Minderheiten vor. Nach Berichten über Ausschreitungen der Türken gegen Christen im Februar 1920 in Marasch, die von Lord Curzon nach Paris gemeldet wurden, verstärkten die Briten ihre Präsenz in Konstantinopel. Die Oppositionsbewegung unter Mustafa Kemal gewann in der Folgezeit zunehmend an Gewicht. Als Reaktion auf das Vorgehen der Nationalisten wurde Konstantinopel am 16.3.1920 von den Alliierten besetzt und die Vertreter der Nationalisten verhaftet. Kemal berief für Ende April 1920 die „Große Türkische Nationalversammlung" ein, auf der sich das Repräsentativkomitee zur provisorischen Regierung erklärte und Mustafa Kemal zum Vorsitzenden der Nationalen Regierung wählte, die alle Kontakte zur Regierung in Konstantinopel abbrach, den Sultan absetzte und die Türkei zur Republik erklärte. Unmittelbar danach ordnete die Nationalbewegung in einem Rundschreiben an, den noch in der Türkei lebenden Christen gegenüber Humanität zu zeigen und Zuwiderhandelnde zu bestrafen. Ein Jahr später betonte Kemal in einer Rede, man habe die Garantieerklärung für die Armenier – außer den Räubern und Mördern gegenüber den eigenen Brüdern an der armenischen Grenze – bewusst abgegeben und dies überall publik gemacht.

[218] Documents on British Foreign Policy, 4 (1952), 1017 u. 1024f, Nr. 658 (12.1.1920).

[219] Ebenda, 1041f, Nr. 665 (19.1.1920).

Bevor die Amerikaner sich in den anatolischen Wirren engagieren wollten, sollten zwei Kommissionen die Situation im Lande abklären. In strittigen Fragen liebten die Amerikaner die Entsendung von Missionen, die die Verhältnisse in einem umstrittenen Gebiet näher erkunden sollten. So wurde der General James G. Harbord im August 1919 auf Erkundung geschickt. Er fürchtete, ein unabhängiges Armenien würde zum Ausbruch von neuen Massakern führen. Harbord traf Mustafa Kemal in Sivas, der bei dieser Gelegenheit den Eindruck eines realistischen Politikers machte. Kemal erklärte ihm, die Nationalbewegung würde keine Gewalt gegen die Nicht-Muslime anwenden. Er wolle eine Ankündigung publizieren, dass die armenischen Bürger frei von Furcht leben könnten. Gegenüber dem General Kiazim Karabekir bekräftigte er dieses Versprechen. In langen Besprechungen habe er ihm versichert, dass die Nationalisten keine mörderischen Absichten gegen die Nicht-Muslime und Armenier hätten. Sie würden ihre natürlichen Rechte respektieren. Am 24.9.1919 erhielt Harbord diesbezüglich eine schriftliche Zusicherung. Gegenüber den Nichtchristen (Armeniern, Griechen und Juden), mit denen die Türken so lange zusammen gelebt hätten, hätten sie keine anderen Gefühle als den Wunsch, sie nahe und gleich bei sich zu haben.[220] Gegenüber Harbord gab Kemal jedoch die Ermordung von 800.000 Armeniern durch die Türken zu.[221] Besonders angesichts der internationalen Berichte über die Massaker verbreitete die türkische Presse derartige Sicherstellungen, die die kemalistische Regierung in einem Zirkular vom 16.9.1919 bestätigte.

[220] Akcam (2003), 292.

[221] Ebenda, 293.

9. Die Londoner Konferenz über die Zukunft Armeniens (1919/20)

Am 25.9.1919 kam General Harbord nach Armenien, wo er mit der großen Zahl von einer halben Million Flüchtlingen und der Hungersnot konfrontiert wurde. Im Oktober 1919 berichtete auch Oliver Wardrob, der gebildete frühere britische Kommissar von Transkaukasien, von den Zuständen in Erewan, wo hungernde Kinder in den Straßen nach etwas Essbarem suchten. Harbords Bericht zählte 13 Gründe gegen und 14 für ein Mandat auf. Für das Mandat sprachen vor allem humanitäre Gründe, dagegen die völlige Unerfahrenheit der Amerikaner mit derartigen Projekten. Der englische Diplomat Sir Eyre Crowe schrieb am 1.12.1919 aus Paris, man könne die armenische Frage nicht nur von der Basis der „present numbers" von Armeniern lösen und darüber die türkische Methode, mit Minderheiten fertig zu werden, außer Betrachtung lassen. Inzwischen waren 1919 etwa 120.000 überlebende Armenier nach Kilikien zurückgekehrt, wo sie sich unter französischem Schutz sicher wähnten.[222] In Armenien selbst verhungerten vom Mai bis Dezember 1919 mehr als 180.000 Armenier oder starben an Epidemien. Die zweite Kommission unter der Leitung von Henry King und Charles Crane sollte die Situation in Syrien erkunden. Auch sie sondierte die Chancen für einen eigenständigen armenischen Staat.
Bezüglich eines Engagements für Armenien war nach dem Ausscheiden der USA aus der Friedenskonferenz die Begeisterung gering. Während der neue Staat zunächst im Sommer 1919 von General Denikin bedroht worden war, änderte sich die Situation durch den Sieg der Bolschewiken. Keine der Großmächte wollte ein Mandat übernehmen. Es wurde daher im Obersten Rat vereinbart, dass das unabhängige Armenien vom Völkerbund garantiert werden sollte, der eine freiwillige Militärhilfe finanzieren sollte. Vom Rat des Völkerbundes wurde dieser Beschluss nur kühl aufgenommen, da er über keine Streitkräfte verfügte; der Rat fragte daher nach, was man unter dieser Hilfe verstehe.

---

[222] Richard G. Hovannisian: Die armenische Frage (1878-1923), in: Das Verbrechen des Schweigens, hg. v. Tessa Hofmann, Wien 1984,13-37, hier 29.

Die vom Dezember 1919 bis zum Januar 1920 tagende Londoner Konferenz über einen Friedensvertrag der Alliierten mit der Türkei verabschiedete am 14.2.1920 einige von allen Alliierten ausverhandelte und akzeptierte Prinzipien: (1.) Obwohl die Türkei besiegt wurde, sollte ein türkischer Staat erhalten bleiben. (2.) Internationale Kontrolle der Meerengen. (3.) Verhinderung von türkischen Friedensstöraktionen. (4.) Konstituierung eines unabhängigen Armenien. (5.) Abtrennung von Syrien, Mesopotamien u. Palästina von der Türkei. (6.) Verankerung des Schutzes der christlichen Minderheiten in der Türkei.[223] Bezüglich der Grenzen Armeniens plädierte die Friedenskonferenz für einen kleinen und lebensfähigen Staat an Stelle des von Wilson projektierten größeren Armenien. Bei den Londoner Verhandlungen wurde Anfang 1920 beschlossen, Trapezunt und Erzinjan auszuschließen, während Musch, Bitlis, Van und Erzerum bei Armenien zu belassen seien. Natürlich war allen Beteiligten klar, dass es nicht leicht sein würde, die von Präsident Wilson propagierte Grenze und die Abtrennung der östlichen Gebiete von der Türkei auch in der Realität durchzusetzen. Bezüglich der Grenze zwischen Aserbeidschan und Armenien wurde beschlossen, die Festlegung den beiden Staaten selbst zu überlassen und sich erst einzuschalten, wenn es hier zu keiner Einigung käme. Lord Curzon schlug einen Hafen in Kilikien vor. Den griechischen Wunsch nach einem Gebietsstreifen zu einer Pontischen Republik lehnte er ab. Bezüglich der Wünsche hinsichtlich eines „größeren" Armeniens meinte er, man werde nicht genug Armenier finden, um das frühere Russisch-Armenien zu füllen; in einem größeren Armenien wären drei Viertel der Bevölkerung Türken. Die Hafenstadt Batumi, die noch eine englische Besatzung hatte, sollte internationalisiert und wie Danzig unter dem Schutz des Völkerbundes gestellt werden, um den Kaukasusstaaten einen Zugang zum Meer zu verschaffen. Armenien sollte auch den Hafen Trapezunt benutzen können. Für Lazistan, das Gebiet zwischen Georgien und Trapezunt, wurde zunächst eine Autonomie ins Auge gefasst. Als sich die Konferenz dann schließlich entschloss, Batumi an Georgien zu geben, wurde Lazistan als Kompensation Armenien zugesprochen, das sich verpflichten sollte, die Rechte

[223] Documents on British Foreign Policy 1919, 7, (1958), 43, Nr. 6.

der nichtchristlichen Minderheit zu respektieren. England favorisierte ein unabhängiges Armenien. Man einigte sich darauf, dass es Trapezunt nicht umfassen sollte.[224] Bezüglich Kilikiens stellte Lloyd George fest, dass es hier 290.000 Muslime, 20.000 Griechen und 75.000 Armenier gebe; man könne überlegen, ob man die Grenze Armeniens bis hierher ziehe. Berthelot meinte, dass zu den 70.000 weitere Flüchtlinge zu zählen seien, sodass man insgesamt auf 150.000 käme.[225] Er meinte, es sei auch in Zukunft wichtig, dass ausländische Instruktoren die türkische Verwaltung kontrollierten. Französische Berater in Kilikien würden deswegen aber nicht ein Mandat bedeuten. Ein amerikanisches Diktat wurde zurückgewiesen, da die Amerikaner nichts für die Türkei getan hätten. Lloyd George betonte, wenn Kilikien türkisch bliebe, müsse man die armenische Bevölkerung dort schützen. Der amerikanische Politiker J. W. Gerard hatte kurz zuvor für notwendig erachtet, dass Armenien Kilikien und zwei Häfen erhalte. Batumi sollte nach dem Willen der Konferenz Freihafen werden oder eventuell auch als Schwarzmeerhafen Armeniens dienen.[226] Curzon stellte fest, dass eine Aufteilung der Türkei in Einfluss-Zonen von den Türken selbst nie akzeptiert werden würde. Am 16.2.1920 wurde ein erster Entwurf des Friedensvertrages mit der Türkei vorgelegt, die im Osten von Armenien begrenzt werden sollte; die Grenzen selbst sollte die armenische Kommission vorschlagen.[227]

Boghos Nubar und Aharonian als Vertreter Armeniens bei der Friedenskonferenz waren sehr beunruhigt, als sie erfuhren, dass Frankreich beabsichtigte, aus Kilikien abzuziehen, da sie neue Massaker befürchteten. Minister Berthelot brachte zum Ausdruck, dass es keine einfache Sache sein werde, den Armeniern Garantien für die Zukunft zu geben und dass die Entente an Image verlieren würde, wenn es nach dem Friedensvertrag zu neuen Gräueltaten der Türken käme.[228] Falls Kilikien nicht zu Armenien kommen sollte und die Nationalisten bereits mit den Massakern

[224] Ebenda, 81-86, Nr. 10.

[225] Ebenda, 94, Nr. 11.4. u. 98, Appendix 3.

[226] Ebenda, 254, Nr. 27.2 (25.2.1920).

[227] Ebenda, 125, Appendix 2 zu Nr. 14 (16.2.1920).

[228] Ebenda, 166, Nr. 19 (20.2.1920).

an den dort lebenden Armeniern begonnen hätten, wäre die einzige Rettung ihre Umsiedlung, wenn Frankreich nicht willens sei, die Armenier zu beschützen. Berthelot erklärte, Frankreich könne nicht dauerhaft in Kilikien bleiben, nur um die Armenier zu schützen, es wolle sich aber um ihren Schutz bemühen.

Bei weiteren Diskussionen um den Friedensvertrag in London wurde festgehalten, dass die Türkei Armenien als Staat anerkennen müsse und dass der Völkerbund dem neutralen Staat helfen sollte, ohne ihn zu kontrollieren. Auch die Frage der Minderheitenrechte in der Türkei und der Bestrafung der Kriegsverbrechen wie der Massaker an den Armeniern kam dabei zur Sprache.[229] Die Konferenz gelangte auch zu der Einsicht, dass Armenien zu den Signatarstaaten des Friedensvertrages mit der Türkei gehören sollte, zumal ja ein Teil der Osttürkei an Armenien fallen sollte.[230] Hinsichtlich der Grenzen Armeniens einigte die Konferenz sich jetzt darauf, Trapezunt und Erzinjan auszuschließen, da hier nur eine Minderheit armenisch sei. Wenn Batumi ein Freistaat werden sollte, sollte eine Kommission die Grenzen zu Armenien festsetzen.[231]

Über Karabach, Nachitschevan und Zangezur sollte erst später entschieden werden. Lazistan sollte ein Freistaat innerhalb Armeniens werden. Der französische Vertreter Cambon war dagegen, weil Armenien nicht stark genug sein werde, es zu besetzen. Die Konferenz stimmte zu, dass die Türkei das Gebiet, das die neue Republik Armenien ausmachen sollte, räumen sollte. Armenien müsse dann eine Armee von mindestens 40.000 Mann aufstellen. Für die ersten zwei oder drei Jahre müssten europäische Truppen von 15.000 bis 20.000 Mann im Land bleiben, da die muslimische Bevölkerung die Entscheidung nicht akzeptieren werde. Die Konferenz müsse dann auch den Völkerbund ersuchen, das neue Armenien zu unterstützen und auch die Armenier in Kilikien vor einem Massaker bewahren.[232]

---

[229] Ebenda, 191, Nr.21 3 u. 6 (21.2.1920).

[230] Ebenda, 278f, Nr. 34.1b (27.2.1920).

[231] Ebenda, 280, Nr. 34.2.a. u. b. (27.2.1920).

[232] Ebenda, 280-285, Nr. 34.2 (27.2.1920).

Während der Londoner Konferenz begannen die Massaker der Kemalisten an den Armeniern in Kilikien. Am 28.2.1920 erhielt auch die Konferenz Berichte über die Massaker nach der Eroberung von Marasch am 9.2., worüber der armenische Patriarch Zaven von Konstantinopel aus an Boghos Nubar berichtet hatte. Am 10.2. seien 3000 Armenier massakriert worden, von den 29.000 Armeniern von Marasch insgesamt 16.000. Boghos Nubar hatte den französischen Außenminister Berthelot informiert. Amerikaner, die Marasch mit den Armeniern verlassen hatten, schätzten die Zahl der Ermordeten auf 5000. Der Kommandant der britischen Mittelmeerflotte telegrafierte, dass die Franzosen nur etwa 12.000 Mann in Kilikien hatten, die Nationalisten aber 25.000 bis 30.000; zwischen 15.000 und 20.000 Armenier seien massakriert worden. Die Konferenz fürchtete die öffentliche Meinung in England und Frankreich, die fragen werde, was man unternehme, um die Armenier zu schützen und die Verantwortlichen zu bestrafen. Der Premier ließ sofort eine Sitzung des Obersten Rates einberufen. Es war der Konferenz klar, dass Mustafa Kemal die Verantwortung für das Massaker hatte.[233] Berthelot meinte, dass man solche Massaker nicht hinnehmen könne. Die französischen Truppen in Kilikien bestünden meist aus kampfunerprobten Farbigen und Armeniern. Der Oberste Rat beschloss, auch bei der Sultansregierung vorstellig zu werden und ihr härtere Friedensbedingungen anzudrohen. Cambon meinte, dass man dadurch die Massaker nicht stoppen werde, für die Mustafa Kemal verantwortlich sei.
Im britischen Unterhaus kamen die Massaker in Kilikien ebenfalls zur Sprache. Die Militärs bestätigten, dass zwischen 15.000 und 20.000 Armenier massakriert worden waren. Es wurde vorgeschlagen, dem Sultan die Verhaftung anzudrohen, wenn der Premier nicht sofort die Massaker stoppe. Lloyd George verlas ein Telegramm von Bischof Narayon vom 25.2. mit dem Bericht an Boghos Nubar. Premier Nitti sagte, Mustafa Kemal habe 150.000 Mann unter Waffen und kontrolliere die Sultansregierung mehr als sie ihn. Jetzt wurden die Folgen der Demobilisierung der Entente deutlich; man hatte Mustafa Kemal

---

[233] Ebenda, 291f, Nr. 36.1 (28.2.1920).

keine ebenbürtige Armee entgegenzusetzen. Churchill meinte, dass auch eine Aktion gegen Konstantinopel hier nicht helfe. Am 29.2. telegrafierte Admiral Robeck von Konstantinopel, nur eine Besetzung der Hauptstadt sei ein eindrucksvoller Schritt, um die Sicherheit der Christen im Landesinneren zu gewährleisten und weitere Massaker zu verhindern.[234] Am 3.3. legte Lloyd George das Telegramm dem Obersten Rat vor, der nach eingehender Beratung die Besetzung Konstantinopels beschloss.
Der alliierte Rat hielt es angesichts der Ereignisse in Kilikien für notwendig, nach den jüngsten Provokationen der Türken bei den Massakern in Kilikien Zeichen zu setzen. Auch der französische Hochkommissar forderte eine Aktion. Verlangt wurde zunächst die Entlassung Mustafa Kemals, der sich formal zum Gouverneur von Erzerum hatte ernennen lassen, um es gegen Forderungen der Armenier zu verteidigen. Venizelos erklärte, um Smyrna herum stünden sechs Divisionen einsatzbereit, insgesamt um 100.000 Mann; die Engländer hatten etwa 12.000 und die Franzosen 18.000 bis 20.000 in Kilikien und 8000 um Konstantinopel im Einsatz. Mit insgesamt etwa 160.000 Mann waren die Alliierten etwa doppelt so stark wie die Armee Kemals. Die Besetzung Konstantinopels sollte bis zum Abschluss des Friedensvertrages andauern. Auch die USA wurden zur Teilnahme an der Besetzung Konstantinopels eingeladen, da die Türken eine amerikanische Schule in Kilikien attackiert und amerikanische Staatsbürger ermordet hätten; Curzon wurde beauftragt, diesbezüglich mit dem amerikanischen Botschafter zu verhandeln.
Am 11.3.1920 legte das „Committee on protection of minorities in Turkey" dem Obersten Rat einen Entwurf zu einem Minderheitengesetz für die Türkei vor. Darin wurde auf das „Hatti Sherif" von Gülhane (1839), das „Hatti Humayoun" von 1856 und den Berliner Vertrag von 1878 Bezug genommen, Verträge, in denen die Menschenrechte in der Türkei „auf dem Papier" beschlossen worden waren. Im Vorwort des Minderheiten-Gesetzesentwurfes hieß es auch, dass die Versprechungen „dead letters" geblieben waren.[235] Es wurde auch auf die neuen Massaker hingewiesen,

---

[234] Ebenda, 377-379, Appendix 2 zu Nr. 45 (29.2.1920).
[235] Ebenda, 467, Nr.57.3.

die sich höchstens durch eine aktive Militärpräsenz hätten verhindern lassen.
Der Entwurf für den Friedensvertrag mit der Türkei war in den Hauptbereichen fertig gestellt. Die Türkei gewährt in dem Entwurf allen Einwohnern ohne Einschränkung von Rasse und Religion die gleiche Sicherheit für Leben und Freiheit (§ 2). Vorgeschlagen wurden ausländische Offiziere, die in der türkischen Polizei Dienst verrichten sollten. Die Polizei sollte entsprechend der Bevölkerung zusammengesetzt sein; für Nichtmoslems sollte ein gewisser Prozentsatz reserviert bleiben. Alle Zwangskonversionen zum Islam ab dem 1.11.1915 unter dem terroristischen Regime sollten annulliert werden. Entführte Kinder sollten den Familien zurückgegeben werden (§ 3). Auch das Gesetz über das herrenlose Eigentum von 1915 sollte annulliert werden. Alle, die nach dem 1.8.1914 von ihrem Eigentum vertrieben worden seien, sollten dieses zurück erhalten. Schiedskommissionen sollten vom Völkerbund eingesetzt werden. Alle Personen, die an Massakern beteiligt gewesen seien, müssten aus ihren Ämtern entfernt werden. Alle Gesetze, die fremdes Eigentum berührten, waren zu annullieren (§ 5). Die Gleichheit aller vor dem Gesetz sollte garantiert werden; jeder hat das Recht auf den Gebrauch der eigenen Muttersprache (§ 6). Den Minderheiten wird ein volles eigenes Schulwesen garantiert (§ 7). Die Minderheiten sollten einen entsprechenden Anteil vom Steueraufkommen erhalten (§ 8). Alle Religionen erhalten ihre Immunität und Privilegien wie in den früheren Kapitulationen (§ 9). Alle Christen und Juden sollten in ihren Distrikten ungehindert leben können (§ 10). Die die Religionen betreffenden Stipulationen sollten nicht ohne Zustimmung des Völkerbundes, der USA, Englands, Frankreichs, Italiens und Japans geändert werden können (§ 11). Ein Vertreter des Völkerbundes sollte diese Freiheiten an Ort und Stelle überwachen können (§ 12). Jedes Mitglied des Rates des Völkerbundes sollte die Einhaltung überwachen und deren Übertretung zur Sprache bringen können (§ 13). Die Türkei erklärt sich einverstanden, Streitpunkte über die Einhaltung vor dem Internationalen Gerichtshof auszutragen (§ 14). Lord Curzon sagte dazu, die Türkei habe auch schon früher derartige

Gesetze erlassen; sie seien jedoch nicht eingehalten worden.[236] Am 11.3.1920 hielt Lord Curzon eine Rede im britischen Oberhaus, in der er die Notwendigkeit betonte, den armenischen Staat zu verteidigen; die Armenier selbst könnten dies nur zum Teil leisten. Angesichts der leeren Kassen müsse irgendwer für die zukünftige Organisation Armeniens verantwortlich sein. Dies kam auch vor dem Rat zur Sprache. Curzon telegrafierte an den Völkerbund, dass er sich der armenischen Sache annehmen solle. Als der britische Hochkommissar in Konstantinopel das Telegramm des Obersten Rates mit dem Inhalt, dass Thrakien mit Adrianopel bis zum Marmarameer an Griechenland fallen sollte sowie Erzerum an Armenien und Smyrna an die Griechen, erhielt, stellte er in seiner Antwort die möglichen Folgen vor: dass die Türkei sich weigern könnte, ihn zu unterschreiben, oder ihn nicht zu ratifizieren oder nicht auszuführen und dass es in Thrakien oder Kleinasien zu neuen Massakern an den Christen kommen könnte. Der britische Botschafter in Washington berichtete gleichzeitig von einem Gespräch mit dem Staatssekretär im Außenministerium, dass Armenien nach amerikanischer Auffassung nicht Kilikien umfassen sollte, wohl aber die Region um den Vansee und um Trapezunt mit der Küste des Schwarzen Meeres.[237] Der Rat des Völkerbundes zeigte sich überrascht über die Rolle, die er in Armenien übernehmen sollte, obwohl er ja für den Minderheitenschutz zuständig sei. Curzon wandte ein, dass die Türkei ja noch kein Mitglied des Völkerbundes sei. Bei der Behandlung des militärischen Teiles des Friedensvertrages mit der Türkei kam auch die Entmilitarisierung der Umgebung von Trapezunt zur Sprache, um den neuen Staat Armenien zu schützen. Da man es denkbar fand, Erzerum zu Armenien zu geben, aber da es noch nicht klar war, ob Erzinjan und Trapezunt auch dazu kämen, sollte auf jeden Fall das türkische Umland entmilitarisiert werden.[238] Am 25.3. sagte Lord Curzon nach der Einigung über die armenischen Grenzen, die Batumi bei Georgien beließen, Armenien brauche Waffen, ausländische Offiziere und Finanzhilfen über Jahre hinaus. Amerikas Interesse sei groß, er

[236] Ebenda, 466-471 (11.3.1920).

[237] Ebenda, 500f, Appendix 3 u. 4 zu Nr. 60.

[238] Ebenda, 561, Nr. 65.2 (19.3.1920).

habe mit Henry Morgenthau gesprochen, dass die Amerikaner den Armeniern helfen sollten.
Verabschiedet wurde der Teil des Friedensvertrages über die Grenzen Armeniens mit einem autonomen Lazistan und der Westgrenze des Vilayets Erzerum als westliche Grenze gegenüber der Türkei ohne Trapezunt, aber vom Yanboli-Fluss östlich von Trapezunt mit einem schmalen hafenlosen Zugang zum Schwarzen Meer bis zur Grenze vor Batumi.[239] Auch das autonome Gebiet Lazistan erhielt genaue Grenzen. Damit hatte sich die „kleinere Lösung durchgesetzt: zum ehemals russischen Armenien kamen Randgebiete der Türkei mit Erzerum hinzu; der neue Staat sollte zwar ans Schwarze Meer grenzen, aber ohne einen größeren Hafen. Ähnlich wie die neuen Staaten Polen und Tschechoslowakei sollte auch Armenien durch spezielle Verträge mit den Großmächten politisch abgesichert werden.

[239] Ebenda, 642-649, Appendix 1 zu Nr. 71.

10. Der letzte Krieg zwischen der Türkei und Armenien (23.9.-2.12.1920)

Wie weit die Armenier in ihrer Not zu gehen bereit waren, zeigt sich darin, dass sie sogar bereit waren, mit ihren früheren Todfeinden, den Kurden, sich zu arrangieren. Armenier und Kurden wandten sich am 20.11.1919 an Clemenceau und ersuchten ihn, sich für die Errichtung zweier Staaten unter einem Mandat einzusetzen![240] Das britische Begehren nach Mossul wurde von den Engländern auch damit begründet, es dürfe zwischen dem geplanten Staat Armenien und dem Irak keine „türkische Zunge" bis nach Mesopotamien reichen, die es den Türken ermöglichen würde, in diesem Gebiet Einfluss zu nehmen. Admiral Robeck wunderte sich über das Zustandekommen des Agreements zwischen Armeniern und Kurden.[241] Das Abkommen war von Boghos Nubar und dem armenischen Delegierten Ohandjanian für die Armenier und Cherif Pasha für die Kurden am 20.11.1919 in Paris unterzeichnet worden. Beide wünschten die Unabhängigkeit von der Türkei und einen eigenen Staat als Mandat. Die Todfeinde von einst versprachen auch, die Minderheiten in ihrem Gebiet zu respektieren! Admiral Webb äußerte sich skeptisch, ob der „Vertreter" Kurdistans im eigenen Volk wirklich anerkannt werden würde. Letzten Endes wurde aus der Sache nichts; das Verhältnis zwischen den beiden Völkern ist bis heute gestört.

Ein Brief aus dem britischen Foreign Office vom Diplomaten Kidston nach Paris deutet Ende November 1919 an, möglicherweise könne Armenien sich doch verteidigen, zumindest im Süden. Man solle Armenien Waffen liefern, bis europäische Offiziere die Verteidigung übernehmen könnten. Zur Zeit werde Erewan von den Daschnaken kontrolliert, die mit den gleichen Methoden wie die Jungtürken arbeiteten. Aharonian sei dagegen eine Lichtgestalt. Der Amerikaner Haskell könne niemals die Kontrolle über die drei Staaten übernehmen. Die Idee, Armenien mit Kilikien zu verbinden, könne er nicht nachvollziehen. Welchen Anteil würden die Armenier in einem solchen Staat haben? Kemals

240 Helmreich (1974), 205.

241 Documents on British Foreign Policy, 4 (1952), 925, Nr. 620 (20.12.1919).

Hochkommissar Sterghiadis begrüßt den griechischen General Paraskevopoulos (12.7.1919)

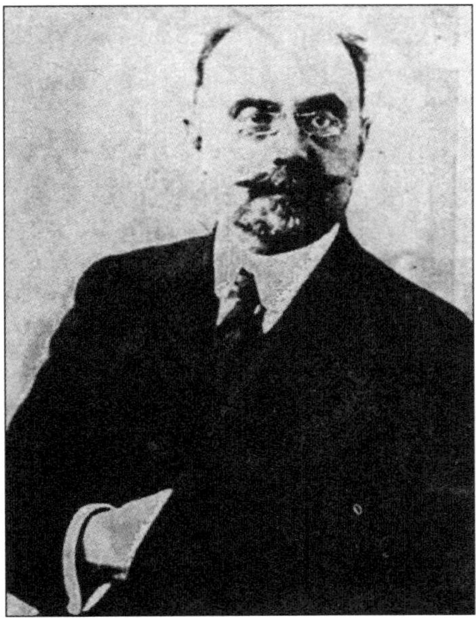

Hochkommissar Sterghiadis von Smyrna

Erzbischof Chrysostomos von Smyrna

Trumpfkarte bei den Friedensverhandlungen sei die Möglichkeit, jeden Christen in Kleinasien massakrieren lassen zu können. Die schlechte Behandlung Damat Ferits in Paris sei Wasser auf die Mühlen Kemals gewesen. Die Friedenskonferenz werde mit ihren Schritten warten, bis es zu spät ist. Er glaube auch nicht an die Möglichkeit eines Mandats für Armenien oder die Teilung des Gebietes mit den Kurden. England müsse von den Forderungen vom Juni an die Türken heruntersteigen.[242]
Sir Crowe stimmte ihm weitgehend zu; es sei unmöglich, einen armenischen Staat von Erewan bis Kilikien zu errichten. Entscheidend sei, welches Potential die Friedenskonferenz einsetzen wolle, um ihre Ziele zu erreichen. Der neue Staat werde zunächst nur den Namen Armenien haben und von der Mandatsmacht abhängen; es werde sich dann zeigen, ob genügend Armenier aus der Türkei oder dem Ausland zuwanderten. Würde man die armenische Frage jedoch nur von der heutigen Zahl her behandeln, dann würde man sich den türkischen Methoden der Behandlung der ihnen unterworfenen Völker anpassen. Ein Mitwirken der USA sei nur bei Mitarbeit von Senat und Kongress möglich. Crowe meinte auch, der Aufstieg der alten Parteien der Daschnaken und Hintschaken sei eher negativ zu bewerten, da sie sich in ihren Methoden und dem Umgang mit ihren Gegnern kaum von den Türken unterschieden und ihre Gegenspieler massakrierten. Der armenische Charakter sei durch die Jahrhunderte dauernde Unterwerfung unter die Türken nachhaltig geprägt worden; es sei zu hoffen, dass sich dies in einem Leben in Freiheit ändern würde. Es sei weiterhin darauf zu achten, dass die Armenier in ihrem Staat nicht zur Minderheit würden.[243] Es ist erstaunlich, wie weitsichtig Beamte des britischen Außenministeriums die Lage beurteilten, während Staatsmänner wie Wilson, Lloyd George und Venizelos sich noch der Illusion hingaben, den Türken ihre Version eines Friedensvertrages aufzuzwingen!
Im Dezember 1919 kam es in London zu den erwähnten Londoner Verhandlungen über den Friedensvertrag zwischen der Türkei und den Alliierten. Außenminister Berthelot legte eine Denk-

[242] Ebenda, 907-910, Nr. 609 (28.11.1919).
[243] Ebenda, 912-914, Nr. 611 (1.12.1919).

schrift der Diplomaten E.G. Forbes Adam und Robert Vansittart vor, nach der es vor dem Krieg eineinhalb Millionen Armenier in Russland gegeben habe, davon 1,1 Mill. in der heutigen Republik, zu der man 150.000 Flüchtlinge rechnen müsse. In den türkischen Vilayets gebe es keine Armenier mehr; in Erzerum seien von 30.000 Armeniern nur 500 übrig geblieben, in Sivas und Diyarbakir einige hundert. Der armenische Patriarch Zaven schätzte, dass es in der restlichen Türkei noch 600.000 Armenier gebe, davon 150.000 in Konstantinopel. Unklar sei, in welchem Teil von Türkisch-Armenien man sie unterbringen solle, denn im Vilayet Erzerum lebten 700.000 Muslime. Die Armenier aus Bulgarien, Persien und den USA könnten in das neue Armenien einwandern. Die Realität lasse kein megalomanisches Armenien von Trapezunt bis Alexandrette zu. Der neue Staat sollte aber den Ostteil des Vilayets Erzerum (ohne die Stadt selbst), die Ebene von Musch und die Gegend vom Vansee bis zur persischen Grenze enthalten. Die Grenze zwischen Armenien und der Türkei sollte eine Linie von Olti zum (ausgeschlossenen) Ort Hassan Kala bis zum Berg Binkel-Dagh im Osten von Musch bilden und nach Süden bis zur kurdischen Region von Bach-Kala reichen. Die Bevölkerung Armeniens sei durchmischt mit Tartaren und Kurden. Die britischen Diplomaten meinten dazu, die Zahl der Armenier in Armenien und der Türkei sei wohl höher; die Transkaukasische Eisenbahn von Erewan nach Batumi solle Armenien mit dem Schwarzen Meer verbinden. Erzerum und Umgebung sollten jedoch auf jeden Fall zu Armenien kommen; dies sei eine „ethnologische Rechtfertigung".[244] Der französische Außenminister Berthelot war mit den englischen Vorschlägen einschließlich der Zuerkennung Erzerums an Armenien einverstanden. Der Völkerbund sollte Armenien unterstützen. Mustafa Kemal habe Mitte Juli auf dem Kongress von Erzerum erklärt, die Türkei werde von den sechs östlichen Vilayets nichts hergeben. Eine militärische Unterstützung von 20.000 Soldaten aus Europa für Armenien wurde als notwendig gesehen und ein Einsatzplan aufgestellt.[245] Es ist auffallend, dass der amerikanische Präsident

[244] Ebenda, 952-956, Nr. 631 (18.12.1919).

[245] Ebenda, 962-966, Nr. 632 (22.12.1919).

Wilson sich im November 1920 bei der Festsetzung der Grenze Armeniens nicht an diese Vorschläge hielt und die Grenzen Armeniens mit einem Zugang zum Schwarzen Meer plante. Bei einem weiteren Treffen wurde über die militärische und finanzielle Hilfe an Armenien gesprochen und betont, dass die Armenier gute Kämpfer seien. In Kurdistan lebten jakobitische Christen am oberen Tigris, aber auch Chaldäer und Nestorianer. Die Christen und Jeziden[246] aber seien von den Kurden bereits sehr dezimiert worden. England hatte zu dieser Zeit etwa 7000 Soldaten in der Türkei und 1874 in der Gegend von Batumi, die Italiener etwa 6000-7000 Mann und die Griechen 75.000. Für ein wirkliches Eingreifen gegen die kemalistische Armee waren die Verbündeten zu schwach. Admiral Robeck leitete eine Meldung an Lord Curzon weiter, dass Mustafa Kemal an einem panislamischen Treffen in Erzerum erklärt habe, die Türkei werde sich der Errichtung eines armenischen Staates widersetzen.[247] Die Situation für die Christen in Anatolien, die bisher ruhig gewesen sei, würde sich wohl verschlechtern.

Nach dem Sieg der Bolschewiken über die Armee des Generals Denikin im Januar 1920 war England endlich bereit, die drei kaukasischen Republiken anzuerkennen, die als Bollwerk gegen den Kommunismus betrachtet wurden. Es war jedoch nur eine halbherzige Entscheidung, weil England und Frankreich nicht bereit waren, die Staaten auch militärisch zu unterstützen. Bereits im Juli 1918 hatte die armenische Bevölkerung in Zangezur – einer Enklave in Aserbeidschan – den früheren russischen General Toros Ozanian Andranik zu Hilfe gerufen, der armenische Truppen im Freiheitskrieg befehligte. Als die Engländer ihn am Eingreifen in Berg-Karabach hinderten, zog er auf Druck der Engländer nach Erewan ab. Der englische Gesandte Wardrop schickte nach seinem Besuch in Armenien am 23.1.1920 Khatisian ein Telegramm, in dem er ihn aufforderte, die Truppen aus Zangezur abzuziehen. Als es zu Grenzstreitigkeiten zwischen Georgien und Armenien kam, wurden auch die Armenier in Tiflis verfolgt, wo mehr Armenier lebten als in Erewan. Durch eine britische Intervention in

[246] Eine kleine religiöse Gruppe, von den Nachbarn „Teufelsanbeter“ genannt, die noch heute in Armenien und der Türkei lebt.

[247] Documents on British Foreign Policy, 4 (1952), 975, Nr. 637 (Enclosure I).

Batumi konnte der Konflikt vorerst beigelegt werden. In Armenien waren England und Frankreich durch Gesandte vertreten; vor allem Frankreich unterstützte das neue Land.
Von Dezember 1919 bis März 1920 waren in London von den Alliierten die Friedensbestimmungen für die Türkei festgelegt worden.[248] Es wurde dabei ins Auge gefasst, dass Armenien aus der Republik, den sechs Vilayets und Trapezunt gebildet werden sollte. Der Völkerbund sollte ersucht werden, das Mandat zu übernehmen. Armenien wurde von England, Frankreich und Italien am 19.1.1920 anerkannt, von den USA am 23.4.1920 (die Bestätigung des Senates erfolgte am 24.5.1920).[249] Am 19.1. beschloss der alliierte Rat ebenso, den Unabhängigkeitskampf der kaukasischen Staaten nur mit Waffen und Munition zu unterstützen, nicht aber mit militärischen Mitteln. Am 12.3.1920 bot der Oberste Rat der Alliierten dem Völkerbund das Mandat über Armenien an, das dieser jedoch ablehnte, da er nicht über Soldaten und Geld verfügte.[250] Lord Curzon schickte am gleichen Tag dem armenischen Delegationsleiter Aharonian ein Schreiben, in dem er angesichts des den Armeniern zugefügten Unrechts ersuchte, gegenüber den Muslimen eine Politik der Versöhnung zu verfolgen.[251] Der britische Gesandte in Tiflis schlug Lord Curzon vor, zwischen den Türken und Armeniern Truppen zu stationieren.[252] Die auf Abrüstung bedachte britische Regierung ging jedoch nicht darauf ein. Am 8.4.1920 traf Lord Curzon mit Boghos Nubar und Aharonian zusammen und rügte die Armenier wegen ihrer Auseinandersetzungen mit den Muslimen, die es den Alliierten schwer mache, für die Sache der Armenier einzutreten.[253] Am 24.5.1920 schlug Präsident Wilson dem Senat das Mandat für Armenien vor, das am 1.6.1920 abgelehnt wurde.[254]
Vom 18. bis 26.4.1920 tagte der Oberste Rat der Alliierten mit England, Frankreich, Italien und Japan in San Remo, wo die

---

[248] M. S. Anderson: The Eastern Question 1774-1923 (1968), ND London 1978, 367.
[249] Evans (1965), 261.
[250] Churchill V (1929), 407.
[251] Documents on British Foreign Policy,12 (1962), 573f, Nr. 516.
[252] Ebenda, 575, Nr. 518.
[253] Ebenda, 589f, Nr. 533.
[254] Helmreich (1974), 286f, Anm. 16.

Frage der Mandate diskutiert wurde. Die USA nahmen an der Konferenz nicht teil. Es ging wieder um Erzerum, ob die von den Türken okkupierte Stadt von den Armeniern übernommen werden könnte und um die Grenzen Armeniens. Berthelot meinte, die USA wünschten ein größeres Armenien. „Aber diese Konzeption hat keine solide Basis und steht nicht in Übereinstimmung mit der Realität." Er schlug vor, das freie Armenien auf Russisch-Armenien zu beschränken, das 400.000-500.000 Einwohner habe und das historische Armenien darstelle. Gleichzeitig aber stimmte er dafür, dass Erzerum zu Armenien kommen sollte! Curzon meinte, Erzerum habe eine derart dominierende Lage, dass ein unabhängiges Armenien unmöglich würde, wenn man es den Türken überlasse. Die Londoner Konferenz habe gezeigt, dass es besser wäre, zwischen den Muslimen der Türkei und denen im Osten eine christliche Mauer zu haben. Der armenische Staat könne diese Barriere bilden. Hier in San Remo wurde auch endgültig festgelegt, dass Frankreich das Mandat über den Libanon und Syrien und England über den Irak und Palästina erhalten sollte. Am 11.5.1920 wurden die Friedensbestimmungen an die Vertreter der Türkei übergeben.
Der wichtigste Nachbar der Republik Armenien war das mittlerweile kommunistische Russland. Am 30.4.1920 verließ eine armenische Delegation unter der Leitung von Levon Shant und Hambardzum Terterian Erewan, um in Moskau mit Außenkommissär Tschitscherin über einen Vertrag mit der Sowjet-Union zu verhandeln, von der man die Anerkennung Armeniens und der armenischen Ansprüche auf Türkisch-Armenien erwartete. Am 18.5. teilte Curzon Admiral Webb in Konstantinopel mit, dass Armenien auf eine gewisse Unterstützung durch England zählen könne, wenn es seine Unabhängigkeit verteidige.[255] Die Engländer wünschten sich ein Bollwerk gegen Sowjet-Russland; sie unterstützten das Land mit privat in Paris gekauften Flugzeugen, um die Kontrolle über Alexandropol zu behaupten, wo die Bolschewiken auf Anstiften der Türken ein Komplott vorbereiteten. Curzon ließ der armenischen Regierung durch Admiral Webb ausrichten, man werde sie bei der Behauptung ihrer Unabhän-

[255] Documents on British Foreign Policy 12 (1962), 612, Nr. 567.

gigkeit unterstützen.[256] Die Daschnaken bekämpften die Kommunisten, sodass armenische Bolschewiken nach Aserbeidschan flüchteten.
Am 20.5.1920 erfuhren die Armenier, dass Tschitscherin ein Bündnis der UdSSR mit den Nationalisten in der Türkei erstrebte. Terterian erklärte, dass die Armenier die Türken genauer kannten; sie würden die russische Hilfe zunächst benutzen, um die Armenier anzugreifen und dann die Griechen. Dann würden sie von den Russen abfallen und sich mit den Westalliierten verbünden.[257] Die Armenier erinnerten auch an die türkischen Ansprüche auf Kars und Ardahan. Sie verwiesen auf die Gebiete, die die Alliierten ihnen zugesagt hätten. Tschitscherin warf ein, es sei undurchführbar, Erzerum den Armeniern zu geben. Als die Armenier einwarfen, dass hier bedeutende armenische Kulturdenkmäler stünden, erklärte Tschitscherin, diese seien aus der Zeit Tigranes des Großen. Derzeit gebe es dort keine Armenier mehr. Die Gesandten erklärten, dies sei ein bürgerliches Denken und rechtfertige den Genozid und die Deportationen. Tschitscherin verlangte Bevölkerungsstatistiken der sechs Provinzen; er würde die armenische Grenze festlegen. Als eine türkische Delegation unter der Leitung von Bekir Sami Bey in Moskau eintraf, versuchte Terterian, ein direktes Abkommen zwischen Türken und Armeniern zu erreichen, aber Shant meinte, dies gehe nicht ohne Rücksprache mit Erewan. Mitte Juni kam es zu einer weiteren Verhandlungsrunde mit Tschitscherin, die jedoch nicht zum gewünschten Erfolg führte. Ende Juni schlugen die Sowjets vor, Nachitschewan bei Armenien zu belassen, Berg-Karabach aber bei Aserbeidschan. Shant wollte einen Vertrag mit dieser Grenze nicht unterzeichnen, weil dies einen Verzicht auf Berg-Karabach bedeutet hätte. Die Verhandlungen wurden daher auf einen späteren Zeitpunkt verschoben.
Nach bolschewistischen Umtrieben in Armenien war die Regierung Khatisian bereits im Mai 1920 zurückgetreten; Hamo Ohandjanian wurde neuer Regierungschef. Als die Kemalisten Mitte 1920 gegen die Franzosen in Kilikien vorrückten, besetzten

[256] Ebenda, 612, Nr. 567.
[257] Walker (1990), 288f.

die Armenier Olti; darauf erschien der türkische General Karabekir und eroberte es zurück. Damit begann der Krieg der Kemalisten gegen das schwache Armenien. Vergeblich ersuchte Khatisian die Engländer in Batumi um Hilfe. Die armenischen Soldaten erwarteten Hilfe von Russland, ihre Führer waren zerstritten, wie man reagieren solle. Am 10.6.1920 schrieb Curzon an den französischen Botschafter, er habe die Mitteilung erhalten, dass Frankreich über Batumi Gewehre an die armenische Regierung liefern wolle, die dringend gebraucht würden. Ein Teil der Gewehre sollten für den „Transit“ auch an die Georgier gegeben werden. Wenn man die Kaukasusländer nicht gegen die Sowjets und Türken unterstützen würde, wäre es abzusehen, dass sie in ihre Hände fielen.[258]
Von Frankreich und England erhielt Armenien also eine gewisse Unterstützung durch Waffenlieferungen, auch was die Benutzung der Bahn von Batumi nach Armenien betraf. Es wurde auch der Bau einer Eisenbahn von der armenischen Grenze zum Schwarzen Meer geplant. Der englische Commander Luke in Tiflis ersuchte Curzon, zwischen Armenien und Georgien zu vermitteln und den beiden hart geprüften Völkern ein Zeichen der Ermutigung zu geben.[259] Auch später ersuchte er Curzon um Unterstützung der beiden Länder gegen den Bolschewismus. Dennoch reichte es nicht, um den Druck von Seiten der Sowjets und Türken zu widerstehen. Der englische Gesandte in Tiflis warnte auch vor dem Desaster, dass England im Kaukasus und außerhalb desselben angeklagt würde, Georgien und Armenien im Stich gelassen zu haben.[260] Admiral Robeck informierte Curzon, dass Khatisian von Konstantinopel nach Paris abgereist sei. Die armenische Armee habe 25.000 Gewehre erhalten und verfüge über 30.000 russische Gewehre, habe aber zu wenig Munition. Armenien plane gleichzeitig mit dem Vorstoß der Griechen in Kleinasien einen Vorstoß nach Alashghird und wolle das weitere Vorgehen mit England abstimmen.[261] Die Engländer fassten allmählich die

[258] Documents on British Foreign Policy 12 (1962), 618f, Nr. 576.
[259] Ebenda, 626f, Nr. 587.
[260] Ebenda, 620, Nr. 578.
[261] Ebenda, 629, Nr. 590.

Räumung von Batumi ins Auge und wollten den Armeniern vorher noch so viel Lebensmittel zukommen lassen, bis sie selbst die eigene Ernte einbringen konnten.
Die größte Gefahr drohte Armenien von der kemalistischen Türkei und den Bolschewiken, die am 10.8. mit Armenien ein Abkommen schlossen, das der Vorbereitung eines Friedens mit der Türkei dienen sollte und vorsah, dass russische Truppen Berg-Karabach, Zangezur und Nachitschevan besetzen sollten.[262] England war damit nicht einverstanden, befürchtete es doch einen Machtzuwachs Russlands. Armenien erklärte, dass es sich loyal zur Entente verhalten werde; es werde sich aber nicht mehr länger gegen die Übermacht verteidigen können. Sowjet-Russland verbündete sich am 24.8.1920 mit den Kemalisten; in dem Vertrag wurde vereinbart, dass keiner der beiden Partner etwas vereinbaren sollte, was gegen den anderen gerichtet sei; Russland verpflichtete sich auch, allein die kemalistische Regierung als türkische Regierung anzuerkennen.
Am 23.9.1920 begann der Angriff der kemalistischen Truppen auf das kleine Armenien. Am 1.10. berichtete Commander Luke aus Armenien, dass die Regierung dort um dringende Intervention ersuche.[263] Am 2.10.1920 schrieb Admiral Robeck an Lord Curzon, Khatisian habe vorgeschlagen, die Griechen sollten Trapezunt besetzen; er sei der Meinung, dass dies eine günstige Voraussetzung wäre, Armenien Unterstützung zu leisten.[264] Aus dem Plan wurde jedoch nichts, da Curzon dies ablehnte.
Im Oktober 1920 schickte Lenin eine Gesandtschaft nach Armenien. Boghos Nubar forderte aus Paris, die Regierung solle zu einer Übereinkunft mit den Russen kommen, die die Grenzen Armeniens von 1914 wiederherstellen sollten. Colonel Stokes berichtete aus Tiflis an Curzon, dass die Bolschewisten gemeinsam mit den Türken die Invasion Armeniens vorbereiteten. Zur Bitte, 40.000 Pfund zu schicken, bemerkte Curzon sarkastisch, er wundere sich, warum Boghos Nubar und Aharonian nicht auf ihre reichen Landsleute zurückgriffen; von den Reisespesen, die die Delegierten in San Remo und in den Wandelgängen der

[262] Ebenda, 633f, Nr. 599.
[263] Ebenda, 635, Nr. 602..
[264] Ebenda, 636, Nr. 603.

Regierungsstellen in Europa verbrauchten, ließe sich schon einiges machen – ein Argument, das bis in die Gegenwart nicht an Relevanz verloren hat.
Lenin schickte Anastas Mikojan mit der Roten Armee nach Armenien. Am 11.10.1920 kam der sowjetische Politiker Legrand nach Erewan, um über einen Vertrag mit Russland zu verhandeln. Im 1. Artikel sollte Armenien sich verpflichten, den Frieden von Sèvres aufzugeben, den Russen das Durchmarschrecht zu erteilen, das die Unabhängigkeit und Integrität von Armenien mit Zangezur[265] anerkenne; der Status von Berg-Karabach und Nachitchevan sollte später geklärt werden.[266] Der Vertrag wurde jedoch nie abgeschlossen; Alexander Khatisian meinte, dass die Sowjets nur zum Schein mit Armenien verhandelten. Sie verlangten auch das Durchzugsrecht für die Türken bei ihrem Krieg gegen die Entente, was Armenien jedoch ablehnte. Armenische Gesandte berichteten aus Moskau, dass die Bolschewisten die Kemalisten beim Kampf gegen die Entente unterstützen wollten und den Zugriff auf die armenische Eisenbahn verlangten. Am 13.10. meldete der britische Colonel Stokes aus Tiflis an Curzon, dass Armenien noch 12.000 Mann mobilisieren könne; Georgien wolle Armenien heimlich unterstützen.[267] Curzon antwortete, beide Staaten seien in der gleichen Lage. Die Inter-Alliierte Kommission in Versailles habe beschlossen, Armenien lediglich durch Waffen und Munition zu unterstützen.[268] Curzon stellte 10.000 französische Gewehre in Aussicht, die von Bulgarien mit dem Schiff für Armenien und Georgien geliefert würden. Stokes berichtete Curzon, dass die Armenier am 26.10. im Raum Igdir die Türken geschlagen hätten, sodass Erewan zunächst sicher sei; man wünsche sich jedoch einen alliierten Angriff auf Trapezunt.[269]
Der armenische Premier ersuchte England Anfang November 1920 um weitere Unterstützung. Armenien verhandelte mit Georgien über eine militärische Unterstützung, Grenzfragen sollten einvernehmlich geregelt werden. Beide Staaten arbeiteten daher

[265] Armenische Enklave im heutigen Aserbeidschan.
[266] Walker (1990), 308
[267] Documents on British Foreign Policy 12 (1962), 638, Nr. 606.
[268] Ebenda, 643, Nr. 611.
[269] Ebenda, 642, Nr. 610.

nach anfänglichen Grenzstreitigkeiten auch zusammen. 60.000 Türken marschierten gegen Kars, das am 30.10. von ihnen eingenommen wurde. Der kommandierende General Pirumian wurde mit 3000 Soldaten gefangen genommen. Minister A. Babalian, selbst Zeuge des Geschehens, beschrieb die Grausamkeiten nach der Eroberung, bei der 6000 Armenier niedergemetzelt wurden, darunter auch Frauen und Kinder. Die Überlebenden wurden arrestiert, Frauen zu Konkubinen gemacht und Männer verhaftet und in der Eiseskälte als Zwangsarbeiter nach Erzerum und Sarikamish getrieben. Ein Pilot rettete ein Flugzeug für die Armenier und brachte die Nachricht nach Erewan. Khatisian glaubte zu Recht, dass die Tage des unabhängigen Armenien nun gezählt seien. Britische Militärs meinten jedoch, die türkische Invasion in Armenien sei nur durch einen griechischen Angriff von Eskisehir in Richtung Ankara zu stoppen.[270] Dies verdeutlicht, wie sehr die Angriffe der Kemalisten zwei Seiten eines Prinzips waren; es fehlte eine straffe Koordination der christlichen Kräfte und ein gemeinsames Vorgehen. Georgien zögerte mit der Hilfeleistung, weil es im Moment selbst nicht betroffen war und von Moskau Signale erhielt, es würde (jetzt) von den Türken nicht angegriffen.
Am 7.11.1920 kam es nach einem Aufstand der Muslime in Alexandropol zu einem Waffenstillstand. Dann fiel Alexandropol (Gümrü, Leninakan); 60.000 Tote, 38.000 Verwundete und 18.000 Gefangene waren zu beklagen. In der zweiten Novemberwoche kam Avetis Aharonian nach London, wo der armenophobe Diplomat D.G. Osborne Außenminister Lord Curzon drängte, Aharonian nicht zu empfangen. Hilfe war von England nicht zu erwarten. Alexander Khatisian wurde zu neuen Verhandlungen zu den Türken geschickt. In Erewan wusste man nicht, was an der Front los war. Stokes berichtete am 18.11. über ein Treffen mit Khatisian, der mit den Türken über einen Waffenstillstand verhandle, bei dem Armenien etliche Gebiete verlieren würde, die es im Friedensvertrag erhalten hatte. Das armenische Volk sei im Ungewissen, italienische Zeitungen berichteten, dass die Alliierten zu gewissen Revisionen bereit seien. Es gebe Gerüchte,

[270] Ebenda, 645, Nr. 615 (Beilage).

England wolle den Türken helfen, um ihre Unterstützung gegen die Bolschewiken zu erhalten. Curzon antwortete wiederum, die armenischen Vorwürfe an England seien ungerechtfertigt, da es nur Waffenhilfe geben könne und nicht mehr.[271] Er sah die ausweglose Lage Armeniens zwischen den beiden verbündeten Staaten Russland und Türkei. Curzon berichtete über ein Gespräch mit dem georgischen Außenminister, dem klar war, dass nach dem russisch-türkischen Zangenangriff auf Armenien als nächstes Georgien an die Reihe kommen würde. Inzwischen war in Armenien auch eine kleine bolschewistische Bewegung entstanden.

Armenien war militärisch völlig erschöpft und musste die Türken um Frieden ersuchen. Karabekirs Bedingungen für einen Waffenstillstand waren überaus hart. Er verlangte die völlige Entwaffnung und die Räumung der Hälfte des Landes. Die ursprünglichen Forderungen wurden vom kemalistischen Außenminister Mukhtar noch einmal verschärft und von Armenien nach einem weiteren Angriff vom 14.11. am 17.11.1920 angenommen.[272] Am 18.11.1920 übergaben die Armenier den Türken ihre Waffen, zwei Dampfloks und 50 Autos. Gleichzeitig wurde Armenien von den Bolschewiken in Aserbeidschan bedroht, die dort die Macht ergriffen hatten. Auch Präsident Wilson und der Völkerbund versuchten, mit einer Resolution vom 25.11.1920 einen Frieden zu vermitteln.[273] Auch Lord Curzon riet den Armeniern, sich mit den Türken zu arrangieren.[274]

Die einzige Chance für Armenien bestand darin, Russland gegen die Türkei auszuspielen. Ministerpräsident Ohandjanian, der ein halbes Jahr zuvor einen bolschewistischen Aufstand unterdrückt hatte, trat zurück; Hovhannes Kachaznuni versuchte vergeblich, eine neue Regierung zu bilden. Levon Shant wurde nach Moskau zu Außenminister Tschitscherin gesandt, um friedliche Beziehungen zu Russland herzustellen. Am 24.11.1920 wurde der prorussische Simeon Vratsian, ein Mitglied der Daschnaken,

[271] Ebenda, 649, Nr. 622.

[272] Walker (1990), 313.

[273] Documents on British Foreign Policy 12 (1962), 655f, Nr. 635f.

[274] Ebenda, 653, Nr. 631.

neuer Premier; er schickte Khatisian nach Alexandropol, um mit Karabekir einen neuen Waffenstillstand auszuhandeln. Armenien wurde schließlich ein bolschewistischer Satellitenstaat; nur Georgien war nun noch frei. Legrand hatte den Armeniern geraten, den Waffenstillstand mit den Türken zu widerrufen. Ein außerordentlicher Kongress sollte sich für die türkische oder russische Option entscheiden. Inzwischen traf die Nachricht von Präsident Wilsons Schiedsspruch zur Festlegung der armenischen Grenzen vom 22.11. in Erewan ein. Khatisian verhandelte in Alexandropol mit Karabekir, der zynisch erklärte, der Völkerbund habe Armenien abgeschrieben, Europa das Land im Kaukasus vergessen. Russland strebe nach Süden, und Georgien hatte sich verpflichtet, Armenien nicht zu unterstützen. Die Karte des projektierten Armenien sei viel zu groß für eine Verteidigung. Am 30.11. legte er den Entwurf eines Friedensvertrages vor, der das unabhängige Armenien auf ein Gebiet von 27.000 qkm verkleinerte. Armenien wurde damit zu einem kleinen, von der Türkei abhängigen Protektorat reduziert.
Am 27.10. gab Josef Stalin als Oberkommandierender der sowjetischen Kaukasus-Armee den Befehl für den Marsch der Roten Armee nach Armenien. Khatisian zögerte, ob er den Vertrag mit Karabekir unterzeichnen sollte. Dieser befürchtete, durch eine russische Annexion den Korridor nach Aserbeidschan zu verlieren und drängte auf den Vertragsabschluss. Legrand entwarf mittlerweile mit den Armeniern ein 8-Punkte-Abkommen, in dem Armenien sich als sozialistische Republik definierte, die von Russland anerkannt wurde. Den Daschnaken wurde die Unversehrtheit ihrer Person zugesichert. Das Militärische Revolutions-Komitee sollte aus fünf Bolschewiken und fünf Daschnaken bestehen.
Am 1.12. teilte Vratsian den Russen mit, Armenien sei eine unabhängige sozialistische Republik; am Tag darauf übergab er das Land den Sowjets, die ihre Herrschaft hier bis 1989 behaupteten. Die Türken warteten ab; ein Revolutionskomitee erschien in Erewan und übernahm die Macht. Am 2.12.1920 unterzeichnete Khatisian in Alexandropol mit Karabekir den Friedensvertrag, in dem die Türkei die Unabhängigkeit Armeniens anerkannte, das auf seine Ansprüche auf Türkisch-Armenien nach dem Vertrag

von Sèvres verzichtete und den Fluss Akhourian als Grenze anerkannte. Die armenische Armee durfte nicht mehr als 1500 Mann betragen, es sollte keine Wehrpflicht geben, die Gendarmerie sollte für die Sicherheit zuständig sein. Die Türkei verpflichtete sich, Armenien gegen Angriffe zu verteidigen, Nachitchevan sollte unter türkischem Protektorat autonom bleiben. Die Türkei bekam ein Aufsichtsrecht über das auf 27.000 qkm geschrumpfte Armenien in Form eines Residenten, der in Erewan seinen Sitz hatte. Auf Kars und Ardahan musste Armenien ausdrücklich verzichten. Die Hauptbedingung der Türken war jedoch, dass Armenien die Revision des Friedens von Sèvres anerkannte – den die kemalistische Regierung ohnedies von Anfang an abgelehnt und nie ratifiziert hatte – und die Botschafter aus Europa und Amerika zurückbeorderte. Der Großmufti von Armenien sollte von der Türkei bestätigt werden, die auch das Recht erhielt, Waren, die nach Armenien eingeführt wurden, zu inspizieren.[275] Der Vertrag wurde indes nie vom armenischen Parlament ratifiziert. Armenien war nun unter der Kontrolle der Sowjets und der Daschnaken, meldete Curzon nach Genf.[276] Das Angebot Präsident Wilsons, zwischen der Türkei und Armenien zu vermitteln, kam zu spät.

Nun war Georgien der einzige nichtbolschewistische Staat im Kaukasus; die Bemühungen der Entente konzentrierten sich jetzt darauf, ein weiteres Ausgreifen der Sowjets zu verhindern. Ende Februar 1921 marschierten die Bolschewiken aber auch in Tiflis ein; damit fiel auch Georgien in die Hände der Sowjets. Die Türken besetzten Ardahan. Georgien versuchte sich noch durch eine georgisch-türkische Besetzung von Batumi zu wehren; am 11.3. marschierten kemalistische Truppen in Batumi ein. Am 17.3. verließ die georgische Regierung mit den ausländischen Botschaftern auf einem italienischen Schiff ihre Heimat. Der türkische General Kiazim Karabekir rief sich zum Gouverneur von Batumi aus. Damit endet die britische Berichterstattung aus Georgien. In Armenien herrschten vor allem in Alexandropol katastrophale Zustände; Kinder und junge Mädchen wurden von den Türken in Anwesenheit ihrer Eltern verschleppt, junge

[275] Nassibian (1985), 219.

[276] Documents on British Foreign Policy 12 (1962), 659, Nr. 643.

Männer erschossen. Die Soldaten quälten die Gefangenen auf unmenschliche Weise und entvölkerten die Städte, ohne dass die türkische Heeresleitung eingriff. Durch den Moskauer Vertrag vom 16.3.1921 wurden die Interessensphären zwischen Russland und der Türkei abgesteckt. Erst nach dem Einmarsch der Roten Armee und der Niederschlagung eines Aufstandes der Daschnaken besetzten sowjetische Truppen am 22.4.1921 die völlig zerstörte Stadt Alexandropol, in der die Türken noch zuvor ein Blutbad unter den überlebenden Armeniern angerichtet hatten. Am 13.10.1921 schloss die Türkei in Kars ein Abkommen mit den drei transkaukasischen Republiken Georgien, Armenien und Aserbeidschan, die bereits ein Bestandteil der Sowjet-Union waren. Der halbautonome Status Armeniens endete am 13.12.1922, als das Land mit Georgien und Aserbeidschan zur „Transkaukasischen föderalen Sowjet-Republik“ vereinigt wurde.
Nichts charakterisiert den Zusammenbruch der britischen und alliierten Armenien-Politik deutlicher als ein Brief, in dem Lord Curzon sich am 6.12.1921 gegenüber Aneurin Williams, dem Obmann des britischen Armenien-Komitees, dafür rechtfertigte, dass er am 30.11. den britischen Konsul in Beirut angewiesen hatte, den Flüchtlingen aus Kilikien keine Visa für Zypern, Ägypten, Palästina, Mesopotamien oder Konstantinopel zu erteilen! In diesem Brief beteuerte er, kein Land habe sich mehr für Armenien engagiert als England! Aber England habe kein Geld und kein Militär mehr; im Unterhaus würden sich keine 10 Abgeordneten finden, die für ein Engagement stimmen würden. Es sei die unglückliche Situation der Gegenwart, dass Armenien zwischen den Bolschewiken und den Türken aufgeteilt worden sei, während die reichen Armenier in etlichen Ländern der Welt säßen, die nichts zur Rettung ihrer Heimat beigetragen hätten. Er werde in Zukunft bei keinem Vertrag mit der Türkei das Schicksal der Armenier außer Acht lassen. Man könne dieses Land nicht auf Kosten britischer Steuerzahler retten, mit britischen Bajonetten und alle anderen Rassen hinauswerfen. „The idea is chimerical“. Er habe auch gegen den Vertrag Frankreichs mit den Kemalisten protestiert, der die Verpflichtungen gegenüber den Minderheiten missachtet habe und die Franzosen aufgefordert, die Minder-

heiten zu schützen. Man könne den französischen Abzug aus Kilikien nicht verhindern und sich nicht an ihre Stelle setzen. Es sei auch unmöglich, die Flüchtlinge in den britischen Mandatsgebieten unterzubringen, wo man dagegen sei. Man habe auch kein Geld, um den Transport der Flüchtlinge zu finanzieren. Sie konnten und wollten sich nicht selbst helfen. England könne nicht 150.000 Flüchtlinge aufnehmen. Man habe die Regierung auch für ihr Nicht-Engagement bei den Kindern kritisiert. Der Aufschrei angesichts des Elends Zehntausender sei völlig gerechtfertigt. Man könne eine Verpflichtung leicht übernehmen, aber es sei etwas anderes, die finanziellen Mittel dafür aufzutreiben. Die Regierung sei human wie das Komitee, aber er könne nichts machen.[277] An Selbstrechtfertigung und Heuchelei lässt der Brief des konservativen Real- und Machtpolitikers, dem es in erster Linie nur um die Sicherung der britischen Vorherrschaft im Nahen Osten ging, nichts zu wünschen übrig.

[277] Documents on British Foreign Policy 17 (1979), 515f, Nr. 475 (6.12.1921).

11. Frankreichs Mandatszeit in Kilikien (1919-1921)

Kilikien, wo sich vom 11. Jahrhundert bis 1375 ein armenisches Königreich zwischen Türken und Mameluken behauptet hatte, war zu Ende des 1. Weltkrieges zunächst von den Engländern besetzt worden, dann aber nach dem Sykes-Picot-Abkommen (1916) und der Konferenz von St. Jean de Maurienne (1917) im Februar 1919 an eine französische Zivilverwaltung gekommen, während die Militärverwaltung zunächst noch in englischer Hand blieb. Der englische General Allenby einigte sich mit dem französischen General Edouard Brémond Mitte Januar 1919 über die Abwicklung der Übergabe. Frankreich hatte die Option, Kilikien direkt zu einer Kolonie zu machen und sich dabei auf die Armenier als Bollwerk gegen den türkischen Nationalismus zu stützen oder mit der Türkei zusammenzuarbeiten. Durch ein Agreement zwischen Lloyd George und Clemenceau im August 1919 übernahmen die Franzosen im Herbst 1919 von den Engländern Kilikien; General Gouraud wurde Hoher Kommissar von Syrien und Kilikien.[278] Sie besetzten die Gegenden von Marasch, Urfa (Edessa) und Aintab. Im Dezember 1919 traf Georges Picot, der neue Hohe Kommissar Frankreichs für Armenien und Syrien, in Sivas mit Mustafa Kemal zusammen, der gegen die französische Besetzung Kilikiens und die „von Franzosen und Armeniern begangenen Verbrechen" protestierte.[279] Er bezeichnete Kilikien als „Stück unseres Körpers" und war höchstens bereit, eine zeitlich begrenzte Beratertätigkeit Frankreichs zu akzeptieren. Auch verlangte er eine französische Garantie der Integrität des osmanischen Staatsgebietes, die Picot natürlich ablehnte.[280] Er erklärte, Frankreich werde die Position in Kilikien nur dann aufgeben, wenn es Garantien hinsichtlich seiner dortigen Rechte erhalte. Wirtschaftliche Interessen Frankreichs wie die Beteiligung am Tabakmonopol und an den Eisenbahnen führten dazu, dass Frankreich die erste Siegermacht war, die mit den Nationalisten Kontakt aufnahm. Im Dezember 1919 besuchte Georges Picot Ankara.

---

278 Evans (1965), 257.

279 Nassibian (1985), 232.

280 Helmreich (1974), 183.

Solange Kilikien von den Engländern militärisch besetzt war, vollzog sich die Machtübernahme 1919 ruhig. Nach dem Abzug des englischen Militärs im November 1919 kam es zu ersten Zusammenstößen mit den Nationalisten. Brisant war die Situation bei Städten an der Grenze zum kemalistischen Machtbereich wie in Marasch, Edessa (Urfa) im Osten und den Städten an der Straße von Konya nach Adana im Westen sowie an der Kilikischen Pforte bei Pozanti. Zwischen Ende Oktober und Mitte November 1919 protestierten zahlreiche Städte der Türkei gegen die französische Besatzung von Aintab, Urfa und Marsch, was eine gute Organisation des Widerstandes zeigt.[281] Anfang 1920 tauchten die ersten Berichte über Massaker an Armeniern auf. Die Franzosen hatten die Armenier bewaffnet und damit die Intervention der Kemalisten herausgefordert. Admiral Bristol berichtete dem Außenamt über die Vorfälle.[282] Die armenische Delegation in Paris machte die Friedenskonferenz auf die Zustände in Kilikien wie z. B. auf die Massaker türkischer Banden an Armeniern aufmerksam; 150.000 überlebende armenische Flüchtlinge hätten sich in Kilikien niedergelassen. Auch in Urfa, Diyarbakir und Marasch sei es zu Massakern gekommen.[283]
In Marasch waren unter der französischen Besatzung auch 300 Armenier aus der „Légion d' Orient"; die Truppe wurde später durch Franzosen und Armenier auf 3000 Mann verstärkt. Türkische Notabeln in Marasch luden die Armenier ein, die Zukunft gemeinsam zu planen. Noch zu Weihnachten 1919 hatten französische Offiziere den Häuptern der armenischen Kirche zur „Morgenröte der neuen Freiheit" gratuliert. Am 16.1.1920 schlugen die Türken den Armeniern beim Zusammentreffen in der Großen Moschee vor, gemeinsam gegen die Franzosen zu kämpfen und in Zukunft als Partner zusammen zu leben. Die Antwort der Armenier war unbestimmt. Ein zweites Treffen kam nicht zustande.
Über Nacht brachen in Marasch die Kämpfe zwischen Armeniern bzw. Franzosen und Türken aus. Die Kämpfe dauerten vom 20.1.

[281] Documents on British Foreign Policy 4 (1919), 536
[282] Evans (1965), 258.
[283] Documents on British Foreign Policy 4 (1919), 539f, Nr. 368.

Austausch der britischen Truppen in Kilikien durch die Franzosen (1919)

Parade der griechischen Truppen in Smyrna vor General Paraskevopoulos (1919)

bis zum 10.2.1920; am 21.1. kam es zu Schießereien zwischen den Franzosen und Türken, bei denen die Türken auch auf die Armenier schossen. Da die armenischen Häuser nicht wie in anderen Städten von denen der Türken getrennt waren, begann der Kampf von allen Seiten. Die Türken zündeten die Stadt an. Nach fünf Tagen konnten die Armenier sich an sieben Plätzen sammeln, darunter im großen deutschen Waisenhaus Bethschalun. Hierher flüchteten sich 3000 Armenier und kämpften um ihr Leben. Die Türken kappten die Wasserleitung und legten neue Brände. Der französische General Quérette ließ schließlich das türkische Viertel beschießen. Dr. C. F. H. Crathern erlebte, wie die Türken Frauen und Kinder mit Messern niedermetzelten. Am 8.2. beobachtete er, wie die Franzosen Nachschub in die belagerte Stadt brachten. Die irregulären Banden („Tscheteler" bzw. „Chettés") fielen in die Stadt ein und begannen zu plündern. Frauen, Kinder und Mädchen beteiligten sich an der Verteidigung der Stadt und löschten Feuer. Schließlich floh Ali Kylydsch, der Anführer der Türken. Armenier und Franzosen hatten die Aggressoren gemeinsam vertrieben.
Die Niederlage der Türken weckte bei den Armeniern große Hoffnungen. Die schwache Führungskompetenz von Quérette machte jedoch alles zunichte. Dieser erhielt vom Divisionskommandeur General Dufieux den Befehl, die Stadt innerhalb von 24 Stunden zu evakuieren, wenn sich die Lage nicht beruhige. Crathern notierte, dass Quérette am 9.2. die Stadt übergeben wolle, da auch Edessa (Urfa) bedrängt werde. Die Türken hielten sich für verloren und ersuchten die Amerikaner um Vermittlung. Die Armenier fühlten sich am Nachmittag des 10.2. noch als Sieger, gerieten aber in Panik, als die Franzosen in der Nacht die Stadt räumten. Die winterliche Kälte erschwerte den Abzug der Armenier, die sich mit 50 Mausergewehren verteidigt hatten. Ein großer Teil der Flüchtlinge kam im Schneesturm um. Die Kämpfe dauerten zwei Tage. Mehr als 3000 Flüchtlinge zogen hinter den abziehenden Franzosen nach Süden; mehr als 1000 gingen dabei zugrunde. Über 2000 Armenier wurden erschlagen und erschossen, bevor sie Marasch verlassen konnten; es entkamen nur etwa 200, von denen 20 die Stadt Islahiye über 100 km im Süden erreichten.

Die Amerikaner vermittelten eine Waffenruhe in Marasch; die Armenier mussten die Waffen übergeben. Am 12.2.1920 trat die Waffenruhe in Kraft. Der amerikanische Hochkommissar C. van H. Engert reiste selbst nach Kilikien, um die Lage zu untersuchen. Er berichtete, Kemal und die Nationalisten hätten beschlossen, die Griechen aus Smyrna und die Franzosen aus Kilikien zu vertreiben. Es sei ein schreiendes Unrecht gewesen, die Armenier ohne ausreichenden Schutz nach Kilikien zurück zu lassen. Allerdings könne man die Massaker nicht mit dem systematischen Genozid von 1915 vergleichen.[284] Viele der 10.000 Armenier, die geblieben waren, starben vor Hunger oder durch die Massaker der Kemalisten; die Zahl der ermordeten Armenier von Marasch wird mit 20.000 bezeichnet; in Adana soll es 50.000 Tote gegeben haben. Die „Schlacht von Marasch" wurde zur Katastrophe für die Franzosen. Admiral Bristol meldete am 4.3.,die Massaker an den Armeniern seien auch eine Folge davon gewesen, dass Franzosen und Armenier türkische Dörfer niedergebrannt hätten.[285] Lord Curzon notierte am 13.3., solange die Engländer Kilikien besetzt hatten, habe es keine Unruhen gegeben. Nur auf das Drängen Frankreichs hin habe man ihnen im November 1919 Kilikien und Syrien übergeben. Der Verlust von Marasch am 10.2.1920 war der Anfang vom Ende der französischen Mandatsherrschaft in Kilikien, die im Oktober 1921 endete.

Am 9.2.1920 begann der Angriff der Kemalisten auf Urfa, wo es bereits 1914 zum Massaker an den Armeniern gekommen war. Eine französische Garnison hielt unter dem Kommandanten Hauger die Stadt bis zur Kapitulation am 8.4., als der Kommandeur die Stadt nach der Zusicherung des freien Abzuges übergab. Die Amerikanerin Caroline Holmes erlebte den Fall der Stadt, den sie später in ihrem Buch „Between the Lines in Asia Minor" beschrieb. Etwa 16 km außerhalb Urfas wurden die Franzosen in einem Hohlweg überfallen und 300 von ihnen niedergemetzelt. Etwa 100 wurden nach Urfa zurückgebracht; dabei wurde der Kopf des Kommandanten auf einer Stange getragen. Am 11.4.1920 war Urfa, wo sich seit 1918 wieder etwa 3000 Armenier gesammelt hatten, wieder fest in türkischer Hand.

---

[284] Ebenda, 260.

[285] Evans (1965), 259.

Als die Armenier in Aintab vom Schicksal Maraschs hörten, schlossen sich die drei Parteien der Daschnaken, Huntschaken und Ramkavar zu einer Partei („Azgain Miutiun“ oder „Nationale Union“) zusammen. Als die Franzosen sich in den Süden Kilikiens zurückzogen, griffen die Türken die Stadt Marasch an, die sich ohne Hilfe von Seiten Frankreichs halten konnte, bis am 16.4. französische Verstärkungen kamen. Aintab konnte gehalten werden, bis im November der französische General Goubeau mit Verstärkungen kam. Die eigentliche Belagerung dauerte vom 5.8.1920 bis zum 9.2.1921.[286] Die Franzosen brachten Truppenverstärkungen nach Kilikien, das sie im Juli 1920 teilweise zurück gewannen. Der letzte Akt im kilikischen Drama war die Belagerung von Aintab (heute Gaziantep). Gaziantep darf sich heute für den „heldenhaften Widerstand gegen die fremde Besatzungsmacht“ die „Siegreiche“ nennen.
Auch in der Stadt Hadjin (heute Saimbeyli) im Norden von Adana verteidigten sich die Armenier gegen die Kemalisten. Von den 25.000 bis 30.000 Armeniern, die vor dem Krieg in der Stadt lebten, waren 1919 etwa 8000 Überlebende aus der syrischen Wüste zurückgekehrt, die in ihrer Heimatstadt die Häuser wieder aufgebaut und ein neues Leben begonnen hatten. Anfang Februar 1920 erfuhr man hier von den Ereignissen in Marasch. Die Verteidigung übernahm Sarkis Djebedjian, der früher mit dem General Andranik gekämpft hatte. Die Stadt hatte zwar 1915 die üblichen Verfolgungen erleiden müssen, sonst aber nie Schwierigkeiten mit den Türken; auch waren keine Franzosen in der Stadt. Im März kreiste ein französisches Flugzeug über der Stadt, das einige Pakete und die Nachricht abwarf, dass die Franzosen in den nächsten Tagen mit Nachschub kämen. Das Flugzeug kam noch einmal – aber ohne Verstärkung. Frauen und Kinder wurden evakuiert und 300 Waisenkinder unter den Schutz amerikanischer Missionare gestellt. Die Bergfestung wurde von etwa 600 Männern mit Gewehren verteidigt. Am 31.3.1920 begann die Schlacht. Am Ostersonntag, dem 4.4., brachten die Türken ein Maschinengewehr in Stellung und fingen an, die Stadt mit

[286] Documents on British Foreign Policy 7 (1958), 291, Nr. 36 (28.2.1920), hier ist von 16.000 Massakrierten die Rede.

Granaten zu beschießen. Im Mai versuchten die amerikanischen Missionare außerhalb der Stadt vergeblich, einen Waffenstillstand zu vermitteln. Mitte Juni gelang es den Türken mehrfach, in die Stadt einzudringen, aber sie wurden von den Armeniern stets zurückgeschlagen. Ende Juni versuchten die Türken die Stadt nachts zu überrumpeln, die Armenier aber schrien „Haratch, Haratch“ (Vorwärts!). Ein Ausbruch der Armenier gelang; sie konnten einige Stützpunkte in der Umgebung besetzen. Sie brachten die Waisenkinder zurück in die Stadt. Bis August warteten die Armenier auf Unterstützung der Franzosen etwa durch den Einsatz armenischer Freiwilliger, die bei der französischen Armee dienten. Mitte Oktober beschlossen sie, mit 480 Mann die Stadt zu verlassen, die 1914 30.000 Einwohner gehabt hatte. Die monatelange Belagerung von Hajdin rief großes Erstaunen hervor. Am 15./16.10 1920 stürmten die Kemalisten die von den Armeniern verteidigte Stadt. Überlebende der Belagerung lebten noch Jahrzehnte später im Hajdin-Viertel von Beirut und im Westteil Londons und erzählten von ihrem Schicksal.

Die Folgen für die Armenier in Kilikien waren verheerend. Sis (heute Kozan), die alte Hauptstadt des mittelalterlichen Königreichs Armenien, und Pozanti mussten kapitulieren; Adana, Tarsus und Mersin kamen unter großen Druck. Ein Waffenstillstand ermöglichte es den Kemalisten sich neu zu formieren. Im August 1920 erklärten die Armenier und Assyro-Chaldäer zwischen den Flüssen Sehun und Jehun die Selbstregierung. Die Franzosen verlangten von den armenischen Stellen die Rücknahme dieser Aktion, die jedoch verweigert wurde. Am 5.8.1920 erklärten die Armenier die Unabhängigkeit unter armenischem Mandat. Mihran Damadian, ein Veteran des Aufstandes von Sasun, Delegierter der Armenischen National-Versammlung in Adana, betrat mit anderen armenischen Funktionären den Amtssitz des Gouverneurs von Adana und erklärte sich selbst zum Gouverneur von Kilikien unter französischem Mandat. Die Armenier wandten sich an Frankreich um Vermittlung. Colonel Brémond ordnete an, das Telefon zu kappen und forderte Damadian auf, „diese lächerliche Komödie“ zu beenden. Scharfschützen mit Kanonen umstellten das Gebäude, Damadian zog ab, und die Franzosen brachen alle Kontakte zu ihm ab.

Im Mai 1920 wurde eine französische Einheit am Bahnhof von Pozanti nördlich der „Kilikischen Pforte“ (Cukurova) auf der Heerstraße von den Nachschublinien abgeschnitten, wo bereits Alexander der Große und Friedrich Barbarossa gekämpft hatten. Die eingeschlossene Truppe verließ den Ort und zog sich durchs Gebirge zurück. Am 28.5. wurden die Franzosen von irregulären türkischen Einheiten eingeschlossen; ihre Vorgesetzten sprachen von 15.000 Türken; es waren aber nur einige mit Gewehren bewaffnete Bauern, die 500 Franzosen mit 13 Maschinengewehren gefangen nahmen. Die Franzosen räumten nun Pozanti. An der türkisch-arabischen Sprachgrenze arbeiteten die Türken auch mit arabischen Stämmen zusammen. Am 5.8.1920 kam Mustafa Kemal nach Pozanti, um die Operationen gegen die Franzosen zu koordinieren. Es ging nun um den Ostteil Kilikiens, der im Vertrag von Sèvres den Franzosen übergeben worden war. Die kilikische Metropole wurde ab dem 21.1.1920 von den Türken belagert; etwa 50.000 Armenier wurden hier 1920 von den Türken ermordet, um auch hier vollendete Tatsachen zu schaffen. Am 30.5.1920 schlossen die Franzosen mit den Türken einen Waffenstillstand, der am 29.7. von den Türken wieder gebrochen wurde. Im Süden hatten die Franzosen mehr Erfolg; sie warteten nun ab, wie sich die Kämpfe im Westen zwischen den Griechen und Türken entwickelten. Im September 1920 wurde der Druck der Türken auf die Franzosen stärker. In Verhandlungen mit den Kemalisten versuchten sie, die Armenier an der Verwaltung zu beteiligen und sie zur Anerkennung des Vertrages von Sèvres zu bewegen. Ende April 1921 suchte der in die Türkei zurückgekehrte Patriarch Zaven den britischen Hochkommissar Horace Rumboldt auf und wies ihn auf das Schicksal hin, das den Armeniern bei einem Abzug der Franzosen drohe; daher solle Frankreich ein Mandat über Kilikien übernehmen. Die Franzosen hätten den Armeniern die Flucht nach Batumi oder in die jetzt von den Sowjets besetzte Republik Armenien oder aber die Flucht nach Zypern, Ägypten und Syrien geraten.[287] Am 21.12.1921 zogen die Türken in Adana ein, am 25.12. in Aintab, und am 5.1.1922 wurde eine 105 m hohe Flagge der Türkei am höchsten Minarett von Adana gehisst; Kilikien war unter der Kontrolle der Nationalisten.

[287] Documents on British Foreign Policy 17, (1970), 160f, Nr. 143.

Chettés In Kilikien

Rückkehr der Armenier nach Marasch (1919)

England war jetzt der letzte Verbündete der Christen. Churchill meinte jedoch im britischen Unterhaus, England solle sich in Kleinasien nicht in neue Abenteuer verstricken lassen.[288] Am Ende stand die Aufgabe Kilikiens durch Frankreich. Lord Curzon bemerkte, der französische Rückzug aus Kilikien habe das moralische Ansehen Mustafa Kemals gewaltig erhöht und eine friedliche Lösung der Krise verhindert.[289] Der kemalistische Politiker Bekir Sami schloss am 9.3.1921 in London mit Frankreich einen Waffenstillstand, nachdem die Franzosen sich mit Ausnahme des Sandschaks von Iskenderum (Alexandrette) aus dem Gebiet innerhalb der Waffenstillstandslinie von Mudros zurückgezogen. Damit waren die nach Kilikien zurückgekehrten Armenier der Vernichtung preisgegeben. Churchill schätzte die Zahl der ermordeten Armenier im Bezirk von Marasch auf 50.000.[290] Am 20.10.1921 schloss der französische Diplomat Franklin-Bouillon mit den Kemalisten ein Abkommen, durch das – nach den Worten des empörten Ministers Lord Curzon – 10.000 Quadratmeilen in Kilikien den Kemalisten überantwortet wurden.[291] Frankreich lieferte Gewehre, Kanonen und Flugzeuge. Mit Recht wird kritisiert: „Das kurze Zwischenspiel französischer Oberherrschaft in Kilikien (1918-1921) war ein grausames Beispiel für den Missbrauch einer Nation im Dienste der Machthaber. Als sie ihm nicht mehr von Nutzen sein konnte, ließ Frankreich diese Nation gnadenlos fallen."[292] Der schweizerische Krankenpfleger Jakob Künzler konnte für die amerikanische Hilfsorganisation „Near East Relief" etwa 8000 christliche Waisenkinder von der Türkei nach Syrien bringen und somit ihr Leben retten. Der amerikanische Admiral Bristol berichtete, dass in großen Teilen der Türkei keinerlei alliierte Truppen seien, dass 54 christliche Waisen und 500.000 verlassene Christen den türkischen Chettés schutzlos ausgeliefert seien.[293]

---

[288] Michael Neumann – Adrian Christian Neumann: Die Türkei, München 1990, 299.

[289] Nassibian (1985), 233.

[290] Churchill V (1929), 408.

[291] Ebenda, 411.

[292] Burchard Brentjes: Drei Jahrtausende Armenien, Wien-München, 2. Aufl., 1976, 198.

[293] Evans (1965), 272. Vergl. zu Künzler: Jakob Künzler: Im Lande des Blutes und der Tränen, Zürich, 2. Aufl. 2004,166-188.

Frankreich wurde bei der Arrangierung des Bündnisses maßgeblich vom Vatikan unterstützt, der den Einfluss der Orthodoxie abwehren wollte; Papst Benedikt XV. wurde im Dezember 1921 ein Denkmal als „dem Wohltäter der Völker, der ohne Unterschied der Rasse und Religion Beistand geleistet"[294] habe, errichtet. Der türkische Kronprinz, die Sultans-Regierung und die kirchlichen Würdenträger der Armenier, Protestanten und Juden sowie das diplomatische Corps nahmen an der Einweihung teil.[295] Die Franzosen überließen den Türken Geschütze, Munition und militärische Berater. Der Erfolg Kemals in Kilikien war die Grundlage für seinen späteren Sieg über Griechenland und die Verfestigung seiner Herrschaft in der Türkei.

[294] Karlheinz Deschner: Ein Jahrhundert Heilsgeschichte. Die Politik der Päpste im Zeitalter der Weltkriege, Köln 1983, 300.

[295] Lama (1925), 505.

12. Die griechische Besetzung Smyrnas (1919)

Vom Waffenstillstand von Mudros bis zur Invasion in Smyrna hatten die Alliierten die Zukunft Anatoliens in der Hand. Smyrna (heute Izmir), das moderne Ephesus, war eine multikulturelle Stadt mit über 400.000 Einwohnern, darunter 175.000 Türken und 25.000 Armenier; die Griechen hatten hier wie auch in der Umgebung eine Mehrheit. In der Stadt gab es acht griechische, sieben türkische, vier armenische und zwei jüdische Zeitungen. Viele Griechen und Armenier hatten im 1. Weltkrieg in Arbeits-Bataillonen gedient oder waren deportiert worden. Dabei wurden Kirchen und Wohnhäuser zerstört oder verwüstet. Etliche Europäer in Smyrna bevorzugten trotzdem die alte türkische Verwaltung mit den Privilegien für die Europäer. Am 14.5.1919 landeten auf Weisung des obersten alliierten Rates alliierte Detachements unter dem Kommando von Admiral Calthorpe und besetzten die Forts von Smyrna, die den türkischen Vali Izzet Bey von der bevorstehenden Besetzung informierten. Tausende Türken demonstrierten gegen die Besetzung der Stadt, während die Griechen ihre Häuser mit griechischen Fahnen beflaggten. Damit war der Waffenstillstand von Mudros de facto aufgehoben, da die Türken fortan heftigen militärischen Widerstand leisteten. Am 15.5.1919 landeten griechische Schiffe in Smyrna und besetzten die Zone um die Stadt; der Metropolit Chrysostomos segnete die Truppen. Offensichtlich kam es bei der Besetzung zu Übergriffen durch die griechische Armee. Ausländer beobachteten, wie türkische Häuser geplündert wurden. Die Übergriffe wurden von englischen, kanadischen, schwedischen und amerikanischen Zeugen bestätigt und im Juli auch im britischen Unterhaus diskutiert. Auch die Griechen bildeten jetzt Brigantenverbände wie die türkischen Chettés. Der englische Historiker Arnold Toynbee untersuchte die Anschuldigungen gegen die Griechen.[296] Türkische Offiziere mussten „Lang lebe Venizelos, lang lebe Griechenland“ rufen. Wer sich weigerte, wurde mit dem Bajonett niedergestochen und ins Meer geworfen. Die mit den Gebräuchen Smyrnas nicht vertrauten Soldaten schlugen auf je-

---

[296] Toynbee (1923), 78ff, 156ff u. 270ff.

den ein, der einen Fez trug, auch wenn es ein Grieche, Armenier oder Jude war. Es wurden mindestens 200 Türken erschlagen, notierte Toynbee. Nicht nur der französische Dichter Pierre Loti, sondern auch der orthodoxe Erzbischof Chrysostomos, der im vollen Ornat zum Hafen kam und die Griechen begrüßte, beklagte sich über die von der griechischen Armee begangenen Gräuel.[297] Derartige Berichte wurden von den Türken in englischer Übersetzung dem Friedenskongress vorgelegt. Zwischen 50 und 300 Türken wurden getötet, wofür von der neuen griechischen Verwaltung 74 Personen verurteilt wurden, darunter 48 Griechen, von denen drei hingerichtet wurden.[298] Am Anfang war auch kein griechischer General in Smyrna, um das Verhalten der Armee im Griff zu halten. Die Vertreter der USA beklagten sich vor allem darüber, dass die ganze Aktion formal unter dem Kommando der Alliierten stand, die Griechen aber völlig eigenmächtig handelten. Die Beschwerden über die griechischen Übergriffe wurden von den US-Vertretern in Smyrna bestätigt und erreichten auch den Obersten Rat in Paris, wo Clemenceau eine Untersuchungskommission forderte.[299]

Zu Übergriffen kam es auch, als die Griechen am 27.5. die Stadt Aydin südlich von Smyrna besetzten, wo es zu schweren Kämpfen mit den Türken kam, die die Waffenarsenale plünderten und die griechische Bevölkerung massakrierten und in Gefangenschaft verschleppten.[300] Frauen und Kinder wurden wie Ratten von Haus zu Haus gejagt. Als Toynbee 18 Monate später nach Aydin kam, war das türkische Viertel zerstört, die Moscheen ruiniert und zweckentfremdet, und es gab praktisch keine Türken mehr in der Stadt.[301] Die Repressalien in den umliegenden Dörfern standen in keinem Zusammenhang mit den Vorgängen in der

---

[297] N. Petsalis-Diomidis: Greece at the Paris Peace Conference (1919), Thessaloniki 1978, 44ff u. Greek Atrocities in the Vilayet of Smyrna (May to July 1919), published by the Permanent Bureau of the Turkish Congress at Lausanne, Lausanne, 1919, 40-44 u. 110f.

[298] George Horton: The Blight of Asia (1926), ND London 2003, 49 u. Tessa Hofmann: Einleitung zu: Smyrna 1922. Das Tagebuch des Garabed Hatscherian, Klagenfurt 2006, 9-36, hier 24

[299] Evans (1965), 179-182.

[300] Toynbee (1923), 151 u. Llewellyn Smith (2004), 91.

[301] Toynbee (1923), 273.

Stadt. Die Griechen wurden von muslimischen Freischärlern wieder vertrieben und besetzten die Stadt im Juli 1919 von neuem. Bei den Herrschaftswechseln kam es jeweils zu brutalen Gewalttaten gegen die Angehörigen der anderen Konfession. Die Rückeroberung erfolgte auf Befehl von Venizelos in Paris, ohne Zustimmung des Obersten Rates! Die „Times“ schrieb, der Anteil der Griechen im Vilayet Aydin betrage nur 35 %. Auch der englische Hochkommissar Calthorpe und der amerikanische Hochkommissar kritisierten die Erlaubnis zur Landung. Bald kam es zu Zusammenstößen zwischen Griechen und Italienern. Als letztere sich beim Obersten Rat beschwerten, antwortete Clemenceau, dass sie gar keine Erlaubnis zur Landung vom Rat gehabt hätten. Venizelos befürchtete, dass die Türken die italienische Zone als Aufmarschbasis benutzten. Schließlich einigten sich Venizelos und Tittoni auf Festlegung einer Grenze, die vom englischen General Milne festgelegt wurde. Der Report der „Smyrna-Commission“ des Obersten Rates vom 13.10.1919 bestätigte die Gräuel der griechischen Armee und hielt fest, dass es nur in Smyrna und Aydin eine griechische Mehrheit gebe; berichtet wird auch über den Guerillakrieg der Türken. Venizelos, der vom Rat um seine Meinung dazu gefragt wurde, sagte allerdings, die griechischen Beobachter hätten den Bericht nicht vorgelegt erhalten. Er hatte allerdings selbst gesprächsweise griechische Übergriffe bei der Besetzung zugegeben.
Der Bericht der von dem britischen General Hare, dem amerikanischen Admiral Bristol, dem französischen General Bunoust und dem italienischen General dall' Olio sowie dem griechischen Oberst Mazarakisc geleiteten Interalliierten Kommission über die Ereignisse um die Invasion in Smyrna fiel für die Griechen nicht sehr günstig aus. In 47 Treffen hatte sie bis zum Herbst versucht, das Geschehen in Smyrna, Aydin, Nazilli, Magnesia, Ayvali und anderen Orten zu klären.
Im Sommer 1920 kam es während der Offensive der Griechen zu neuen Gewalttaten. Nach der Eroberung türkischer Dörfer wurden diese angezündet und ein Teil der Bevölkerung niedergemetzelt. Im Gegenzug verwüsteten kemalistische Banden christliche Dörfer in der Gegend von Nicaea (Isnik) und östlich von Yalova. Keine Seite blieb der anderen etwas schuldig.[302]

[302] Ebenda, 275.

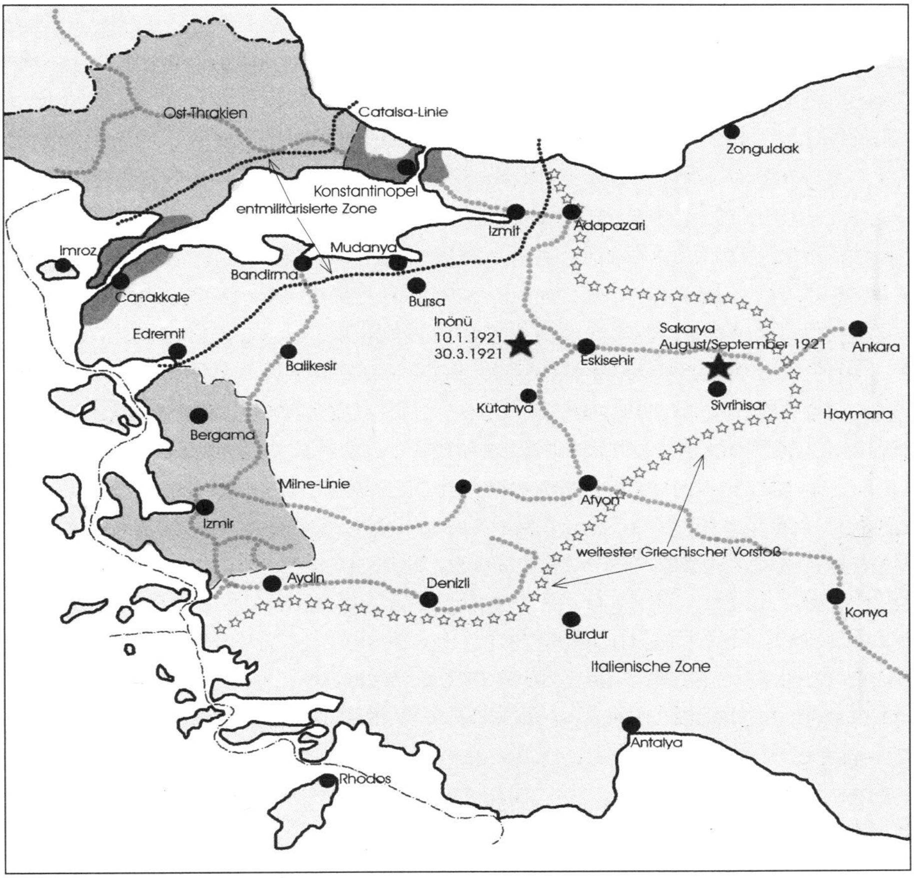

Griechisch - türkischer Krieg 1919 - 1922

Als Arnold Toynbee im Februar 1921 in die Dörfer von Aydin kam, die einiges an griechischen Übergriffen zu ertragen hatten, zeigten die griechischen Behörden ihm ein von einem Dutzend Mukhtars (Bürgermeistern) unterschriebenes und besiegeltes Dokument, in dem sie darum ersuchten, dass das griechische Regiment für immer bleiben solle.[303] Bei der Besichtigung des Gefängnisses von Smyrna konnte Toynbee sich im August 1921 ein Bild von den sanitären Zuständen machen. Er traf einen türkischen Kaufmann, der gefangen gehalten wurde, weil er Zucker billiger als griechische Konkurrenten verkauft habe; beim Streit ging es auch darum, an wen der Zoll zu zahlen war, da Smyrna ja nominell noch zur Türkei gehörte. Das Bild, das Toynbee von den Zuständen entwirft, erscheint objektiv und ausgewogen. Die Gräuel waren zunächst spontan, nach der Schlacht bei Inönü wurden die Übergriffe von beiden Seiten systematisch durchgeführt; die Türken begannen mit der Massakrierung der Christen in Pontus, da sie angeblich im Kontakt zum griechischen Generalstab standen. Die Griechen verwüsteten Dörfer, deren Einwohner beschuldigt wurden, Anschläge auf Eisenbahnlinien durchgeführt zu haben. Oftmals wurden einfach auch reiche Leute umgebracht, während arme entkamen. Ökonomische und politische Motive spielten eine große Rolle. Auf beiden Seiten spielten die „Chettés“ eine führende Rolle bei den Massakern. Vor allem nach der Vertreibung von ihrem Besitz traten die Menschen den „Chettés“ bei. Auf der türkischen Seite spielten muslimische „Circassier“ aus dem Kaukasus eine Rolle, die die Regierung in den Grenzbereichen ansiedeln wollte. Derartige Banden betrieben einen regelrechten Vernichtungskrieg gegen die andere Seite. Die alliierte Yalova-Gemlik-Kommission stellte im Mai 1921 fest, dass im Bereich der Halbinsel Yalova 3600 griechische Flüchtlinge und etwa 2000 Armenier, die die Massaker überlebt hatten, die Ausrottung der Türken betrieben.[304] Toynbee und seine Frau konnten die Ereignisse in Eregli am Marmara-Meer aus nächster Nähe beobachten.
Unmittelbar nach der Invasion in Smyrna war Lord Curzon nach

303 Ebenda, 193.

304 Ebenda, 283-285.

Paris gereist, um zu verhindern, dass die Griechen ihre Zone um Smyrna ausweiteten. Churchill wollte Konstantinopel einer internationalen Verwaltung unter dem Vorsitz der USA unterstellen. Balfour wollte die Türkei überhaupt unter die Aufsicht ausländischer Berater stellen. Bei der Besprechung vom 19.5. schickte Lloyd George den Griechen ein Telegramm mit der Aufforderung, nicht über den Sandschak von Smyrna hinauszugehen.[305] Er verwarf den Gedanken einer weiteren Aufteilung der Türkei; nicht Frankreich, sondern die USA sollten das Mandat übernehmen. Dies alles berührte nicht Armenien, das nicht mehr als Teil der Türkei betrachtet wurde.[306] Der britische Diplomat Nicolson berichtete, Venizelos sei „sehr beunruhigt durch Nachrichten über den Mangel an Disziplin bei der griechischen Division, die in Smyrna gelandet ist. Sie scheinen sich recht übel aufgeführt zu haben, und man hört von Zivilisten, die getötet worden sind, und von vielen Brandstiftungen und Plünderungen. Es mag übertrieben sein."[307] Er erwartete sich eine Beruhigung durch die aus Kreta nach Smyrna abgewanderten Muslime, die ihre Glaubensbrüder beruhigen sollten, „dass die Griechen im Grunde gar nicht solche Teufel sind." Drei Tage später ersuchte Ministerpräsident Venizelos den britischen Diplomaten Nicolson, Lloyd George mitzuteilen, dass er einen Brief von Präsident Wilson bekommen habe, „worin dieser einem griechischen Mandat über das ganze Vilayet Aydin plus Souveränität über den Sandschak (Bezirk) von Smyrna und Caza Aivali zustimmt."[308] Am 17.6. konnte die türkische Regierung bei der Pariser Friedenskonferenz – wie erwähnt – durch Gesandte ihren Standpunkt zu dem ganzen Verfahren vorlegen – was den deutschen Vertretern nie erlaubt wurde! Sie legte eine Note vor, in der sie ganz Thrakien beanspruchte, was Nicolson zu der Bemerkung veranlasste: „Ich bezweifle, ob wir je mit der Türkei einen Vertrag unterzeichnen werden."[309] Bei dieser Gelegenheit wurde der türkische Regierungschef Damat Ferit

---

305 Nicolson: Nachkriegsdiplomatie (1934), 111.

306 Llewellyn Smith (2005), 83 (21.5.1919).

307 Nicolson: Friedensmacher (1934), 330f (21.5.1919)

308 Ebenda, 332.

309 Ebenda, 348.

vom französischen Ministerpräsidenten Clemenceau öffentlich brüskiert und gedemütigt.
Nicht alle Engländer unterstützten die umstrittene Invasion der Griechen. Der kommissarische Außenminister Curzon richtete am 20.6.1919 eine Warnung an seinen Noch-Vorgesetzten Balfour, es sei vereinbart gewesen, dass die endgültigen Entscheidungen der Friedenskonferenz nicht durch Gebietsbesetzungen präjudiziert werden sollten. Auch sei bekannt, dass die Okkupation „von Szenen entehrender und unprovozierter Gewalttätigkeit begleitet gewesen seien.“[310] Die Alliierten seien sich darin einig gewesen, dass wenigstens ein Teil der türkischen Souveränität erhalten bleiben müsse. „Je weiter diese Vormärsche, sei es der Griechen oder der Italiener, vorgetragen werden, desto schwieriger wird ein Zurückweichen und desto unvermeidlicher werden zukünftige Zwiste, ja sogar ernstes Blutvergießen sein.“[311] Admiral Richard Webb schrieb sogar, einer der schlechtesten Dienste, den Venizelos seiner Heimat erwiesen habe, sei es gewesen, dass er den „Obersten Rat“ dazu überredet habe, den Griechen die Erlaubnis zur Landung in Smyrna zu geben. Die Animosität zwischen Türken und Griechen sei jetzt noch größer als zuvor. Die einzige Hoffnung für eine Versöhnung zwischen den beiden Völkern bestehe im Abzug der Griechen aus Smyrna.[312]
Admiral Webb berichtete bereits Ende Juni 1919 über Massaker zwischen Griechen und Türken in Aydin. Die türkischen Nationalisten waren in einer einfacheren Lage, denn auch die christlichen Minderheiten waren seit Jahrhunderten an die türkische Herrschaft gewöhnt. In den meisten Gegenden bildeten die Türken die Mehrheit; eine griechische Herrschaft hätte sich nur durch Ruhe und Kontinuität entwickeln können.[313] Vor allem die im Frühjahr 1921 von Toynbee besuchte südliche Grenze der griechischen Zone war nur schlecht bewacht. Seit der Okkupation habe sich das Verhältnis zwischen Griechen und Türken verschlechtert. All das verlangte einen raschen Friedensvertrag, denn mit jedem Tag entwickle sich das Verhältnis zwischen Christen und Moslems

[310] Nicolson: Nachkriegsdiplomatie (1934), 110.
[311] Ebenda, 111.
[312] Documents on British Foreign Policy, 4 (1952), 733, Nr. 487
[313] Toynbee (1923), 158f.

schlimmer.[314] Balfour fragte bei Calthorpe nach, ob die Berichte über türkische Übergriffe auf Griechen bei Aydin der Wahrheit entsprächen und befragte Venizelos selbst in Paris über die mit den Alliierten und dem von Venizelos zum Hochkommissar von Smyrna ernannten kretischen Landsmann Aristides Sterghiadis nicht abgesprochene Operation. Die Antwort war, Türken hätten in Aydin Griechen massakriert. Gleichzeitig wies Calthorpe in einem Telegramm darauf hin, dass der von der Schlacht an den Dardanellen im Ersten Weltkrieg bekannte Mustafa Kemal in Samson ein Zentrum für eine National-Bewegung errichte und dass aus der griechischen Zone geflüchtete Türken einen Guerilla-Krieg gegen die Griechen organisierten. Man solle die traurige Lage der christlichen Restbevölkerung der Türkei erwägen. Definitive Grenzen könnten hier helfen und sollten bald fixiert werden. Am 4.7.1919 meldete Calthorpe die Rückeroberung Aydins nach einer türkischen Besetzung durch die Griechen. Wenn der Eindruck entstehe, der Oberste Rat gebe Griechen und Italienern freie Hand, würde dies nur die Nationalbewegung stärken, mahnte er.[315] Der türkische Premier Damat Ferit besuchte ihn und fragte, wann die Grenzen des griechischen Okkupationsgebietes fixiert würden und ob die Engländer nicht die Griechen kontrollieren könnten. Kemal Pascha weigere sich, dem Befehl des Sultans nachzukommen und nach Konstantinopel zurückzukehren; die Besetzung von Konstantinopel, Smyrna und Antalya sei eine Verletzung des Waffenstillstandes, hatte er erklärt; mit der Regierung brach er die offiziellen Kontakte ab.[316] Angesichts der Erregung um die Invasion in Smyrna kam es auch im Raum Samsun zu Übergriffen auf dortige Christen. Die Italiener besetzten die Zone südlich der griechischen Zone von Smyrna; der Mäander wurde schließlich als Grenze zwischen den beiden Zonen festgelegt. Venizelos schrieb am 22.6.1919 an Clemenceau, man solle den Griechen erlauben, bei türkischen Waffenstillstandsverletzungen die Besatzungszone auszuweiten.
Die Pläne und Absichten der Siegermächte nahmen keine Rück-

---

[314] Documents on British Foreign Policy, 4 (1952), 654-657, Nr. 433.

[315] Ebenda, 666f, Nr. 445.

[316] Ebenda, 667f, Nr. 446 (10.7.1919).

sicht auf etwaige Vorbehalte der türkischen Sultans-Regierung. Erst durch den Aufstieg der kemalistischen Nationalbewegung sollte sich dies ändern. Calthorpe warnte vor der griechischen Dominanz und ersuchte um rasche Festlegung der Grenzen. Katholiken und Engländer hätten den Griechen zu verstehen gegeben, dass sie hier nur geduldet seien; Sterghiadis habe ihm versprochen, dies abzustellen. Calthorpe lehnte die aus politischen Motiven von Venizelos vorgeschlagenen Grenzen ab, weil sie nur zu neuem Blutvergießen führen würden. Er schlug endgültige Grenzen vor, durch die Gebiete im Mäander-Tal zurückgegeben wurden, ohne die er eine friedliche Besetzung nicht für möglich hielt.[317] Balfour berichtete an Curzon über ein Gespräch mit Venizelos vor dem Obersten Rat am 16.7. Er betonte, dass Massaker zu befürchten seien, wenn die Griechen ihre Zone ausweiteten. Die Grenzen zur italienischen Zone müssten rasch festgelegt werden. Tittoni und Clemenceau stimmten dem zu.[318] Die Einigung zwischen Tittoni und Venizelos erfolgte am 18.7. von der Mündung des Mäanders bis zur Eisenbahnlinie von Smyrna nach Aydin – nach Meinung Calthorpes viel zu spät. Als Präsident Wilson in den USA von der Sache erfuhr, war er sehr ungehalten und ließ mitteilen, es gehe nicht an, dass Italien und Griechenland auf eigene Faust Friedensverträge präjudizierten.[319] Bereits am 27.7.1919 warnte Admiral Calthorpe Außenminister Curzon, dass mit dem Kemalismus eine unabhängige, fanatische und antieuropäische Bewegung entstanden sei, die die Autorität der Sultans-Regierung negiere.[320] Frankreich und Italien waren die Hauptgegner der griechischen Invasion; vor allem Italien stellte selbst Ansprüche auf Smyrna und betrachtete Griechenland als Parvenü. Bereits im Juli 1919 meldete Curzon, dass die gemeinsame politische Linie Englands und Frankreichs von den Franzosen unterlaufen werde, die sich hinter dem Rücken der Verbündeten mit den Türken zu arrangieren begännen. Dadurch könnte die Türkei ihr altes Spiel wieder beginnen, eine Macht in Europa gegen die andere auszuspielen.[321] Die Militärs, allen vor-

317 Ebenda, 685f, Nr. 457 (17.7.1919).

318 Ebenda, 687f, Nr. 459 (17.7.1919).

319 Evans (1965), 200.

320 Llewellyn Smith (2004), 106f.

321 Documents on British Foreign Policy, 4 (1952), 660-662, Nr. 439.

an Calthorpe und Webb, warnten davor, dass die Westmächte durch die Griechen in ein Desaster hineingezogen würden.
Venizelos suchte zunächst die Spannungen mit Italien zu beheben; am 29.7.1919 kam es zu einem Arrangement mit Außenminister Tittoni, in dem Italien zusagte, die griechische Position in Epirus und Thrakien zu unterstützen. Die Inseln des Dodekanes, außer Rhodos, sollten an Griechenland fallen. Wenn England den Griechen Zypern herausgebe, sollte sich auch Rhodos für die „Enosis“ mit Griechenland entscheiden können.
Clemenceau erkundigte sich im August 1919 bei Venizelos über die Situation in Smyrna. Aufgrund der Berichte über die griechischen Übergriffe gegen die Türken wurde der Untersuchungsausschuss unter dem Vorsitz von General Milne gebildet, der die griechische Okkupation als Fehler ansah und das griechische Territorium durch die nach ihm benannte „Milne-Linie“ begrenzt wissen wollte. Griechenland protestierte dagegen, dass kein griechischer Vertreter bei der Untersuchungskommission anwesend sein sollte.[322] Man beschloss, die Griechen über das Ergebnis zu informieren. Am 7.9.1919 schrieb Webb an Curzon, er sei zu der Überzeugung gekommen, dass die einzige Lösung für Anatolien in einem Mandat liege, wobei nur ein von den USA oder den Briten getragenes Mandat letztlich von der türkischen Bevölkerung akzeptiert werde.[323] Als die Griechen Teile des Mäander-Tales räumten, wurde die Einrichtung einer internationalen Verwaltung dieses Gebietes diskutiert. Es kam auch die Festlegung der Grenze des griechischen Okkupationsgebietes durch General Milne zur Sprache; die Griechen verlangten, dass bei einer Veränderung der Grenze im Bereich von Aydin das zu räumende Gebiet von den Alliierten besetzt werden sollte.[324] Die Situation der Griechen in Aydin sei prekär; ein Konflikt mit den Türken könne jederzeit ausbrechen. Man beschloss, das von den Griechen zu räumende Gebiet um Aydin mit britischen, französischen und griechischen Truppen zu besetzen. General Milne legte am 2.10.1919 eine neue Grenze fest und berichtete, dass die türkische Regierung keine Kontrolle über die irregulären

[322] Ebenda, 1 (1947), 837, Nr. 68.6 (30.9.1919).
[323] Ebenda, 751-753, Nr. 506 (7.9.1919).
[324] Ebenda, 879f, Nr. 70.9 (7.10.1919).

Banden habe und dass zu erwarten sei, dass der Guerillakrieg weitergehe und dem Ansehen der Entente schade. In Magnesia und Aydin würden die Unruhen fortdauern, so lange die Griechen dort seien.[325]

In einem Brief an Lloyd George vom 27.10.1919 beklagte sich Venizelos darüber, dass die USA so lange die Entscheidung über die Annahme eines Mandates in Kleinasien hinauszögerten. Man solle endlich zum Abschluss eines Friedensvertrages kommen, der ein unabhängiges Armenien mit Pontus enthalte und schlug vor, die Türken aus Konstantinopel und von den Meerengen zu vertreiben. Er warnte Lloyd George, jedes Nachgeben werde der Konferenz die moralische Verantwortung für die Vertreibung von Millionen von Christen aus der Türkei auferlegen. Dies alles müsse erledigt werden, solange Clemenceau in Frankreich an der Macht sei und die Griechen 12 Divisionen unter Waffen hätten.[326] Der britische General Wilson – ein Gegner der Besetzung Smyrnas – warnte Venizelos kurz darauf, mit dem Zug nach Smyrna habe er sein Land ruiniert. Venizelos hatte gehofft, die Alliierten würden die Türken entwaffnen, was jedoch nicht geschehen war und auf eine machtvolle Expedition der Alliierten nach Armenien gewartet. Ihm wurde klar, dass er sein gesamtes Prestige verlieren würde, wenn er den Rückzug aus der Zone von Smyrna auch nur in Erwägung ziehen würde. Die Friedensverhandlungen zogen sich jedoch über den Winter 1919/20 hin; durch seine schwere Krankheit wurde Präsident Wilson daran gehindert, sich so intensiv wie in der ersten Jahreshälfte 1919 mit der Materie zu befassen.

Die Italiener teilten an Muslime, Armenier, Juden und auch einige wenige Griechen Schutzbriefe aus, z. T. auch gegen Geld, um auf diese Weise Einfluss in Smyrna zu nehmen. Curzon sprach in London mit Venizelos, der vorschlug, England solle das Mandat über Konstantinopel übernehmen, wenn die USA es ablehnen sollten. Er wies darauf hin, dass viele Muslime die Vertreibung der Türken und des Sultans aus Konstantinopel als unfreundlichen Akt ansehen würden.[327] Er meinte auch, die Erlaubnis zur Invasion der

325 Ebenda, 880, Nr. 70, Appendix H (2.10.1919).

326 Llewellyn Smith (2004), 115f.

327 Documents on British Foreign Policy 4 (1952), 835f, Nr. 558 (21.10.1919).

Griechen sei der größte Fehler gewesen, der in Paris gemacht worden sei und zudem der Anfang der Auseinandersetzungen, in denen man jetzt stecke.[328] Der Oberste Rat wies den englischen General Milne nach Einlangen der Untersuchungsergebnisse am 28.10.1919 an, die Einhaltung der Demarkationslinie zwischen Griechen und Italienern zu überwachen.[329] Venizelos beantragte daraufhin, bei der Diskussion im Rat über Smyrna gehört zu werden.[330] Clemenceau forderte ihn auf, über die Massaker der Griechen Aufklärung zu geben. In Anwesenheit griechischer Offiziere würde kein Türke etwas aussagen.[331]

Am 3. 11. standen die wichtigsten Bestimmungen des späteren Vertrages von Sèvres bereits fest; es wurden aber noch keine verbindlichen Zusagen zu einer Annexion Smyrnas gegeben.[332] Venizelos legte in einem Schreiben an Clemenceau seine Sicht der Dinge dar.[333] Erst das selbstherrliche Vorgehen der Italiener führte hier zu einer Änderung. Die Kommission schlug am 8.11.1919 vor, die griechischen Truppen durch alliierte zu ersetzen. Die Griechen sollten die Türken bei Überfällen höchstens drei Kilometer über die Milner-Linie hinaus verfolgen können. Clemenceau fragte Venizelos, ob Griechenland allein in der Lage sei, die Zone von Smyrna gegen die Türken zu halten. Dieser bejahte dies und gab zu verstehen, das lange Hinauszögern des Friedensvertrages trage eine Hauptschuld an der Misere, wurde doch am 27.11.1919 in Neuilly auch der Friede mit Bulgarien geschlossen. Clemenceau betonte gegenüber Griechenland, dass die griechische Verwaltung von Smyrna immer nur als eine provisorische betrachtet worden sei.

In der alliierten Kommission waren die griechischen Ansprüche nur von England und Frankreich unterstützt worden;[334] Präsident Wilson hatte nur unter Vorbehalten zugestimmt. Venizelos pro-

---

328 Ebenda, 838, Nr. 560 (22.10.1919).

329 Documents on British Foreign Policy 2 (1948), 142f, Appendix V zu Nr. 10.

330 Ebenda, 222, Appendix A 8 zu Nr. 16.

331 Ebenda, 229f, Nr. 17.

332 Ebenda, 178f, Nr. 12.4: „Should any Asiatic territory be attributed to Greece at a later time, a newly treaty would be necessary".

333 Ebenda, 296-298, Appendix C zu Nr. 20.

334 Ebenda, 296, Appendix A zu Nr. 20.

testierte jedoch beim Obersten Rat dagegen, dass die Besetzung Smyrnas nur vorläufig sein sollte.[335] Außenminister Berthelot wurde von Frankreich und Italien beauftragt, Venizelos klarzumachen, dass es bezüglich des juristischen Status Smyrnas bei der provisorischen Besetzung bleibe. Venizelos bestand jedoch darauf, dass die Besetzung wenn nicht legal, dann doch moralisch gewesen sei.[336] Admiral Robeck warnte Lord Curzon, dass ein Friede, der mehrheitlich türkische Gebiete wie das Vilayet Aydin von der Türkei abtrenne, der Beginn eines Krieges oder Guerillakrieges sein könnte.[337] Clemenceau betonte in einem Schreiben an Venizelos noch einmal den Vorläufigkeitscharakter der griechischen Besatzung Smyrnas.[338]

Aristides Sterghiades, der aus Kreta stammende neue griechische Hochkommissar von Smyrna, war ein Mann des Aufbaus; er bemühte sich um eine gerechte und korrekte Verwaltung für alle Volksgruppen. Er hatte Erfahrung im Umgang mit Muslimen, deren Recht er kannte. Unter den 14 Departments der neuen Verwaltung war nur ein Muslim, der für die muslimischen Angelegenheiten zuständig war. Er bemühte sich, den in kirchlichen und militärischen Kreisen verbreiteten Nationalismus nicht zu stark werden zu lassen und errichtete ein Pasteur-Institut als Anfang einer 1920 gegründeten „Jonischen Universität" in Smyrna, die Toynbee jedoch als „castle in the air" bezeichnete.[339] Für die türkische Bevölkerung war in erster Linie nur ein Grundschulwesen vorgesehen; zum Studium wurden die Türken auf die Universität Athen und die neu gegründete Universität Smyrna verwiesen. Die griechische Verwaltung übernahm auch ein türkisches Spital in die eigene Verwaltung. Türkische Institutionen wurden der griechischen Verwaltung unterworfen – wie in anderen eroberten Gebieten auch! Allerdings konnte dies nicht verhindern, dass die Alliierten einen Kommissar zur Untersuchung der von der griechischen Armee begangenen Exzesse schickten.

---

[335] Ebenda, 338, Nr. 24.4.

[336] Ebenda, 352f, Appendix B zu Nr. 25 (Brief Venizelos vom 15.11.1919).

[337] Documents on British Foreign Policy, 4 (1952), 896, Nr. 598 (18.11.1919).

[338] Ebenda, 905, Nr. 606, Enclosure 2 (18.11.1919).

[339] Toynbee (1923), 175.

Die Delegation aus Zypern mit Erzbischof Kyril III. Kämpfte in Paris und London für den Anschluss Zyperns an Griechenland (1919)

Von ihren Besitzungen vertriebene Pontos-Griechen warten auf den Abtransport nach Griechenland

13. Die Verhandlungen in London (Dez. 1919)

Ende 1919 setzten sich die Briten und Franzosen auf der Londoner Konferenz noch einmal mit der Problematik der Zukunft Kleinasiens und der Türkei auseinander. In einem Vorschlag vom 12.12. ist bereits ein wesentliches Element des Friedens von Sèvres enthalten: Smyrna sollte unter nomineller türkischer Souveränität bleiben; eine Repräsentation von Griechen und Türken sollte bei der Wahl der lokalen Repräsentanten mitwirken. Dadurch sollte die türkische Souveränität bis zur Fiktion reduziert und der nichttürkischen Bevölkerung Sicherheit geboten werden.[340] Außenminister Berthelot legte eine Denkschrift zur Armenierfrage vor. Neben einer „Verkleinerung" Armeniens (ohne Zugang zum Meer) wurde auch der Abzug der Italiener aus Anatolien ins Auge gefasst. Frankreich wollte eine Position in Kilikien bei nomineller türkischer Souveränität behalten. Die Frage Smyrna wurde mit Ost-Thrakien gekoppelt; würde letzteres an Griechenland fallen, müsste der Schutz der Moscheen und Muslime gewährleistet werden; der Gouverneur sollte dann jeweils ein Türke sein. Am 11.12.1919 kam Clemenceau nach London, um mit Lloyd George die Situation in Kleinasien zu besprechen. Nach dem Ausscheiden der USA aus dem Friedensprozess war England der wichtigste Verbündete; beide Politiker lehnten die Forderungen Italiens ab und diskutierten die Situation in Konstantinopel und Smyrna. In Adrianopel waren nach dem Bericht eines englischen Offiziers von 70.000 Einwohnern die Hälfte Türken, 22.000 Griechen, 12.000 Juden und 1500 Armenier.[341] Clemenceau meinte, dass es ein Fehler gewesen sei, die Griechen nach Smyrna zu schicken. Es wäre besser, wenn sie abzögen, bevor sie von den Türken vertrieben würden; man könne sie ja in Thrakien entschädigen. Kilikien müsste auf jeden Fall dem Mandat Kilikien zugeteilt werden, was den Türken freilich nicht recht sei.[342] Die Briten schlugen vor, Smyrna wieder unter türkische Souveränität zu stellen, aber mit Garantien für eine vollständige Autonomie

[340] Documents on British Foreign Policy, 4 (1952), 950f, Nr. 631 (22.12.1919).

[341] Ebenda, 985, Nr. 641 (16.12.1919).

[342] Documents on British Foreign Policy, 2 (1948), 727, Nr. 55.1.

und Selbstregierung der Griechen, die den Gouverneur stellen sollten. In Adrianopel (heute Edirne) sollte die türkische Bevölkerung die gleichen Rechte erhalten.[343] Die beiden Außenminister Curzon und Berthelot glaubten, dass Venizelos einen derartigen Kompromiss akzeptieren würde. Jetzt brauchten sie auch keine Rücksicht mehr auf Wilson zu nehmen, der gegen die Übergabe Ost-Thrakiens an Griechenland gewesen war.

Bezüglich der zukünftigen Stellung Konstantinopels hatten sich die Engländer zuvor darauf geeinigt, die Türken aus Europa zu vertreiben; vor allem wegen der Armenier-Massaker wurden sie als Barbaren bezeichnet. Clemenceau war jedoch dagegen; er plädierte für einen eigenen Staat. Es sei einfacher, die Türkei durch den Sultan zu regieren als durch eine Besetzung. Lloyd George wollte internationale Truppen in Konstantinopel belassen. Der Sultan sollte in Bursa „vatikanisiert" werden; das wäre auch gegenüber den Muslimen hilfreich. Lloyd George und Curzon wollten dem Sultan jedoch gestatten, in der Stadt zu bleiben. Clemenceau erklärte, er wolle auf keinen Fall einen neuen Papst im Osten; der Papst im Westen genüge ihm schon. Man müsse einen Dissens zwischen England und Frankreich verhindern. Er meinte, die Türken hätten gezeigt, dass sie unfähig zur Regierung gewesen seien.[344] Diskutiert wurde auch, ob die Hagia Sophia wieder in eine Kirche umgewandelt werden sollte. Churchill und Indien-Minister Edwin Montagu waren zunächst gegen die Vertreibung der Türken aus Europa. Churchill wollte den Sultan beaufsichtigen; er sollte das tun, was Lloyd George und Clemenceau anordneten. Die Engländer einigten sich schließlich darauf, die türkische Souveränität in Europa zu beenden. Am nächsten Tag trafen die Engländer mit Clemenceau und Berthelot zusammen. Clemenceau bezeichnete es als Fehler, die Türken aus Konstantinopel zu vertreiben. Lloyd George meinte, ein Meerengen-Staat ohne Konstantinopel mache keinen Sinn. Der Kompromiss sah die Vertreibung der Türken aus Europa einschließlich des Sultans vor. Berthelot bezeichnete es als einen „Triumph

[343] Llewellyn Smith (2005), 188.

[344] Documents on British Foreign Policy 1919-1939, 2 (1948), 731, Nr. 55.2: "The Turks had shown that they were not fit for self-government." Vergl. auch: ebenda, vol. 4 (1952), 992-1000, Nr. 646.

des Rechtes“ und einen Zusammenbruch der dunklen Mächte über die Muslime in britischen und französischen Gebieten. „Die Inbesitznahme von Konstantinopel von den Türken bedeutet das Ende des Mittelalters“, sagte Berthelot. Man beschloss auch, die Hagia Sophia zu einem Denkmal der Kulturen zu erklären, die allerdings nicht für religiöse Zeremonien benutzt werden sollte.[345] Es war offensichtlich, dass England und Frankreich die Sultans-Regierung in Konstantinopel als schwindende Kraft ansahen, die bald völlig untergehen würde. Die von Mustafa Kemal und den Nationalisten ausgehende Gefahr wurde jedoch teilweise unterschätzt.

Bei den Besprechungen zwischen Clemenceau und Lloyd George kam auch das Thema Armenien zur Sprache, da mit dem amerikanischen Mandat nicht mehr zu rechnen war. Clemenceau meinte, die Armenier seien ein „gefährliches“ Volk, das die Alliierten wenig zufriedenstelle. Es sollte eine Republik werden, aber Frankreich werde kein Geld mehr zahlen. Curzon meinte, man müsse weitere Massaker an Armeniern verhindern.[346] Ein großes Armenien von Trapezunt bis Kilikien wurde jetzt als unrealistisch angesehen. Der Staat sollte wesentlich kleiner werden, aber auch Erzerum umfassen. Berthelot meinte, dass Batumi als Hafen denkbar sei. Man konstatierte, dass die Armenier in ihrem Staat in der Minderheit sein würden. Man würde ihnen auch weiter Waffen und Munition liefern. Der englische Offizier George Kidston befürchtete, dass die Armenier unter ihren muslimischen Nachbarn Massaker veranstalten würden, hatten doch Armenier während der russischen Besatzung auch Türken massakriert. Am 18.11. hatte die türkische Regierung die Amerikaner um Unterstützung ersucht, weil Armenier in Kilikien Moslems attackierten. Die Franzosen schätzten, dass man mindestens 20.000 Mann brauchen würde, um die Ruhe aufrechtzuerhalten. Eine weitere Komplikation ergab sich daraus, dass man nicht wusste, wie die Bolschewiken reagieren würden; England hatte soeben beschlossen, die „Weißen“ nicht mehr zu unterstützen, auch Frankreich schloss sich dem an.

---

[345] Llewelyn Smith (2005), 193.

[346] Documents on British Foreign Policy, 2 (1948), 734. Nr. 55.8.

Frankreich und England sahen ein, dass sie den neuen Staat Armenien unterstützen mussten, aber beide hatten daran keine Freude. Kidston meinte, es sei unmöglich, die armenischen Gebiete von den kurdischen zu trennen. Es sei schwer, Türken und Bolschewiken von diesem Gebiet fernzuhalten, was beiden Seiten bewusst war. Auch Clemenceau betrachtete es als gefährlich, sich mit den Armeniern einzulassen. Es wurde kein Beschluss gefasst, sondern das Thema wurde an die Alliierte Militärmission in Paris verwiesen. Da die Großmächte sich nicht in der Lage sahen, das Problem allein zu lösen, verwies man die Frage an den Rat des Völkerbundes, der mit Menschen und Geld helfen sollte.[347] Angesichts der Tatsache, dass die beiden Großmächte einen raschen Friedensvertrag mit der Türkei anstrebten, ist es bemerkenswert, wie wenig realistisch die Frage der Implementierung des Friedenswerkes hinsichtlich der Zukunft Armeniens angegangen wurde.

Lord Curzon beharrte auf der Austreibung der Türken von Konstantinopel und einigte sich darauf mit dem französischen Außenminister Pinchon. Der mit den Franzosen akkordierte „Curzonplan" wurde am 6.1.1920 dem britischen Kabinett vorgelegt, jedoch von der Mehrheit abgelehnt. Curzon protestierte dagegen, da dies bedeute, „die Türken in Konstantinopel zu belassen". Er bedauerte, dass „das Hauptziel, wofür der Krieg im Osten geführt und das Opfer in der Schlacht von Gallipoli gebracht worden ist – nämlich die Befreiung Europas von den osmanischen Türken – nach einem ungeheuerlich großen Einsatz von Gut und Blut just im Augenblick seiner Erreichung fallen gelassen wurde und dass wir unseren Nachkommen die Erfüllung einer Aufgabe unter wer weiß wie viel neuen Opfern und Leiden werden hinterlassen haben, vor der wir ausgewichen sind."[348] Dies schwächte die Position der Siegermächte gegenüber der kemalistischen Bewegung in der Türkei, die vom kommunistischen Russland unterstützt wurde und der es bald gelang, sich mit Italien und Frankreich zu arrangieren. Auf Seiten der Christen in der Türkei standen nach dem Schlaganfall Präsident Wilsons und dem Zerfall der

[347] Ebenda, 201-203.

[348] Nicolson: Nachkriegsdiplomatie (1934), 115f.

Kriegskoalition nur noch das zunehmend isolierte England und Griechenland.
Anfang 1920 kamen Curzon und der französische Außenminister Berthelot zu dem Resümee, es sei das Beste, die Türken aus Konstantinopel zu vertreiben; Bursa oder Konya sollte die neue türkische Hauptstadt werden. Der Sultan sollte in einer Art vatikanischer Enklave in Konstantinopel bleiben. Dann kam der große Rückschlag: in der Kabinettssitzung vom 9.1.1920 lehnte die konservative Mehrheit des britischen Koalitionskabinetts die Vorschläge von Lloyd George und Curzon hinsichtlich der Vertreibung der Türken aus Europa ab.[349] Der Hauptwiderstand kam vom britischen Indien-Minister Montagu, der Unruhen unter den indischen Muslimen fürchtete. Außerdem waren in der Regierungskoalition vor allem die konservativen Politiker eher türkenfreundlich. Montagu hatte dem Premier einen eigenen Entwurf zu einem Friedensvertrag geliefert, in dem die Türkei ebenfalls die Souveränität über Smyrna behielt. Venizelos kommentierte dies und forderte einen Schutz der Minderheiten, die nach seinen Ausführungen ein Viertel der Bewohner der Türkei ausmachte: 1.332.000 Griechen, 630.000 Armenier und 300.000 Vertreter anderer Nationalitäten. 478.000 Griechen lebten allein in den Vilayets Trapezunt, Sivas und Kastamani (Pontus), 384.000 in Bursa und Umgebung und 337.000 im Vilayet Konstantinopel und Umgebung. Die Rechte der religiösen Minderheiten, das Schulwesen usw. müssten auf jeden Fall im Friedensvertrag berücksichtigt werden.[350] In einem weiteren Memorandum war von zwei Millionen Christen in der Türkei die Rede, die geschützt werden müssten. Das im Weltkrieg erlassene „Gesetz über das abhanden gekommene Eigentum“, nach dem Türken die früheren armenischen und griechischen Besitzungen erhalten hatten, sollte widerrufen werden. Das Gebiet zwischen dem französischen Mandat Kilikien und Armenien sollte von den Franzosen kontrolliert werden. Bezüglich Armeniens wurden die gleichen Grenzen vorgeschlagen wie in den übrigen Gutachten.[351] Den Diplomaten

349 Churchill V (1929), 374.

350 Documents on British Foreign Policy 4 (1952), 1044-1047, Nr. 665.

351 Ebenda, 1047-1060, Nr. 665 (16.1.1920).

der beiden Großmächte war die tatsächliche Situation der ethnischen Verhältnisse in Kleinasien jedenfalls vollkommen klar; es gab kaum Abweichungen in den Beschreibungen der Situation.
Lloyd George und Curzon reisten im Januar 1920 nach Paris, um der französischen Regierung ihre Niederlage mitzuteilen und über das weitere Vorgehen zu beraten. Dort folgte der nächste Schlag, der die alliierten Pläne über den Haufen warf: Am 18.1.1920 trat Clemenceau zurück; bei den Präsidentschaftswahlen wurde er besiegt. Bei einer Besprechung am 19.1.1920 im französischen Außenministerium mit Lloyd George, Clemenceau, Nitti und Churchill schlug Lord Curzon vor, Georgien und Aserbeidschan anzuerkennen, nicht aber Armenien, dessen Zukunft erst durch den Friedensvertrag geklärt werden müsse. Churchill bezeichnete die Situation Armeniens als höchst prekär, da es im Norden von den Bolschewiken und im Süden von den Türken attackiert werde. Lloyd George erklärte, dass die USA 25 Millionen Dollar zur Verfügung gestellt hätten, die aber noch vom Kongress genehmigt werden müssten. Es wurde schließlich beschlossen, dass Armenien de facto anerkannt werden sollte, aber ohne Präjudizierung auf den Friedensvertrag; die Regierungen seien auch nicht in der Lage, drei Divisionen in den Kaukasus zu schicken.[352]
Alexander Millerand wurde neuer Premier Frankreichs, der selbst auch das Außenministerium übernahm. In den demokratischen Staaten USA, Großbritannien und Frankreich waren solche unvorhergesehenen Umschwünge immer möglich. Jetzt musste das Vorgehen der Alliierten neu ausgehandelt werden. Bemerkenswert ist auch, dass die von der kemalistischen Bewegung ausgehende Gefahr von den europäischen Regierungen unterschätzt wurde. Am 12.1.1920 eröffnete Sultan Mehmed VI. das neu gewählte türkische Parlament. In seiner Thronrede ging er auf die „griechische Aggression gegen Smyrna“ ein, das ein „unabtrennbarer Teil des Reiches“ sei.

[352] Documents on British Foreign Policy, 2 (1948), 922f, Nr. 77.2

14. Der Genozid an den Pontus-Griechen

Die griechische Bevölkerungsgruppe im Gebiet von Pontus am Schwarzen Meer wurde in drei Wellen vernichtet; die erste begann 1915 mit den ersten Umsiedlungsaktionen der Jungtürken. Diese Deportationen dauerten so lange, bis die Russen in der ersten Jahreshälfte 1916 die Stadt Trapezunt erreichten. Über 600 Flüchtlinge suchten im April 1916 Zuflucht im noch heute bestehenden Kloster Wassilona. Mit dem Vorwand, sie sympathisierten mit den Russen, wurden die Bewohner zahlreicher griechischer Dörfer im Gebiet von Sinope und Giresun deportiert; nach Ansicht des Erzbischofs Chrysanthos Philippides von Trapezunt drohte über 100.000 Griechen der Tod. In vielen Dörfern wurden griechische Frauen zwangsislamisiert. Österreichische und amerikanische Diplomaten protestierten dagegen bei der türkischen Regierung. Nach dem Zusammenbruch der russischen Front glaubten die Türken, jetzt keine Rücksicht mehr nehmen zu müssen. Erzbischof Chrysanthos von Trapezunt legte dem Patriarchat im Oktober 1918 einen umfassenden Bericht über die Massaker vor, ebenso der Bischof Polykarp von Neokessareia, der über die Massaker in Kolonia und Tokat berichtete. Im Mai 1919 besuchte der Archimandrit Panaretos das Pontus-Gebiet, um das Ausmaß der Massaker festzustellen. Mit der Ankunft Kemal Paschas in Pontus begann der Kampf der Briganten („Chettés") von Topal Osman mit dem Krieg gegen die Christen. Diese Taktik, mit den Chettés – also nicht regulären Einheiten der Armee oder Polizei – die Christen zu verfolgen, ermöglichte es der Regierung bis heute, immer wieder nach außen hin die „Unschuld" zu beteuern. Am 29.5.1919 erhielt Osman von Kemal den Auftrag zu seinen Mordaktionen.[353] Das ganze Unternehmen begann mit Massakern und der Deportation von Griechen aus der Stadt Samsun und 394 griechischen Dörfern in der Umgebung. Im Archiv des griechischen Außenministeriums werden zahlreiche Dokumente zu diesen Gräueln aufbewahrt; bis zum Kriegseintritt Griechenlands berichteten auch griechische Kon-

[353] Konstantinos Fotiadis: Der Völkermord an den Griechen des Pontos (2004), 185-219, hier 195f.

Nach Kilikien heimgekehrte Armenier (1919)

Bäuerinnen von Wagef

Ernte in Kischifli

suln über diese Ereignisse. Der amerikanische Botschafter Henry Morgenthau prangerte diese Unmenschlichkeiten an.[354] Mehr als 100.000 Griechen wurden von Herbst 1917 bis zum Kriegsende ermordet.[355]

Zwischen Februar und August 1920 wurden die Pontus-Griechen von kemalistischen Truppen und Chettés zum großen Teil vernichtet. Die 6000 Bewohner von Bafra, die sich in den Kirchen verschanzt hatten, verbrannten dort, als die Kemalisten die Kirchen anzündeten. Von den 25.000 Griechen in der Gegend von Bafra und Aazam wurden etwa 90 Prozent massakriert, der Rest ins Landesinnere deportiert. Die Elite wurde in Strafprozessen vor den so genannten „Unabhängigkeitsgerichten" in Amasya verurteilt und erschossen. Die schönsten Mädchen und Knaben wurden in die Harems gebracht. Aber auch an der Westküste Kleinasiens wüteten die Chettés 1920. Der Grieche Nikolaos Tsaikopulos beschreibt dies in dem Buch „Mein Dorf: Fulaziki (Nikomedeia), Kleinasien". Die letzten organisierten Gräuel fanden im Juni 1921 statt und wurden vom nationalistischen Gouverneur Jemil Bey mit Hilfe der Chettés durchgeführt.

Die Regierung setzte zwar eine Untersuchungs-Kommission ein, aber dem verantwortlichen Topal Osman geschah nichts.[356] Die Operationen der griechischen Flotte an der Schwarzmeerküste steigerten die Bemühungen der Türken zur „Endlösung" der „pontischen Frage". Am 27.7.1921 erhielt der britische Hochkommissar in Konstantinopel Kenntnis von den Massakern. Toynbee bezeichnete die Opfer in Pontus wie die Armenier in Kilikien als Opfer der Politik von Venizelos und Lloyd George.[357] Curzon sprach von schwerwiegenden Folgen, wenn die Türkei es verabsäume, den griechischen und armenischen Minderheiten

---

354 Henry Morgenthau: Ambassador Morgenthau's Story, Detroit 2003, 222f; vergl. dazu: Ioannis K. Hassiotis: The Armenian Genocide and the Greeks: Response and Records (1915-23), in: The Armenian Genocide, ed. by Richard G. Hovannisian, New York 1992, 129-151 u. Wilhelm Baum: Die Türkei und ihre christlichen Minderheiten, Klagenfurt 2005, 126-131.

355 Harry Tsirkinidis: Der Völkermord an den Griechen Kleinasiens (1914-1923), in: Verfolgung, Vertreibung und Vernichtung der Christen im Osmanischen Reich 1912-1922, hg. v. Tessa Hofmann, 2004, 135-176, hier 142f.

356 Toynbee (1923), 289.

357 Ebenda, 313. u. Documents on British Foreign Policy 17 (1970), 331, Nr. 321.

nach der schlechten Behandlung in der Vergangenheit keinen Schutz zu gewähren. Am 4.8.1921 berichtete Curzon an Lord Hardinge in Paris über muslimische Exzesse gegen die Christen in Pontus, die sich in der Form der Deportationen und Massaker nicht von den Ereignissen während des Krieges unterschieden; es wurde klar, dass die kemalistische Regierung die Ausrottung der Christen plante. Solange diese Gräuel andauerten, lehnte England jede Verhandlung mit den Kemalisten ab.[358] In Bafra spielten die Chettés Katz und Maus mit den noch nicht deportierten Griechen. Es kam aber auch vor, dass die Gräuel von den militärischen Führern unterbunden wurden. Nikolaos, der Statthalter des Patriarchates, beklagte sich Anfang Oktober 1921 beim britischen Hochkommissar Rumboldt über die Exekutionen von 79 Notabeln der Griechen in Samsun, die von den Türken beschuldigt wurden, sich für die Unabhängigkeit einer „Republik Pontus" eingesetzt zu haben; sie könnten nicht zusehen, wie die griechische Rasse ausgerottet würde.[359] Am 18. und 22.10.1921 berichtete die „Times" über die Massaker. Vergeblich appellierten die Schriftsteller und Künstler Griechenlands am 22.11.1921 an die Welt. Unterdessen hatten die Türken die Griechen, die vor dem Krieg an der Schwarzmeerküste in Pontus lebten, bereits im Sommer 1921 zum überwiegenden Teil systematisch ermordet. Ihre Lage verschlechterte sich zusehends, seitdem Nurettin Pascha Kommandeur der neuen Zentralarmee wurde, ein grausamer und xenophober Schlächter, der mit Zustimmung Mustafa Kemals alle Männer von 18 bis 50 ins Landesinnere deportieren ließ. Die Massaker wurden von der griechischen Flotte im Schwarzen Meer mit der Beschießung von Küstenstädten beantwortet. Auf einen Protest des amerikanischen Hochkommissars wegen der Massaker leugnete Kemal diese und meinte, es seien nur die deportiert worden, die Waffen getragen hätten.[360] Hochkommissar

---

[358] Ebenda, 344, Nr. 333: „Reports have reached me of grave Moslem excesses in Anatolia against Christian inhabitants especially in Pontus region. They include wholesale deportations and massacres differing only in scale from those of the war period. Though it is impossible to verify details there is no doubt that the Angora authorities are systematically pursuing the policy of extermination, and it is incumbent on the Allies to do everything they can to stop these barbarities."

[359] Ebenda, 433-438, Nr. 410.

[360] Ebenda, 348f, Nr. 340 (10.8.1921).

Rumboldt berichtete auch von Verschleppungen von Christen aus Antalya, von 300 Griechen aus Trapezunt, ins Landesinnere.[361] Das griechische Kriegsschiff „Kilkis“ beschoss den Hafen Ineboli. Vor einem Gericht in Samsun wurden zwischen August und Dezember 1921 485 Todesurteile gefällt.[362] Die Griechen bildeten Geheimbünde, die muslimische Dörfer angriffen und vergeblich auf eine Invasion der Griechen warteten.[363] Die Griechen konzentrierten jedoch alle Kräfte an der Sakarya-Front.
Der Genozid an den Pontus-Griechen wurde auch im britischen Parlament und im US-Senat erörtert. Am 7.11.1921 befasste sich das britische Unterhaus mit der Frage des Genozids in Pontus. Der irische Abgeordnete Thomas Power O'Connor fragte dabei, was die Regierung gegen diese Massaker und im Fall eines Abzuges der Franzosen in Kilikien unternähme. Am 22.12.1921 erörterte auch der amerikanische Senat die Problematik der Deportation der Griechen, dabei hieß es: „Hunderttausende wurden niedergemetzelt oder von ihren Wohnstätten entwurzelt und in Wüsten und unfruchtbare Landstriche geführt, wo der Tod eine Erlösung von den Schrecken und der Folter, der sie ausgesetzt waren, bedeutete.“[364] Im griechischen Parlament fand am 18.5.1922 eine Sondersitzung über die Vertreibung der Griechen aus Kleinasien statt, bei der Außenminister Alexander Baltazzis über die Geschehnisse berichtete. Der türkische General Ismet Inönü gab die Massaker am 21.5.1922 auf einer Sitzung des türkischen Parlamentes zu: „Der Nationalpakt wird keinen Griechen ungestraft lassen, und wir werden sie auch nicht länger auf türkischem Boden Handel treiben lassen. Wir werden sie vertreiben, Venizelos und Lloyd George; sie sollen wissen, dass uns die Flotte Englands keine Angst einjagt, der Orient hat eine Armee und viele Waffen zur Verfügung.[365]
Insgesamt wurden in Pontus mehr als 353.000 Griechen umgebracht.[366] Auch die türkische Nationalversammlung beschäftigte

[361] Ebenda, 350f, Nr. 343 (10.8.1921).
[362] Mango (2004), 330f
[363] Documents on British Foreign Policy 17 (1970), 397, Nr. 389 (21.9.1921).
[364] Fotiadis (2004), 202.
[365] Ebenda, 205f.
[366] Ebenda, 209.

sich mit den Massakern; am 21.8.1922 distanzierte sich der Abgeordnete Hakki Hami Bey von Sinope davon: „Unser Antlitz wird wegen der Umsiedlung für ewig von Schande befleckt sein. Wenn die Umsiedlungen vorgenommen werden, damit menschliche Seelen ermordet werden, ... ist dies eine zutiefst verabscheuenswürdige Sache. Vor den Augen der gesamten Welt beschmutzen uns diese Taten.“[367] Auch auf türkischer Seite gab es neben Nationalisten andere Menschen, die sich von der Politik ihrer politischen Führer und ihrer Propaganda distanzierten. Pontus-Griechen-Vereine bemühen sich heute, diese Vergehen zu dokumentieren.[368] Konstantin Fotiadis sammelte in 16 Bänden Chroniken und Augenzeugenberichte über den Genozid an den pontischen Griechen. Der 19. Mai als der Gedenktag der Pontus-Griechen wird noch heute z.B. bei den Nachkommen in Australien gefeiert. In der Literatur wurde das Schicksal der in Kleinasien verschleppten Griechen in den Sklaven-Bataillonen vor allem von Elias Venesis in seinem Roman „Nr. 31328. Leidensweg in Anatolien“ beschrieben. Sano Themia Halo war die Tochter einer pontusgriechischen Frau, die 1920 als Zehnjährige aus ihrem Heimatdorf verschleppt wurde; nach ihrer Umbenennung wurde sie mit 15 Jahren in die Ehe gegeben und folgte ihrem dreifach älteren Ehemann in die USA. Jahrzehnte später reiste sie mit ihrer Tochter Thea Halo nach Pontus, um ihr Elternhaus zu suchen. In den USA veröffentlichte die Tochter ihre Memoiren („Not even my name“; sie konnte nicht einmal den richtigen Namen bewahren).[369] Elia Kazan (Kasanioğlu), der 1909 in Konstantinopel als Sohn eines griechischen Teppichhändlers geboren wurde und 1913 mit seinen Eltern in die USA kam, verewigte die Geschichte der Flucht seines Onkels aus Anatolien 1963 in dem Film „America, America“. In Griechenland, Zypern, New Jersey, Florida, Massachusetts, Pennsylvania und Illinois werden die Massaker von Pontus als Genozid anerkannt.

[367] Ebenda, 207.

[368] http://www.greece.org/genocide/quotes/q-he-turk-mehmetazit-order.html u. http://www.diaspora-net.org/

[369] http://www.notevenmyname.com/

15. Die Londoner Verhandlungen (Februar bis April 1920): „27 Divisionen wären nötig…“

Nach dem Rücktritt Clemenceaus vertrat sein Nachfolger Alexandre Millerand als Ministerpräsident Frankreich bei den Londoner Verhandlungen (12.2.-10.4.1920), bei denen beschlossen wurde, den Türken Konstantinopel zu belassen.[370] Lloyd George ärgerte sich, dass man die einzigartige Situation verstreichen lasse, Europa von „dieser Pest und Quelle vielen Ärgers“ zu befreien. Eine internationale Kommission sollte die Meerengen kontrollieren. Zur Diskussion standen auch das Schicksal Armeniens und die finanzielle Kontrolle der Türkei in den entsprechenden Einflusszonen. England und Frankreich stellten die Gültigkeit des Vertrages von St. Jean de Maurienne in Frage. Gegen italienischen und französischen Druck verteidigte Lloyd George auch diesmal die Sache der Griechen.[371] Millerand aber erklärte, vor einem stabilen Friedensvertrag müssten die Griechen Smyrna verlassen.[372] Lloyd George erklärte, Venizelos sei im Krieg ein treuer Freund der Entente gewesen und habe in der Auseinandersetzung mit dem König viel riskiert. Er verstehe nicht die Gründe, warum man Smyrna den Türken überlassen wolle; eine derartige Politik könne man genauso auf Mesopotamien, Syrien und Armenien anwenden. Bis 1914 sei die Mehrheit in Smyrna griechisch gewesen, die Stadt sei ganz von den Griechen geprägt. Die Entente solle froh sein, in Kleinasien einen Brückenkopf zu haben. „Wir haben die Armenier und Araber von der türkischen Souveränität befreit, und wir sollten das auch bei den Griechen tun.“ Venizelos und Lloyd George brachten es zwei Tage später fertig, ihre Position durchzusetzen, dass die Griechen die Zone von Smyrna bei nomineller Oberhoheit der Türken behalten können sollten. Smyrna wurde im Entwurf für den Friedensvertrag der Status eines Freihafens zugedacht.[373] Bezüglich der Zwangsislamisierungen wurde festgesetzt, dass

---

370 Nicolson: Nachkriegsdiplomatie (1934), 187.

371 Ebenda, 119f.

372 Documents on British Foreign Policy, 7: 1920, (1958), 54, Nr. 7.4.

373 Ebenda, 128, Appendix 2 zu Nr. 14 (16.2.1919).

Das Sykes-Picot-Abkommen (1916)

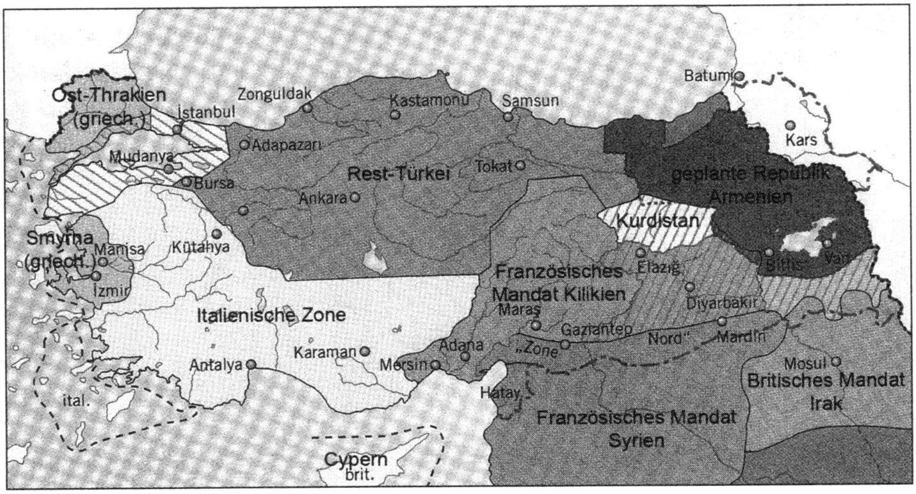

Die Aufteilung der Türkei in Interessen-Sphären durch die Alliierten

alle Konversionen ab dem 1.8.1914 als nichtig erklärt wurden; die Betroffenen konnten den unter Zwang erfolgten Übertritt rückgängig machen. Die Bevölkerung im besetzten Gebiet bezifferte Venizelos mit 590.000 Griechen, 350.000 Türken und 90.000 Armeniern.[374] Bei weiteren Verhandlungen wurde festgehalten, dass die Verwaltung von Smyrna „predominantly“ griechisch sein sollte, dass die griechische Zone aber nicht zu weit ausgedehnt werden sollte. Man wollte aber auch verhindern, dass eine gedemütigte Türkei in die Arme Deutschlands getrieben werde. Italien, das zeitweise angeboten hatte, ein Mandat über den Kaukasus zu übernehmen, zog dies jetzt endgültig zurück.[375] Die Konferenz diskutierte schließlich über die Frage, ob Deputierte aus Smyrna im griechischen Parlament sein könnten, wenn die Türkei eine formale Souveränität behalte. Es wurde vorgeschlagen, in Smyrna ein eigenes Parlament für alle Volksgruppen einzurichten.[376] Venizelos erklärte dem Rat, dass die Türken weniger als ein Drittel der Bevölkerung ausmachten. Er zitierte Geographen, die Westkleinasien und Griechenland als „Ägäis“ bezeichneten. Die griechische Bevölkerung müsse vor einem Anschluss an die Türkei geschützt werden. Die Frage der Entsendung von Abgeordneten müsse nicht sofort entschieden werden. Aber er ersuche den Rat, das Gebiet von türkischer Souveränität zu befreien und ein unabhängiges Territorium zu schaffen. Das Volk solle dann später entscheiden, ob es seine Abgeordneten nach Athen schicken wolle oder nicht.[377] Offensichtlich schwebte ihm hier das Beispiel seiner Heimat Kreta vor Augen, das zuerst von der Türkei unabhängig wurde und sich dann Griechenland anschloss.

Der italienische Premier Nitti warnte hingegen vor einem Krieg mit der Türkei, die auch in Libyen eine nominelle Souveränität beibehalten habe. Millerand betonte, er habe das Gebiet zunächst der Türkei zurückgeben wollen und neige jetzt zum Kompromiss. Niemand wolle einen neuen Krieg. Lloyd George warf die Frage des Besteuerungsrechtes bei Beibehaltung der

[374] Ebenda, 63-69, Nr. 8 (16.2.1919) u. Helmreich (1974), 260

[375] Documents on British Foreign Policy, 7: 1920, (1958) , 162, Nr. 18.3 (20.2.1919).

[376] Ebenda, 219, Nr. 24.3 (24.2.1920).

[377] Ebenda, 226f, Nr. 24.6 (24.2.1920).

türkischen Souveränität auf. Sei es nicht genug, dass man den Türken Konstantinopel zurückgebe? Eine provisorische Lösung bringe große Probleme mit sich. In Smyrna sei die Mehrheit griechisch, hier seien die Verhältnisse anders als in Kilikien oder Antalya. Premier Nitti sprach von 325.000 Muslimen, 375.000 Griechen, 18.000 Armeniern und 40.000 Juden im Bereich von Smyrna; dies hatte Professor Magie von der amerikanischen Friedensdelegation in Paris errechnet. Lord Curzon schlug dann eine Formulierung vor, die zum größten Teil in den späteren Friedensvertrag einging: Die Türken sollten eine nominelle Souveränität behalten, die Verwaltung sollte griechisch sein, ein lokales Parlament aus Griechen und Türken sollte nach zwei Jahren das Gesuch um den Anschluss an Griechenland an den Völkerbund stellen, der dann eine Volksabstimmung ansetzen konnte.[378] Venizelos kommentierte dies mit dem Einwand, eine türkische Flagge in der Stadt Smyrna könnte den Eindruck erwecken, als ob es sich um eine türkische Stadt handle.
Griechen in der Region von Aydin kamen jetzt unter türkische Herrschaft, und die Stadt Akhissar (14.500 Türken, 9586 Griechen und 882 Armenier) wurde griechisch, Kirkaghatch (35.373 Türken, 5173 Griechen) und Soma (5000 Türken, 1890 Griechen) türkisch. Die Kommission für die Festlegung der Grenzen der Okkupationszone hielt auch fest, dass in einem Friedensvertrag mit der Türkei die religiösen Rechte der Muslime, Juden und nicht-orthodoxen Christen festgelegt werden müssten.[379] Es kam auch zu Reibereien unter den Alliierten, die sich nicht immer an die Vereinbarung hielten, in Konstantinopel nur gemeinsam vorzugehen. Man beschloss daher die Geheimhaltung des zukünftigen Schicksals von Smyrna bis zur Klärung aller Fragen. Bei den Bemühungen, mehr als 120.000 griechische Flüchtlinge aus Kleinasien im Bezirk von Smyrna zu repatriieren, kam es auch zu Vertreibungen von Türken.[380] Zwischen 200.000 und 325.000 Türken dürften die Okkupationszone verlassen haben; auf ihren Besitzungen wurden Griechen angesiedelt.[381]

---

378 Ebenda, 229-233, Nr. 25.1 (24.2.1920).

379 Ebenda, 244-247, Nr. 26 (21.2.1920).

380 Toynbee (1923), 167f.

381 Ebenda, 169.

In Kilikien fanden die Franzosen sich bald einer zunehmenden Opposition gegenüber. Die französischen Truppen wurden zu einem Drittel von Armeniern gebildet, was eine Ursache für die folgenden Armenier-Massaker in diesem Gebiet war.[382] Bald aber traf die Nachricht von der Kapitulation der Franzosen in Marasch und Urfa (Edessa) ein. Die Massaker an den Armeniern in Kilikien führten schließlich zur erwähnten Besetzung Konstantinopels durch die Alliierten am 16.3.1920.[383] Etliche kemalistische Abgeordnete wurden gefangen genommen und von den Engländern nach Malta gebracht. Andere flüchteten zu Kemal, der in seinem Machtbereich englische Offiziere gefangen nehmen ließ. Die Kemalisten vertrieben die Italiener aus Konya und die Engländer aus Eskisehir. Kritische Beobachter wie der britische Hochkommissar John de Robeck von Konstantinopel meinten, die Türken würden die Besetzung Smyrnas und ein unabhängiges Armenien niemals akzeptieren.[384] Man beschloss, ein Gutachten von General Foch einzuholen, wie viel Soldaten man brauchen würde, um den Frieden gegen die Türken durchzusetzen; Foch antwortete am 30.3.1920, dazu seien 27 Divisionen notwendig.[385] Da eine Division 15.000 Mann groß sei, würden dies 405.000 Soldaten ausmachen. Churchill kritisierte in einem Brief die Politik von Venizelos und betonte, dass nur die griechische Armee diese Politik verteidigen könne.[386] Venizelos kam am 19.3.1920 in London mit Churchill und General Wilson zusammen, die ihm erklärten, dass England ihm militärisch nicht helfen könne. Wilson meinte sogar, ein derartiger Krieg zwischen Griechenland und der kemalistischen Türkei könne 10 oder 15 Jahre dauern und Griechenland ruinieren. Venizelos aber vertraute auf die Rückendeckung von Lloyd George, der ihm erklärte, dass er

---

[382] Helmreich (1974), 252f.

[383] Churchill V (1929), 375.

[384] Nicolson: Nachkriegsdiplomatie (1934), 120f.

[385] Documents on British Foreign Policy 7, (1958), 58, Nr. 7.1 (20.4.1920): "The experts had frankly preferred the second alternative, for, if these strategical areas were to occupy by the Allied troops an extra eight divisions would be required, making a total of twenty-seven."

[386] Churchill V (1929), 377f: 24.3.1920: „I am also very anxious about your policy towards Turkey."

auch auf Italien und Frankreich nicht zählen könne; auch das eigene Außenministerium und der Generalstab seien gegen eine Unterstützung der Griechen. Auf die Frage, ob er glaube, dass Griechenland allein in der Lage sei, den Frieden durchzusetzen, antwortete Venizelos, mit Unterstützung Englands sei Griechenland dazu in der Lage; er hoffe auf eine vergrößerte griechische Zone und die unabhängige Pontus-Armenien-Föderation.[387]
General Robeck wandte sich an die Regierung und betonte, ein Friedensvertrag müsse mit der Selbstbestimmung der Völker übereinstimmen und betonte, dass die Türken in der griechischen Zone in der Mehrheit seien; seit Mai 1919 sei die Besetzung Smyrnas das Krebsgeschwür im Nahen Osten. Er mahnte auch, alles zu tun, um Venizelos in Griechenland an der Macht zu halten, wo es keine adäquaten Nachfolger gebe. Besonders aber warnte er davor, die Türken in die Hände der Bolschewiken zu treiben, die hunderttausende von Menschen auf dem Gewissen hätten. Lord Curzon ließ den Brief Robecks im Kabinett herumgehen und warnte Lloyd George davor, auf der Konferenz in San Remo einen Beschluss gegen Frankreich, den Foch-Report, den Generalstab und die lokalen Experten zu fassen. Venizelos hoffte auf strenge Bestimmungen gegen die Türkei, die Griechenland mit Unterstützung der Alliierten durchsetzen würde.
Im Endeffekt wurde beschlossen, dass nach dem Friedensvertrag der größte Teil Ost-Thrakiens an Griechenland fallen würde; hier machte sich wieder der Grundsatz bemerkbar, dass der, der nicht da war – die USA – auch keinen Einfluss ausüben konnte! Smyrna sollte zwar unter türkischer Souveränität bleiben, die sich aber allein dadurch zeigen sollte, dass im Fort außerhalb der Stadt die türkische Flagge wehen sollte. Die griechische Zone wurde gegenüber den Vorschlägen des Generals Milne vom September 1919 vergrößert, im Bereich von Aydin jedoch verkleinert. Die Zone sollte eine griechische Garnison und Verwaltung haben. Die Premiers Nitti und Millerand waren jedoch dagegen, dass Abgeordnete von Smyrna im griechischen Parlament sitzen sollten. Es wurde jedoch beschlossen, dass in einem lokalen Parlament Griechen und Türken vertreten sein sollten. Nach zwei Jahren sollte es möglich sein, den Völkerbund

[387] Nicolson: Nachkriegsdiplomatie (1934), 124.

anzurufen, um das Gebiet mit Griechenland zu vereinigen. Der Völkerbund sollte dann eine Volksabstimmung durchführen.[388] Gegen diese Regelung erhoben die Hochkommissare Protest, vor allem General de Robeck, der kritisierte, dass man nach den Methoden, die die Griechen bei der Annexion an den Tag gelegt hätten, so nicht handeln könnte.

Auf der Außenministerkonferenz vom 25.3.1920 wurde der Smyrna betreffende Teil des Friedensvertrages genehmigt; so lange die vorläufige Regelung gelte, sollten im Gebiet um Smyrna keine Rekruten der griechischen Armee ausgehoben werden.[389] In der Diskussion über den Armenien betreffenden Teil des Friedensvertrages mit der Türkei kam die Kommission in London wiederum auf die Frage der Grenzen und einen Friedensentwurf zu sprechen, der bereits von den Briten und Italienern genehmigt war und jetzt den Franzosen und Japanern vorgelegt wurde. Darin ging es auch um die Verantwortung des Völkerbundes. Der geplante Freistaat oder auch nur Freihafen Batumi sollte nur etwa 50 mal 20 Kilometer groß werden und durch einen schmalen Korridor durch das Chorok-Tal und das Tal von Imer Keri an Armenien grenzen; auch Aserbeidschan sollte so einen Zugang zum Meer erhalten. Dies alles setzte jedoch ein gutes Verhältnis zwischen Armenien und Georgien voraus. Armenien sollte auf jeden Fall den Minderheiten im eigenen Staat alle Rechte garantieren.

Auf der Konferenz kamen auch die neuerlichen Massaker der Türken an tausenden Armeniern in Kilikien und um Marsch zur Sprache; etwa ein Drittel der französischen Streitkräfte hier bestand aus Armeniern. Die Kemalisten hatten seit Januar 1920 auch die Kontrolle über das Parlament und die Sultans-Regierung in Konstantinopel übernommen. Kemal hatte sich zum Gouverneur von Erzerum ernennen lassen, das die Alliierten auf jeden Fall an Armenien geben wollten. Lloyd George und Curzon verlangten daher eine Bestrafung der Regierung in Istanbul mit Hilfe der britischen Flotte. Dagegen gab es massiven Widerstand von der Seite Winston Churchills, der erklärte, dass die alliierten Kräfte viel zu schwach seien, um das türkische Hinterland zu kontrol-

388 Helmreich (1974), 266-268.

389 Documents on British Foreign Policy, 7 (1958), 638f, Nr. 71.2 (25.3.1920).

lieren und sich hier militärisch gegen die Kemalisten durchzusetzen.[390] Lloyd George erwiderte, die Alliierten hätten 160.000 Mann, davon waren 90.000 Griechen; die kemalistische Armee wurde auf 80.000 Mann eingeschätzt. Lloyd George meinte zynisch, zwei Alliierte würden wohl mit einem Türken fertig werden. Die Hochkommissare unterstützten Churchill. Eine Aktion gegen Konstantinopel könne die Lage in Kilikien nicht beeinflussen. Sie meinten, man müsse den Einfluss des Sultans stärken und den Türken einen milderen Frieden mit der Aufgabe Smyrnas und Ost-Thrakiens vorschlagen. Niemand konnte damals ahnen, dass die Auseinandersetzung erst nach drei weiteren Jahren und tausenden Toten genau auf diese Weise enden würde!
Die USA waren bei der Konferenz nicht vertreten, aber Präsident Wilson antwortete auf den englischen Vorschlag, sich an der Besetzung Konstantinopels zu beteiligen, er protestiere dagegen, diese Stadt den Türken zu überlassen. Die amerikanische Presse hatte über die Massaker der Kemalisten an den Armeniern in Kilikien berichtet.
Präsident Wilson bestand im März 1920 auf einem größeren Armenien, das Trapezunt umfassen müsse und beklagte sich über die Abtretung ganz Thrakiens an Griechenland.[391] Den nördlichen Teil von Ost-Thrakien mit Adrianopel aber wollte er Bulgarien zuteilen – was von den übrigen Alliierten abgelehnt wurde.[392] Curzon betonte, im Bezirk Adrianopel lebten 53.000 Muslime, 36.000 Griechen und 15.000 andere (darunter Bulgaren), was den Anschluss an Griechenland nahe lege. Insgesamt lebten in Ost-Thrakien 313.000 Griechen und 225.000 Türken.[393] Wilson wollte die Türken vollständig aus Europa vertreiben. Wilson ließ mitteilen, Armenien müsse unbedingt einen Zugang zum Meer haben; Lazistan reiche da wohl nicht aus; Venizelos habe stets betont, die Griechen von Trapezunt bevorzugten den Anschluss

---

390 Helmreich (1974), 279.

391 Ebenda, 284.

392 Documents on British Foreign Policy, 7 (1958), 666f, Nr. 74.3 (29.3.1920).

393 Ebenda, 680, Nr.75 (30.3.1920); vergl. dazu: Alexis Alexandris: The Greek Census of Anatolia and Thrace (1910-1912). A Contribution to Ottoman Historical Demography, in: Ottoman Greeks in the Age of Nationalism, ed. by D. Gondicas u. Ch. Issani, Princeton NJ 1999, 45-76..

an Armenien.[394] Die Verbündeten aber reagierten kaum auf die amerikanischen Proteste, da die USA sich selbst an keiner Aktion beteiligen wollten und der Präsident nach seinem Schlaganfall vom September 1919 in den USA zunehmend an Einfluss verlor. Wer sich der Konfrontation nicht stellte, musste damit rechnen, dass seine Argumente auch nicht ernst genommen wurden.
Die armenischen Verhandlungsführer Aharonian und Boghos Nubar waren ebenfalls in London. Sie legten der Konferenz am 25.3. einen Bericht über die in der Türkei gefangenen mehr als 100.000 armenischen Frauen und Kinder vor, die von den Türken versklavt worden waren. Es wurde beschlossen, das Anliegen der Befreiung der Versklavten in den Friedensvertrag aufzunehmen. Weiters machten die Armenier darauf aufmerksam, dass die Türken begonnen hatten, die überlebenden Armenier in Bogazliane im Vilayet Ankara zu erfassen. Hier wollte die Konferenz sich nicht engagieren. Auch die Verankerung der Minderheitenrechte in Armenien wurde diskutiert.[395] Schließlich forderten die Armenier noch eine Restitution des in der Türkei unter dem Titel „Gesetz über die verfallenen Güter" beschlagnahmten Eigentums an die Republik Armenien, besonders auch der armenischen Kirchen.[396] Die Konferenz beschloss, dass diesbezüglich Armenier und Griechen gleich behandelt werden sollten. Inzwischen hatten Griechenland und Bulgarien einen Austausch der gegenseitigen Minderheiten vereinbart – ein Vorgeschmack auf die kommende Phase der „ethnischen Flurbereinigungen". Die Alliierten lehnten eine Ausweitung dieser Politik auf Kleinasien ab, zu der es aber 1923 trotzdem kommen sollte! Venizelos betonte, in Thrakien habe es sich um 60.000 Personen gehandelt – in der Türkei aber gehe es um eine Million![397] Italien und Frankreich waren mit dem Ergebnis der Londoner Konferenz unzufrieden, weil sie wenig erreicht hatten. England, das den größten Teil des Militärs bei der Besetzung Konstantinopels gestellt hatte, war der eigentliche

---

[394] Lloyd George II (1938), 1299: „Armenia' s boundaries therefore should be fixed in such a way as to recognise all the legitimate claims of the Armenians."

[395] Documents on British Foreign Policy, 7 (1958), 717f u.727f u. 730, Appendix 3, 4 u. 6 zu Nr. 78 (7.4.1920).

[396] Ebenda, 732, Nr. 79.1 u. 737f, Appendix 1 zu Nr. 79 (27.3. u. 10.4.1920).

[397] Ebenda, 733f, Nr. 79.4 (10.4.1920).

Sieger der Konferenz. Es war zu erwarten, dass die türkischen Nationalisten vor allem die Okkupation von Smyrna nicht hinnehmen würden.

16. Die Konferenz von San Remo (19.-26.4.1920)

Noch während der Friedensverhandlungen kam es im April 1920 in San Remo beinahe zum Bruch zwischen den Alliierten. Venizelos war sich der Unterstützung von Lloyd George sicher, Frankreich brauchte England für seine Wünsche zur Niederhaltung Deutschlands. Venizelos drohte mit der Landung in Ismid und erhielt dann am 21.6.1920 von Lloyd George und dem neuen französischen Ministerpräsidenten Millerand die Erlaubnis zu einer „konzertierten Aktion" in Smyrna, obwohl militärische Kreise vor einem Alleingang Griechenlands warnten. Englische Militärs hielten Griechenland für nicht stark genug, sich gegenüber den türkischen Nationalisten im eigenen Land durchzusetzen.
Auf der Konferenz von San Remo wurde der Friedensvertrag vom 19. bis 26.4.1920 mit der Türkei in Anwesenheit von Lloyd George und Venizelos endgültig fixiert; er enthielt ein unabhängiges Armenien und eine Regelung der griechischen Zone um Smyrna (Izmir). Angesichts der Drohung der türkischen Nationalisten erhielt die armenische Frage noch einen weiteren Aspekt, bot ein eigenständiges Armenien doch die Möglichkeit einer Macht, die gegen die Türken eingesetzt werden konnte. Es wurde auch diskutiert, ob nach dem Ausscheiden der USA aus der Entente ein anderes Land in Frage für ein Mandat käme oder ob es möglich sei, ihre Parlamente dazu zu bewegen, Mandate mit schwerwiegenden militärischen Verpflichtungen in Armenien zu übernehmen. Lloyd George bezweifelte das.[398] Eine Protektion durch den Völkerbund erschien zu vage zu sein, da der Völkerbund über keine eigenen Truppen verfügte.
Der italienische Ministerpräsident Nitti schlug vor, zunächst die Grenzfrage bezüglich Armenien, Smyrna, Syrien und Thrakien zu beraten. Nitti verlas ein Telegramm des Hochkommissars von Konstantinopel, dass seit Kriegsbeginn die Mehrheit der Griechen vertrieben worden sei. Verhandelt wurde auch über das Schicksal Kurdistans und über die „some 100.000" Christen, die aus der Türkei und Persien in den Irak geflohen waren und auf Kosten Englands in Bakuba bei Bagdad lebten. Die Vertreter der Assyro-Chaldäer waren auch in Paris und London und jetzt in San Remo

[398] Lloyd George II (1938), 1302.

präsent und verfolgten die Friedenskonferenz.[399] Der Völkerbund wandte sich mit einem Memorandum an die Konferenz, die ganze Welt nehme Anteil am Schicksal der Armenier. Der Völkerbund selbst könne aber kein direktes Mandat übernehmen. Am besten wäre es, wenn eine Großmacht das Mandat übernehme. Der britische Vertreter Fischer schlug neben den USA auch Norwegen für das Mandat vor. Wichtig sei die Finanzierung des Projektes, der Schutz und der Zugang zum Meer. Der Nucleus des armenischen Territoriums sei Russisch-Armenien, betonte Curzon, aber es müssten auch türkische Gebiete hinzukommen. Im Augenblick sei alles noch zu spekulativ. Curzon meinte, die Großmächte zögerten wohl, weil sie Verwicklungen mit der Türkei fürchteten. Wenn die 20.000 bis 30.000 Mann der armenischen Armee durch Norwegen verstärkt würden, könnte es für die Verteidigung reichen. Da Lazistan nur zwei kleine Häfen habe, müsse Armenien einen Zugang zu Batumi erhalten. Nitti gab zu bedenken, dass eine Abtretung Erzerums den Krieg mit Mustafa Kemal zur Folge haben werde. Weder Frankreich noch Italien könnten Truppen schicken; je größer Armenien würde, desto größer würden die Schwierigkeiten werden. Lloyd George betonte, vor dem Krieg hätten die Griechen in Thrakien und Smyrna die Mehrheit gehabt. In Türkisch-Armenien war die Mehrheit jedoch muslimisch, auch in Erzerum. Die Mehrheit werde nicht bereit sein, die Stadt Armenien zu übergeben. Die Frage des Mandats für Armenien hänge nicht direkt mit dem Friedensvertrag zusammen und könne auch später gelöst werden. Curzon betonte, im Friedensvertrag müsse die Türkei Armenien anerkennen.[400]
Die Stadt Erzerum wurde von beiden Seiten als Symbol angesehen; darum ließ Mustafa Kemal sich formal zum Gouverneur von Erzerum ernennen. Würde man Erzerum im Friedensvertrag den Armeniern geben, sei zu befürchten, dass die Türken ihn nicht unterzeichnen würden, meinte Lloyd George. Im Vilayet Erzerum lebten 673.000 Muslime, 8500 Griechen und (immer noch) 135.000 Armenier.[401] Auf der einen Seite würde Armenien vom „halb zivilisierten“ Aserbeidschan bedroht, auf der anderen

[399] Documents on British Foreign Policy 8, (1958), 43f, Nr. 5.4 (19.4.1920).

[400] Ebenda, 46-50, Nr. 6.2 (20.4.1920).

[401] Ebenda, 94, Nr. 10.2 (22.4.1920).

Seite von den Kurden. Wilson wolle ein größeres Armenien, aber er wolle es nach Süden ausdehnen und nicht nach Westen. Es sei auch problematisch, ob Armenien ein größeres Territorium erobern könne, wo es sich doch kaum behaupten könne. Lloyd George stimmte mit Nitti darin überein, dass es in Anatolien ein Zentrum für den türkischen Nationalismus gebe, das es schwierig für die Verbündeten mache, ein Armenien zu schaffen, das sich verteidigen könne. Er sei auch nicht in Übereinstimmung mit dem Außenministerium und den Botschaftern, die Lord Curzon unterstellt seien. Berthelot, der Generalsekretär im Außenministerium, erklärte, bei der Londoner Konferenz habe man besonders die Frage Erzerum diskutiert. Die Amerikaner wollten ein zu großes Armenien, das mit der Realität unvereinbar sei. Erzerum habe keine armenische Mehrheit gehabt, aber man könne diese starke Festung nicht in türkischer Hand lassen. Man überlegte, was zu tun sei, wenn Armenien keinen Zugang zum Meer habe. Lloyd George diskutierte auch die Frage, wer Erzerum für Armenien erobern sollte, wofür etliche Divisionen notwendig seien. Berthelot erklärte, die Amerikaner wollten auch Trapezunt zu Armenien geben; man sollte Wilson daher fragen, welchen Beitrag er dazu liefern könne.[402] Berthelot betonte, es könne unmöglich ein neuer Staat Armenien ohne Erzerum geschaffen werden.[403] Er stimme nicht mit Lloyd George überein, dass die Türkei deswegen den Vertrag nicht unterzeichnen werde. Die Alliierten fühlten sich an ihr Versprechen gebunden, Erzerum den Armeniern zu geben, obwohl man einen „Hl. Krieg“ der Muslime befürchten müsse. Wahrscheinlich könnte Armenien ohne Erzerum genauso bestehen wie ohne Trapezunt. Eine starke Mandatsmacht wie die USA könnte auch die Minderheiten beschützen. Millerand und Lloyd George schlugen am 24.4. vor, dass Erzerum bis zur Entscheidung Wilsons neutralisiert werden sollte. Nitti wollte Armenien nur bis zum Van-See reichen lassen. Die türkisch-armenische Grenze sollte jedoch von beiden Seiten akzeptiert werden.[404] Lord Curzon erklärte, in London habe eine Kommission unter seinem Vorsitz

---

[402] Lloyd George II (1938), 1313.

[403] Ebenda, 1304 f. u. Documents on British Foreign Policy, 8 (1958), 138f, Nr. 13.3. (23.4.1920).

[404] Documents on British Foreign Policy 7, (1958), 158, Nr. 15.1 (24.4.1920).

ebenfalls Erzerum Armenien zugesprochen. Der Bezirk Erzerum habe vor dem Krieg 360.000 türkische und 160.000 armenische Bewohner gehabt. Die armenische Bevölkerung sei über eine lange Zeit von Jahren durch eine Serie von Massakern dezimiert worden. Die Gründe für die Zuerteilung seien eher strategisch als moralisch; wenn man es den Türken überlasse, werde ein unabhängiges Armenien unmöglich. Angesichts der panturanischen Bestrebungen habe man zwischen die Türkei und die muslimische Welt einen christlichen Staat schieben wollen, wo früher der große armenische Staat gewesen sei. Die Armenier seien über diese Absichten informiert worden; der Völkerbund müsse den Schutz des neuen Staates übernehmen.
Die USA befürchteten, wenn Armenien Trapezunt erhalte, könne es dies ohne Erzerum nicht behaupten. Curzon erklärte, die Türkei wäre für den Verlust Smyrnas wohl nicht besänftigt, wenn sie Erzerum erhalte. Premier Nitti meinte, es sei nicht wünschenswert, Armenien das gesamte historische Territorium zu geben. Wenn die Türkei nach dem Verlust von Ost-Thrakien und Smyrna auch noch Erzerum verliere, werde sie den Vertrag nicht unterzeichnen. Sie würden dann versuchen, es zurück zu erobern, und die Alliierten wären dagegen machtlos. Sollte man Norwegen fragen, das Mandat zu übernehmen? Man gebe den Griechen Thrakien und Smyrna, weil dort die Mehrheit der Bevölkerung griechisch sei. Er wolle das Beste für die Armenier, sie aber nicht in eine unmögliche Situation bringen. Lloyd George meinte, es tue ihm leid, dass er mit Curzon und der Botschafterkonferenz nicht übereinstimme. Die Politiker müssten Verträge machen und diese auch durchsetzen. Es sei nicht fair, wenn man den Armeniern auf dem Papier einen Staat gebe, der dann nicht gesichert sei. Man solle Präsident Wilson zur Mitwirkung einladen, besonders hinsichtlich der finanziellen Unterstützung. Die nächste Frage war, ob der Völkerbund helfen könne. Curzon meinte, man solle auch die Armenier befragen, die sich selbst als stark genug ansahen, ihren Staat zu verteidigen. Der französische Ministerpräsident Millerand bestätigte Lloyd Georges Ansicht, man könne Armenien nicht nur auf dem Papier gründen; die Alliierten müssten auch die Existenz des Staates absichern, der auch Erzerum umfassen sollte.

Boghos Nubar, der aus Ägypten stammende Organisator der „Armenischen Legion“, hatte Curzon voreilig erklärt, die Armenier seien selbst in der Lage, sich zu verteidigen.[405] Curzon lud ihn ein, vor dem Obersten Rat seine Auffassungen vorzutragen. Lloyd George war skeptisch, aber Curzon vertraute Boghos Nubar. Nitti fragte ihn, ob er glaube, Armenien sei fähig, die eigenen Grenzen zu verteidigen, was er bejahte. Lloyd George fragte ihn, ob er glaube, dass die Armenier auch selbst in der Lage seien, den Türken Erzerum zu entreißen, was er ebenfalls nicht bezweifelte. In Armenien selbst – das nach Aussage Berthelots etwa 400.000 bis 500.000 Einwohner hatte – stehe eine Armee von 15.000 Mann bereit, die auf 40.000 aufgestockt werden konnte. Außerdem hätten Armenier in der russischen Armee gekämpft. Er habe auch gehört, dass es in den USA 5000-10.000 Freiwillige gebe, die bereit seien, nach Kilikien zu marschieren.[406] Lloyd George meinte, dass man mindestens vier Divisionen für Armenien bereitstellen müsste. Das war wenig, wenn man bedenkt, dass Marschall Foch berechnet hatte, dass mindestens 27 Divisionen notwendig seien, um Armenien vor den Türken zu schützen. Enorme Truppenmengen seien notwendig, um die Türken zu entwaffnen. Lloyd George fragte Boghos Nubar, ob er erwarte, von den Alliierten Unterstützung zu erhalten, wenn die Türken Erzerum nicht herausgeben wollten. Der Pascha antwortete, das sei nicht notwendig; die Armenier würden es auch alleine schaffen. Lloyd George fragte, ob Erzerum in den letzten hundert Jahren jemals eine armenische Mehrheit gehabt habe. Auch das bejahte Boghos Nubar. Von den Kämpfern aus Kilikien könne man noch 5000-6000 Mann mobilisieren.[407]
Am nächsten Tag kam auch der armenische Präsident Aharonian vor den Obersten Rat. Nitti erklärte ihm, es sei absolut unmöglich, dass die Alliierten Armenien zu Hilfe kämen. Auf die Frage nach seinen Wünschen antwortete Aharonian, die Armenier brauchten Waffen und Ausrüstung, um die Türken aus Erzurum zu vertreiben. Wie Boghos Nubar neigte auch Aharonian dazu, die kema-

---

[405] Lloyd George II (1938), 1316.
[406] Ebenda, 1318f.
[407] Documents on British Foreign Policy 8, 1958, 117-121, Nr. 11.2 (22.4.1920).

listische Armee zu unterschätzen. Er hoffte, die Provinz Erzerum in kurzer Zeit zu erobern. Wenn es in Erzerum nicht klappe, dann sicher in anderen Provinzen wie Van. Die Bevölkerung Armeniens gab er mit 1.292.000 Einwohnern an, zu denen auch Russen, Griechen und Syrer gehörten. Die Bevölkerung des Vilayets Erzerum schätzte er auf 240.000 Türken und 230.000 Christen.[408]
Admiral Beatty kam zu der Überzeugung, es sei einfacher, wenn die Christen in und bei Hafenstädten lebten, wo sie im Notfall von der alliierten Flotte herausgeholt werden könnten. Foch erklärte, die Alliierten hätten eine „unmögliche Bürde" auf ihren Schultern, die USA sollten auch einen Teil davon tragen und zwei der drei Divisionen schicken, um den neuen Staat zu schützen. Berthelot erklärte, die Amerikaner sympathisierten zwar mit Armenien, aber die Regierung sei noch nie mit dem Thema befasst worden. Ein Untersuchungsausschuss habe die Übernahme eines Mandates abgelehnt. Der Rat beschloss, dass England wegen des Mandates direkte Verhandlungen mit den USA aufnehmen solle.
Die Konferenzteilnehmer fragten Marschall Foch auch, ob die Armenier allein Erzerum einnehmen könnten, was dieser als unmöglich bezeichnete.[409] In türkischer Hand bliebe die Stadt mit der Festung eine ständige Bedrohung für Armenien. Daraufhin erklärte Lloyd George, er könne die Verantwortung für ein größeres Armenien nicht übernehmen. Er habe in Paris mit Balfour gesprochen, der die gleiche Auffassung vertrat. Er fühlte, dass die Schaffung eines größeren armenischen Staates bei der muslimischen Bevölkerung und der übrigen Welt Indiens eine Missstimmung hervorrufen könnte. Lloyd George wollte daher eine Entscheidung in dieser Frage verschieben, bis die USA und Präsident Wilson entscheiden würden, ob sie das Mandat in Armenien übernähmen. Wenn Amerika das Mandat bekäme, würde es ein „fair play" für Armenien geben. Er fühlte, dass er das größere Armenien nicht gestatten könne. Der französische Premier Millerand richtete eine Anfrage an die USA, ob sie das Mandat annehmen würden und der Auffassung seien, ob Erzerum neutralisiert oder ein Teil von Armenien werden solle.

[408] Ebenda, 121, Nr. 12 (23.4.1920).
[409] Lloyd George II (1938), 1323.

Die Runde war sich einig, dass es hart wäre, die Armenier gegen den „grauen Wolf" – wie Kemal von seinen Freunden genannt wurde – allein zu lassen, aber die Großmächte sahen sich nicht in der Lage, Truppen nach Armenien zu schicken. Als Präsident Wilson positiv antwortete, erging auch an den Völkerbund eine Anfrage. Auf die Note der USA vom 26.3.1920 teilte der Oberste Rat der Alliierten den Amerikanern mit, man habe das Mandat nicht dem Völkerbund direkt erteilen wollen, da er kein Staat sei und keine Armee und Finanzen habe. Ein Mitglied des Völkerbundes sollte das Mandat übernehmen. Man kenne die Vorstellungen des Präsidenten; ein Armenien, das auch Kilikien umfasse und bis ans Mittelmeer reiche, sei unpraktikabel.[410] Welche Teile der Vilayets Erzerum, Trapezunt, Van und Bitlis, alles Gebiete, die noch im Besitz der Türken seien, zu Armenien kämen, sei noch zu überlegen. Die Grenzen zu Georgien und Aserbeidschan dürften ja bereits fixiert sein. Es wäre daher wünschenswert, dass die USA das Mandat übernähmen, dass Präsident Wilson die endgültigen Grenzen festsetze und dass in den Friedensvertrag ein Paragraph aufgenommen werde, in dem beide Seiten sich verpflichteten, den Schiedsspruch anzunehmen. Armenien brauche auch Finanzhilfe, um überhaupt existieren zu können. Die armenischen Streitkräfte der Republik von Erewan seien noch in Auseinandersetzungen mit ihren nördlichen und östlichen Nachbarn verwickelt. Man würde falsche Hoffnungen wecken, wenn man den Armeniern Truppen verspreche. Eine finanzielle Anleihe könnte dem neuen Staat jedoch auf die Füße helfen. In den USA gebe es sicher viele Reiche, die zur Unterstützung bereit seien. Das neue Armenien sollte mit der Republik von Erewan vereinigt werden.

Am Ende der Konferenz wurde beschlossen, eine Mandatsmacht für Armenien zu suchen. Italien kam schon den Verpflichtungen zur Bewachung der Meerengen nicht nach, Frankreich winkte ab; auf der Konferenz wurde Norwegen neben den USA als Mandatarmacht genannt. Lloyd George meinte, der Völkerbund solle Druck auf die USA machen, das Mandat zu übernehmen, das 10 Mill. Pfund kosten würde. Curzon meinte, der Völkerbund

[410] Ebenda, 1327.

solle sich mit der Sache befassen. Man beschloss, die USA wenigstens um finanzielle Hilfe zu ersuchen. Man war sich sicher, dass die Türken 40.000 Mann gegen Armenien schicken könnten; dies blieb das größte Problem der Konferenz, zumal ein Großteil des für Armenien vorgesehenen Gebietes in türkischer Hand war und eine muslimische Mehrheit hatte. Zu den vom französischen Marschall Foch, Lord Curzon und dem interalliierten Komitee errechneten 27 Divisionen, die man brauche, um den Friedensvertrag gegenüber den Türken durchzusetzen, meinte Venizelos, Griechenland könne drei davon stellen.[411] Lord Curzon protestierte dagegen, dass die Grenzen Armeniens nicht endgültig festgelegt werden sollten und man Wilson das letzte Wort überlassen wollte, der Armenien sicher größer machen würde als es auf der Londoner Konferenz beschlossen worden sei. Es war abzusehen, dass die Armenier nicht in der Lage sein würden, den Türken Gebiete abzunehmen.

Präsident Wilson nahm die ihm von der Konferenz angebotene Aufgabe des Schiedsrichters für die Grenzen an und legte den Entwurf im November 1920 der Friedenskonferenz vor. Das Gesuch für die Zuteilung eines Mandats legte er am 24.5.1920 dem Senat vor, der es vier Tage später mit 52:23 Stimmen ablehnte. Damit hing der ganze armenische Staat in der Luft. Wilson setzte zwar noch die Grenzen des erst zu schaffenden Staates fest, aber die Aussichten für ein größeres Armenien schwanden mit jedem Tag, an dem Mustafa Kemal neue Erfolge gegen Italiener, Franzosen und Engländer erzielte und sein Bündnis mit den Sowjets ausbauen konnte.

Lloyd George schreibt in seinen Erinnerungen, von dem Tag an, an dem die USA das Mandat ablehnten, habe er größte Zweifel gehegt, ob es sinnvoll sei, dass ein unabhängiger armenischer Staat vom Schwarzen Meer bis zum Mittelmeer reichen würde.[412] Ein Krieg im Innern Kleinasiens war für die Alliierten gefährlich. Das nur zur Hälfte türkische Konstantinopel und die Meerengen waren besetzt, das überwiegend griechische Thrakien bot keine

---

411 Helmreich (1974), 295.

412 Lloyd George II (1938), 1333: „In his reply, President Wilson accepted the position as arbitrator, but he could go no further".

militärische Gefahr, und die arabischen Gebiete hatte Mustafa Kemal längst aufgegeben. Bis zum Abschluss des Vertrages von Versailles hatte auch Frankreich den Anschluss des Gebietes um Smyrna an Griechenland unterstützt, schrieb Lloyd George. Griechenland war mit 90.000 Mann in Smyrna gelandet, die an sich der kemalistischen Armee gewachsen waren. Allerdings erschöpfte der Krieg die griechischen Reserven. Lloyd George hielt daher die Entscheidungen des Obersten Rates der Alliierten für gerechtfertigt. Er spürte, dass es besser war, die Vorstellungen über ein „größeres Armenien" aufzugeben. Am 24.4.1920 war der Friedensvertrag fertig und wurde den Türken übergeben. Venizelos bedankte sich bei Lloyd George für seine Bemühungen für Griechenland. Dieser hielt die armenische Sache nach der amerikanischen Weigerung, das Mandat zu übernehmen, für verloren, zumal Mustafa Kemal die Armee von Boghos Nubar leicht vernichtete und auch die Franzosen keine Gegenwehr leisteten. Der ausgearbeitete Friedensvertrag war von der Konzeption her unrealistisch, weil die Alliierten nicht über die Mittel verfügten, seine Implementierung durchzusetzen, zumal sie bereits von der Zurückweisung des Vertrages durch den amerikanischen Senat wussten. Der Völkerbund weigerte sich, ein Mandat über Armenien anzunehmen.[413] Trotz aller Sympathiebekundungen gegenüber Armenien war kein einziger Staat wirklich bereit, sich für die Armenier zu engagieren.

Man überlegte, wie Armenien sich selbst verteidigen könnte. Man hätte den Nationalisten den Krieg erklären müssen, um den Staat Armenien in den geplanten Grenzen durchzusetzen, meinte Nitti. Wenn man die Türken aus Erzerum vertreibe, gebe es ein weiteres Massaker an den Armeniern. Die griechische Minderheit lebte fast überall entlang der Küste, wo es leichter war, Hilfe zu bringen. „Es wäre nicht fair, den Armeniern auf dem Papier ein Territorium zu geben, wenn wir nicht die Absicht haben, ihnen beizustehen, das Gebiet zu sichern", sagte Lloyd George. Millerand und Berthelot wiesen darauf hin, dass man den Armeniern Erzerum zugesagt habe und jetzt keinen Rückzieher machen könne.

Bezüglich des Hafens Batumi hatte sich die Situation seit der Lon-

[413] Nicolson: Nachkriegsdiplomatie (1934), 187.

doner Konferenz ebenfalls geändert. Die Bolschewiken waren in Georgien und Aserbeidschan im Vormarsch; am 27.4.1920 kam es zum Staatsstreich in Baku. An sich hätten die drei Großmächte den für die Kaukasusregion wichtigen Hafen besetzen sollen, de facto war dort nur eine kleine englische Besatzung. Nach der Niederlage des russischen Generals Denkin drohte eine kommunistische Machtübernahme; der britische Hochkommissar de Robeck meinte, man brauche mindestens zwei Divisionen zur Verteidigung der Stadt. Am 7.7.1920 räumten die Alliierten Batumi und übergaben die Stadt offiziell an die georgische Regierung. In Wirklichkeit wurde der Hafen ab 1921 sowjetisch; es wurde jetzt noch einfacher, den Kemalisten von Russland aus Waffen zu liefern. Bezüglich Kurdistans, das die Engländer zu einem eigenen Staat machen wollten, setzte sich Frankreich durch, das eine lokale Autonomie innerhalb der Türkei vorschlug. Nach Abschluss des Friedensvertrages sollten die Kurden innerhalb eines Jahres um die Unabhängigkeit ersuchen können.[414] Die USA waren bei der Konferenz in San Remo nur durch einen Botschafter vertreten. Die Nichtteilnahme der Großmacht ließ deutlich werden, dass niemand sich für Armenien einsetzen werde. Nach der alliierten Besetzung Konstantinopels am 16.3.1920 protestierte die nationalistische Regierung in Ankara gegen das Vorgehen der Alliierten. Kemal erklärte später, Frankreich und Italien hätten ihm damals versichert, dass die englische Politik nicht mit der ihrigen identisch sei. Eine Delegation der Sultans-Regierung kam unterdessen nach Paris, wo ihr am 11.5. der Friedensvertrag vorgelegt wurde.

Der einzige Widerstand gegen die Kemalisten konnte jetzt nur noch von den Griechen kommen. Bis zu diesem Zeitpunkt hatte die griechische Armee die Milner-Linie noch nicht überschritten. Die kemalistische Armee war mittlerweile jedoch so stark geworden, dass sie auch die Engländer herausforderte, die ihre Position in Konstantinopel mit Mühe behaupteten. Als Venizelos am 13.5.1920 den Friedensvertrag der Alliierten mit der Türkei publizierte, gingen tausende von türkischen Rekruten zu Kemal über. Dieser ging im Juni 1920 in der Gegend von Ismid gegen britische Truppen vor. Als die Nationalisten erstmals britische Truppen angriffen, schlug Gene-

[414] Helmreich (1974), 300f.

ral Wilson vor, um griechische Hilfe zu ersuchen. Venizelos stimmte zu und erhielt dafür am 20.6.1920 von Lloyd George und Millerand die Erlaubnis, über die Milner-Linie hinaus gegen die Türken nach Panderma am Marmara-Meer vorzurücken. Am Tag darauf wurde dies vom Großen Rat genehmigt. Es handelte sich freilich nicht um eine generelle Erlaubnis zum Vormarsch nach Osten, sondern nur um eine begrenzte Aktion zur Verstärkung der Alliierten in Konstantinopel. General Wilson betonte, dass dies Krieg mit der Türkei und Russland bedeute. Am 23.6. teilte Venizelos seiner Regierung dies in einem Telegramm aus Boulogne mit.
Im Juli 1920 eroberten die Griechen Bursa und vereinigten sich mit den Engländern bei Ismid. Ein weiteres griechisches Armeekorps griff die Türken in Ost-Thrakien an und besetzte Adrianopel. Es war offensichtlich, dass die griechische Armee die Alliierten unterstützen sollte. Damit hatten die Griechen die Stellung der Alliierten in Konstantinopel gerettet. „Die Türken sind endgültig gebrochen", sagte Lloyd George in Verkennung der Realitäten.[415] Er glaubte, die Griechen seien jederzeit in der Lage, die Kemalisten in Anatolien zu besiegen. Italien und Frankreich aber wandten sich völlig von den Griechen ab, die in der Folge nur noch von Lloyd George und einem Teil seines Kabinetts gestützt wurden.
Die Italiener fühlten sich jetzt als die „Verlierer"; nach der Bildung der Regierung Giolitti im Juni 1920 kündigte der Außenminister Carlo Sforza das Tittoni-Venizelos-Abkommen, in dem vereinbart worden war, dass Italien nach der Erlangung klarer Einflussgebiete in Kleinasien den Dodekanes an Griechenland übergeben würde. Daraufhin erklärte Venizelos am 26.7., dass Griechenland unter diesen Umständen den Vertrag nicht unterschreiben könne. Schließlich erklärte sich Italien aber doch bereit, den Dodekanes bis auf Rhodos an Griechenland zu übergeben. Rhodos sollte dann an Griechenland fallen, wenn England Zypern an Griechenland übergebe. Sollte England Zypern nicht an Griechenland geben, könne in Rhodos nach 15 Jahren eine Volksabstimmung stattfinden.

---

[415] Ebenda, 246.

17. Der Vertrag von Sèvres (1920)

Der Text des Friedensvertrages wurde den Türken am 11.5.1920 offiziell übermittelt. Mustafa Kemal erklärte sogleich seinen erbitterten Widerstand gegen die Bestimmungen. Damat Ferit signalisierte seine Zustimmung, ersuchte aber die Alliierten um eine Abmilderung der Bestimmungen, die Entente forderte jedoch eine Entscheidung bis zum 27.7. Ein großer politischer Erfolg war Kemals Waffenstillstand mit den Franzosen vom 30.5, bedeutete er doch eine indirekte Anerkennung der kemalistischen Regierung. Kemals Truppen besetzten Bursa und die asiatische Seite des Marmara-Meers. Lloyd George ersuchte Venizelos, durch eine Aktion Druck auf die Türken auszuüben. Im Juni 1920 wurde auf der Konferenz von Spa noch einmal die armenische Frage diskutiert. In dem von Premier Millerand unterzeichneten Papier ist von 800.000 ermordeten Armeniern und 200.000 ermordeten Griechen die Rede.[416] Der britische Feldmarschall Wilson warnte vor einem Krieg mit der Türkei und Russland. Die Konferenz verhandelte auch die türkischen Einwände zum Friedensvertrag. Venizelos meinte zwei Wochen nach Beginn der Offensive vom 22.6.1920 in Kleinasien, man könnte Kemal nur mit Waffengewalt dazu bringen, wenn man ihn besiege. Der einzig richtige Weg bei den Türken sei die Eroberung. Auch bezüglich Armeniens sollte die Konferenz keine Kompromisse machen. Griechische Truppen hatten mittlerweile den Nordwesten Kleinasiens bis zum Marmarameer besetzt.[417] Am 11.7. beschloss die Konferenz

---

[416] "The Armenians have been massacred with unprecedented violence. During the war, the Ottoman government's massacre, deportation and assault of the prisoners have only been surpassed by its earlier acts in these matters. It is estimated that from 1914 until now, the Ottoman government, under groundless accusations of revolt, have murdered 800.000 Armenian men, women and children while more than 200 000 Greeks and 200.000 Armenians have been exiled or driven away from their homes. The Ottoman government has not only refused to fulfil its duties concerning the protection of its non-Turkish subjects in the Empire regarding plunder, oppression, violence, assault and murder, but there is ample evidence that the government itself is guilty of the planning and coordination of the most violent attacks against these peoples, whose protection the government should have been responsible for... For the same reasons, the allies cannot insert any changes in the paragraphs concerning the creation of a free Armenia"

[417] Documents on British Foreign Policy 7 (1958), 443-447, Nr. 47 (7.7.1920).

von Spa die Antwort an die Türken. Man beschloss, auch die Türken an der ständigen Meerengenkommission teilnehmen zu lassen. Man drohte den Türken an, ihnen Konstantinopel wieder wegzunehmen, wenn sie den Vertrag nicht in der gegenwärtigen Form unterzeichneten; die Stadt Konstantinopel sollte dann einen eigenen Staat bilden. Auch in Smyrna könne man den Rechtsstatus noch ändern.[418]
Die Griechen besetzten in fünf Tagen fast ganz Thrakien und eroberten Bursa und Mudana zurück. Da das Parlament aufgelöst war, autorisierte eine Versammlung von 80 prominenten Türken Damat Ferit zur Unterzeichnung des Vertrages. Lord Curzon fragte kurz vor der Unterzeichnung des Friedensvertrages noch einmal in den USA an, ob Präsident Wilson die Grenzen Armeniens schon fixiert habe.[419] Wilson ließ antworten, dass er seinen Spruch erst nach der Unterzeichnung des Friedensvertrages fällen werde. Am 10.8.1920 wurden drei Verträge in Sèvres bei Paris unterzeichnet. Zwei davon betrafen Griechenland, den Schutz der Minderheiten und die Übergabe des ehemals bulgarischen West-Thrakien an Griechenland. Der dritte war der Friedensvertrag Armeniens mit der Türkei, unterzeichnet[420] für Armenien durch Präsident Aharonian. Die drei Alliierten (England, Frankreich und Italien) unterzeichneten zusätzlich das „Tripartite Agreement", in dem sie sich verpflichteten, ihre Truppen in ihren Zonen in der Türkei zu belassen, bis die Türken Maßnahmen zum Schutz der christlichen Minderheiten ergriffen, in Kraft gesetzt und garantiert hätten. Dieses Abkommen wurde im Oktober 1921 von Frankreich durch den Vertrag mit den Kemalisten gebrochen.
Armenien sollte 68.500 qkm groß sein und Russisch-Armenien mit Van, Bitlis und Erzurum sowie Trapezunt umfassen – nicht aber Kilikien. Präsident Wilson wurde ersucht, die Grenzen endgültig festzulegen; diese Entscheidung fiel jedoch erst am 22.11.1920. Die Türkei erkannte die Unabhängigkeit und Freiheit Armeniens an und verzichtete auf alle Rechte bezüglich der Teile von Van, Bitlis, Erzurum und Trapezunt, die nach dem Spruch des ameri-

[418] Ebenda, 545-547, Nr. 62 (11.7.1929).
[419] Documents on British Foreign Policy 12 (1962), 633, Nr. 598 (5.8.1920).
[420] British and Foreign Papers, vol. 113, 459-463.

kanischen Präsidenten Wilson in den neuen Staat eingegliedert werden sollten. Ost-Thrakien bis zur Chalalja-Linie in der Nähe Konstantinopels fiel an Griechenland und beließ der Türkei nur noch einen kleinen Streifen vor Konstantinopel in Europa. Die Artikel 88-93 betreffen Armenien:

„Article 88. Turkey notifies, as the other states have, that she recognizes Armenia as an independent and free state.

Article 89. Turkey and Armenia as well as the other High Contracting Parties agree to submit to the arbitration of the President of the United States of America the question of the frontier to be fixed between Turkey and Armenia in the Vilayets of Erzerum, Trebizond, Van and Bitlis, and to accept his decision thereupon, as well as any stipulations he may prescribe as to access for Armenia to the sea, and as to the demilitarisation of any portion of Turkish territory adjacent to the said frontier."[421]

Im Artikel 62 verpflichtete sich die Türkei auch zur Errichtung eines Kurdenstaates südlich von Armenien. Dabei sollte aber der Schutz und die Sicherheit der Assyro-Chaldäer garantiert werden, die auf diese Weise im Friedensvertrag aufscheinen („The scheme shall contain full safeguards for the protection of the Assyro-Chaldeans and other racial or religious minorities within these areas.")[422] Auch dieses Versprechen wurde später nicht eingehalten.

Die Glaubensübertritte seit Kriegsbeginn wurden annulliert. Die Familie und die Religionsgemeinschaft von Verschleppten konnten nach vermissten Personen fahnden und diese durch eine gemischte Kommission suchen lassen. Die türkische Regierung verpflichtete sich, bei der Befreiung von Frauen und Kindern mitzuwirken, die in muslimischen Haushalten festgehalten wurden und bei der Übergabe von Informationen und der Auslieferung von Personen behilflich zu sein, die sich der Kriegsverbrechen und Massaker an den Armeniern schuldig gemacht hatten. Die Türkei gelobte auch, das berüchtigte Gesetz über „herrenloses Gut" zu annullieren, durch das armenische Immobilien und

---

[421] Wilhelm Baum: The Christian Minorities in Turkey, Klagenfurt 2006, 154-159 (mit der Entscheidung Präsident Wilsons vom 22.11.1920).

[422] Vergl. dazu: Joseph (2000), 153.

Guthaben von Ermordeten an den türkischen Staat gefallen waren, wodurch die jungtürkische Regierung sich am Besitz der Ermordeten bereichert hatte. Gleichzeitig mit der Unterzeichnung des Vertrages von Sèvres schlossen England, Frankreich und Italien ein „Dreier-Abkommen", das eine Aufteilung Kleinasiens nach dem Sykes-Picot-Abkommen fixierte; nur das Gebiet von Smyrna wurde dabei ausgenommen. Zypern blieb britisch – was von allen Seiten anerkannt wurde.

Am 9.8.1920 informierte Venizelos die zypriotische Delegation in Paris über die „bad news", dass die Engländer Zypern behalten wollten. Die neun Mitglieder des zypriotischen Legislativ-Rates traten aus Protest dagegen zurück.[423] Syrien, Libanon, Mesopotamien und Palästina wurden Mandate des Völkerbundes. Bei Palästina wurde die Balfour-Declaration angewandt, die den Juden dort ein Wohnrecht einräumte. Ein wichtiger Bestandteil des Friedens wurde auch der von Wilson initiierte Völkerbund.

Am 10.8.1920 wurde der Vertrag in Sèvres bei Paris unterzeichnet. In den Artikeln 65 bis 83 wurde festgelegt, dass die Stadt Smyrna mit einem genau bezeichneten Territorium um die Stadt für fünf Jahre unter türkischer Souveränität verbleiben, aber unter griechische Verwaltung kommen sollte. Es sollte eine lokale parlamentarische Vertretung gebildet werden. Nach fünf Jahren sollte das Gebiet griechisch werden können, wenn die lokale Vertretung oder eine Volksabstimmung dies so festsetzen würde.[424] Frankreich erhielt ein Mandat in Kilikien, Italien um Antalya.

---

[423] Kyrris (1985), 316 u. Heinz A. Richter: Geschichte der Insel Zypern, Bd. 1: 1878-1949, Mannheim-Möhnesee 2004, 135.

[424] SECTION IV. SMYRNA.
ARTICLE 65. The provisions of this Section will apply to the city of Smyrna and the adjacent territory defined in Article 66, until the determination of their final status in accordance with Article 83.
ARTICLE 66. The geographical limits of the territory adjacent to the city of Smyrna will be laid down as follows: From the mouth of the river which flows into the Aegean Sea about 5 kilometres north of Skalanova, eastwards, the course of this river upstream; then south-eastwards, the course of the southern branch of this river;then south-eastwards, to the western point of the crest of the Gumush Dagh; A line to be fixed on the ground passing west of Chinar K, and east of Akche Ova;thence north-eastwards, this crest line; thence northwards to a point to be chosen on the railway from Ayasoluk to Deirmendik about 1 kilometre west of Balachik station, a line to be fixed on the ground leaving the road and railway from Sokia to Balachik station entirely in Turkish territory; thence northwards to a point to be chosen on the southern boundary of the

Garabet Hatscherian, der Chronist des Untergangs von Smyrna

Patriarch Meletios IV. (1921 - 1923)

Erzbischof Chrysostomos, Hochkommissar Sterghiadis und General Paraskevopoulos beim Aufmarsch der Griechen in Smyrna (1920)

Sandjak of Smyrna, a line to be fixed on the ground; thence to a point to be chosen in the neighbourhood of Bos Dagh situated about 15 kilometres north-east of Odemish, the southern and eastern boundary of the Sandjak of Smyrna; thence northwards to a point to be chosen on the railway from Manisa to Alashehr about 6 kilometres west of Salihli,a line to be fixed on the ground; thence northwards to Geurenez Dagh,a line to be fixed on the ground passing east of Mermer Geul west of Kemer, crossing the Kum Chai approximately south of Akshalan, and then following the watershed west of Kavakalan; thence north-westwards to a point to be chosen on the boundary between the Cazas of Kirkagach and Ak Hissar about 18 kilometres east of Kirkagach and 20 kilometres north of Ak Hissar, a line to be fixed on the ground; thence westwards to its junction with the boundary of the Caza of Soma, the southern boundary of the Caza of Kirkagach,thence westwards to its junction with the boundary of the Sandjak of Smyrna, the southern boundary of the Caza of Soma; thence northwards to its junction with the boundary of the vilayet of Smyrna, the north-eastern boundary of the Sandjak of Smyrna; thence westwards to a point to be chosen in the neighbourhood of Charpajik (Tepe). The northern boundary of the vilayet of Smyrna; thence northwards to a point to be chosen on the ground about 4 kilometres southwest of Keuiluje, a line to be fixed on the ground; thence westwards to a point to be selected on the ground between Cape Dahlina and Kemer Iskele, a line to be fixed on the ground passing south of Kemer and Kemer Iskele together with the road joining these places.
ARTICLE 67. A Commission shall be constituted within fifteen days from the coming into force of the present Treaty to trace on the spot the boundaries of the territories described in Article 66. This Commission shall be composed of three members nominated by the British, French and Italian Governments respectively, one member nominated by the Greek Government, and one nominated by the Turkish Government.
ARTICLE 68. Subject to the provisions of this Section, the city of Smyrna and the territory defined in Article 66 will be assimilated, in the application of the present Treaty, to territory detached from Turkey.
ARTICLE 69 The city of Smyrna and the territory defined in Article 66 remain under Turkish sovereignty. Turkey, however, transfers to the Greek Government the exercise of her rights of sovereignty over the city of Smyrna and the said territory. In witness of such sovereignty the Turkish flag shall remain permanently hoisted over an outer fort in the town of Smyrna. The fort will be designated by the Principal Allied Powers.
ARTICLE 70. The Greek Government will be responsible for the administration of the city of Smyrna and the territory defined in Article 66, and will effect this administration by means of a body of officials which it will appoint specially for the purpose.
ARTICLE 71. The Greek Government shall be entitled to maintain in the city of Smyrna and the territory defined in Article 66 the military forces required for the maintenance of order and public security.
ARTICLE 72. A local parliament shall be set up with an electoral system calculated to ensure proportional representation of all sections of the population, including racial, linguistic and religious minorities. Within six months from the coming into force of the present Treaty the Greek Government shall submit to the Council of the League of Nations a scheme for an electoral system complying with the above requirements; this scheme shall not come into force until approved by a majority of the Council. The Greek Government shall be entitled to postpone the elections for so long as may be required for the return of the inhabitants who have been banished or deported by the Turkish authorities, but such postponement shall not exceed a period of one year from the coming into force of the present Treaty.
ARTICLE 73. The relations between the Greek administration and the local parliament shall be determined by the said administration in accordance with the principles of the

Greek Constitution.
ARTICLE 74. Compulsory military service shall not be enforced in the city of Smyrna and the territory defined in Article 66 pending the final determination of their status in accordance with Article 83.
ARTICLE 75. The provisions of the separate Treaty referred to in Article 86 relating to the protection of racial, linguistic and religious minorities, and to freedom of commerce and transit, shall be applicable to the city of Smyrna and the territory defined in Article 66.
ARTICLE 76. The Greek Government may establish a Customs boundary along the frontier line defined in Article 66, and may incorporate the city of Smyrna and the territory defined in the said Article in the Greek customs system.
ARTICLE 77. The Greek Government engages to take no measures which would have the effect of depreciating the existing Turkish currency, which shall retain its character as legal tender pending the determination, in accordance with the provisions of Article 83, of the final status of the territory.
ARTICLE 78. The provisions of Part XI (Ports, Waterways and Railways) relating to the regime of ports of international interest, free ports and transit shall be applicable to the city of Smyrna and the territory defined in Article 66.
ARTICLE 79. As regards nationality, such inhabitants of the city of Smyrna and the territory defined in Article 66 as are of Turkish nationality and cannot claim any other nationality under the terms of the present Treaty shall be treated on exactly the same footing as Greek nationals. Greece shall provide for their diplomatic and consular protection abroad.
ARTICLE 80. The provisions of Article 24l, Part VIII (Financial Clauses) will apply in the case of the city of Smyrna and the territory defined in Article 66.
The provisions of Article 293, Part IX (Economic Clauses) will not be applicable in the case of the said city and territory.
ARTICLE 8l. Until the determination, in accordance with the provisions of Article 83, of the final status of Smyrna and the territory defined in Article 66, the rights to exploit the salt marshes of Phocea belonging to the Administration of the Ottoman Public Debt, including all plant and machinery and materials for transport by land or sea, shall not be altered or interfered with. No tax or charge shall be imposed during this period on the manufacture, exportation or transport of salt produced from these marshes. The Greek administration will have the right to regulate and tax the consumption of salt at Symrna and within the territory defined in Article 66. If after the expiration of the period referred to in the preceding paragraph Greece considers it opportune to effect changes in the provisions above set forth, the salt marshes of Phocea will be treated as a concession and the guarantees provided by Article 312, Part IX (Economic Clauses) will apply, subject, however, to the provisions of Article 246, Part VIII (Financial Clauses) of the present Treaty.
ARTICLE 82. Subsequent agreements will decide all questions which are not decided by the present Treaty and which may arise from the execution of the provisions of this Section.
ARTICLE 83. When a period of five years shall have elapsed after the coming into force of the present Treaty the local parliament referred to in Article 72 may, by a majority of votes, ask the Council of the League of Nations for the definitive incorporation in the King dom of Greece of the city of Smyrna and the territory defined in Article 66. The Council may require, as a preliminary, a plebiscite under conditions which it will lay down. In the event of such incorporation as a result of the application of the foregoing paragraph, the Turkish sovereignty referred to in Article 69 shall cease. Turkey hereby renounces in that event in favour of Greece all rights and title over the city of Smyrna

Thrakien und die Inseln Imbros und Tenedos fielen an Griechenland, nicht aber Konstantinopel, Pontus und das Gebiet der Meerengen. Allerdings war dieser Vertrag zunächst nur ein Sieg auf dem Papier, da er von den Nationalisten nicht anerkannt wurde. Der französische Staatsmann Poincaré verwies darauf, dass Sèvres die Stadt des Porzellans sei. Churchill meinte, der Vertrag, an dem man 18 Monate gearbeitet hatte, sei von Anfang an obsolet gewesen.[425]

Angesichts der Tatsache, dass der Friedensvertrag keine Maßnahmen vorsah, wie die Armenien zugesprochenen Gebiete nun in den Besitz des neuen Staates kommen sollten, ist es kaum verständlich, wie der armenische Vertreter Aharonian in seinem Tagebuch festhalten konnte, es sei dies der „glücklichste Tag“ in seinem Leben.[426] Die Eintragung zeigt, wie weit manche Teilnehmer am Friedenskongress die Realität aus den Augen verloren hatten. Eine zentrale Frage war durch den Vertrag offen geblieben: wie sollte sich Armenien ohne wirksame Hilfe von den Großmächten zwischen den Kemalisten und Bolschewiken behaupten, die das Land mit Aserbeidschan umzingelt hatten? Keiner der betroffenen Politiker konnte wirklich glauben, dass damit alle Fragen gelöst seien. Im Artikel 261[427] wurden die 1914 aufgehobenen Kapitulationen wieder in Kraft gesetzt. Die im Eigentum dieser Mächte stehenden Klöster usw. mussten nach Art. 287 wieder restituiert werden.[428] Im Artikel 317 wurde näher bestimmt, was damit

---

and the territory defined in Article 66.

425 Churchill V (1929), 376.

426 Helmreich (1974), 335, Anm. 39; vergl, dazu: Richter (2004), 133: „Außer den Griechen, den Armeniern und Lloyd George nahm niemand diesen Vertrag ernst.“

427 261: The capitulatory regime resulting from treaties, conventions or usage shall be re-established in favour of the Allied Powers which directly or indirectly enjoyed the benefit thereof before August 1, 1914, and shall be extended to the Allied Powers which did not enjoy the benefit thereof on that date.

428 287: The property, rights and interests situated in territory which was under Turkish sovereignty on August 1, 1914, and belonging to nationals of Allied Powers who were not during the war Turkish nationals, or of companies controlled by them, shall be immediately restored to their owners free of all taxes levied by or under the authority of the Turkish Government or authorities, except such as would have been leviable in accordance with the capitulations. Where property has been confiscated during the war or sequestrated in such a way that its owners enjoyed no benefit therefrom, it shall be restored free of all taxes whatever.

gemeint war.[429] Die kirchlichen Einrichtungen wurden dabei gesondert aufgezählt. Damit war auf dem Papier Klarheit geschaffen – nicht aber in der Realität, da der Vertrag von der Türkei nie ratifiziert und eingehalten wurde! Er hätte nur durch einen militärischen Sieg über Mustafa Kemal durchgesetzt werden können; dies aber hätte einen neuen offenen Krieg zur Folge gehabt, zu dem außer Venizelos niemand bereit war.
England hatte durch den Frieden von Sèvres seine Vormachtstellung im Orient ausgebaut; Griechenland übte für die Engländer jetzt eine indirekte Kontrolle über Kleinasien aus. Die Engländer wollten verhindern, dass das Vakuum, das durch das Ausscheiden Russlands aus dem Spiel der Mächte entstanden war, durch Frankreich oder Italien ausgefüllt würde. Zuerst hatten sie den USA einen Teil dieser Rolle zugedacht, die nun zu einem Teil auf Griechenland verlagert wurde. Die entstehende Achse zwischen Kemal und den Sowjets wurde mit Unbehagen verfolgt. Lord Curzon meinte im „House of Lords", er sei sich nicht sicher, ob es richtig gewesen sei, den Türken Konstantinopel zu überlassen.
Frankreich, das in erster Linie an einer Sicherung der Ostgrenze gegen Deutschland interessiert war, hatte in der Frage Konstantinopel und Smyrna den Briten nachgegeben. Im Sommer 1920 kam es in das Dilemma, sich in Anatolien mit den Kemalisten arrangieren zu müssen. Es musste aber den englischen Wünschen nachgeben und auch die Smyrnapolitik unterstützen, während es sich gleichzeitig den Kemalisten anbiederte. Italien spielte in den Überlegungen der beiden Großmächte fast keine Rolle. Es blieb den Italienern nur eine Einflusszone in der Türkei. Graf Sforza blieb im August 1920 nichts anderes übrig, als den Aufstieg der kemalistischen Türkei zur Kenntnis zu nehmen. Lloyd George hatte in seiner Bewunderung für Griechenland und Venizelos die Kräfte der Griechen über- und die der Türken unterschätzt. Für Frankreich war der Orient nur ein Nebenkriegsschauplatz; das Mandat über Syrien und Libanon beanspruchte hier alle Kräfte des Landes. Venizelos überschätzte seine eigene Popularität

[429] 317: The term „nationals of the Allied Powers," wherever used in this Part or in Part VIII (Financial Clauses), covers: (4.) Religious or charitable institutions and scholastic establishments in which nationals or protected persons of the Allied Powers are interested.

und die Kampfkraft der griechischen Armee; trotzdem war Griechenlands Einfluss auf die europäische Politik nie so groß wie unter ihm und durch ihn. Die Zerstrittenheit der Siegermächte ermöglichte es den Türken – und unter ihnen den Verantwortlichen für den Genozid an den Christen – weitgehend ungeschoren davonzukommen und der von den Siegern zunächst einhellig gewollten Bestrafung zu entgehen.
Alle Beteiligten wussten, dass ein Großteil der Armenier von den Türken ermordet worden war und dass der junge Staat ohne den Schutz der Großmächte nicht existieren konnte. Nach dem Schlaganfall Präsident Wilsons war mit einer amerikanischen Unterstützung nicht mehr zu rechnen. Dennoch griffen die Siegermächte beim Angriff der Nationalisten auf die Republik Armenien im September 1920 nicht ein. Sie nahmen es hin, dass die Türkei sich als Verliererstaat des 1. Weltkrieges Ende 1920 auf Kosten der Republik Armenien weiter ausdehnte. Die Türkei okkupierte auch die Regionen Kars und Ardahan mit dem Berg Ararat, dem Symbol des Staates Armenien. Am 3.12.1920 wurde in London der Antrag diskutiert, Armenien in den Völkerbund aufzunehmen, der von Robert Cecil, dem Vertreter Südafrikas und M. Viviani eingebracht worden war.[430] Am 16.12.1920 lehnte der Völkerbund die Aufnahme ab.[431] Als der Schiedsspruch des schwer kranken Präsidenten Wilson mit den jetzt festgelegten Grenzen nach dem 22.11.1920 in der Türkei eintraf, hatten die Kemalisten bereits militärisch die Oberhand gewonnen. Vergeblich bemühten sich England und Frankreich, die Aufnahme Armeniens in den Völkerbund zu erreichen, da Wilson die Grenzen zu weit gezogen hatte und in der Vollversammlung niemand einen Finger für Armenien rühre.[432]

---

[430] Documents on British Foreign Policy 8, (1958), 841f, Nr. 98 (3.12.1920).

[431] Strothmann (1936), 46.

[432] Documents on British Foreign Policy 8, (1958), 856, Appendix 1 zu Nr. 99: „When it comes up to assembly we might easily be defeated on sentimental grounds by Nations who would never lift a finger in Armenian cause." (2.12.1920).

18. Der griechisch-türkische Krieg

Die erste Kriegsphase dauerte vom Beginn der Invasion bis zum Mai 1920. Dann erlaubten die Alliierten eine griechische Offensive über die Milne-Linie hinaus, deren Grenzen festgesetzt wurden. Die zweite Phase begann im Juni 1920 und endete im Dezember des gleichen Jahres. Am 22.6.1920 überschritten die Griechen die Milne-Linie in Richtung Alashehir, Magnesia und zum Mäandertal. Im Norden marschierten sie bis Panderma und nach Bursa.[433] Auch Ismid wurde im Juli 1920 von den Griechen eingenommen. Am 1.7. schlug General Paraskevopoulos entweder einen Angriff auf Ost-Thrakien oder die Zerschlagung der kemalistischen Armee vor. Am 7.7. teilte Lloyd George dem alliierten Hauptquartier in Spa mit, die Griechen hätten eine Linie erreicht, an der sie so lange bleiben würden, bis der Friedensvertrag unterzeichnet sei. Am 8.7. nahmen die Griechen die alte türkische Hauptstadt Bursa ein und erreichten das Marmara-Meer. Am 27.7. eroberten sie Edirne, das alte Adrianopel, die Hauptstadt Ost-Thrakiens. Die alte Vision vom „Reich der zwei Kontinente und drei Meere“ (Adria, Ägäis, Schwarzes Meer) schien Wirklichkeit zu werden. Aber es gelang den Griechen nicht, den türkischen Widerstand zu brechen. In der Nationalversammlung in Ankara brach ein Sturm der Entrüstung aus, und Mustafa Kemal begann mit der Organisation der Abwehr der griechischen Invasion. Der ansonsten nicht sonderlich religiöse Führer der Nationalbewegung rief nun zum Djihad gegen die Griechen auf. Zu den Skeptikern gehörte der junge Ernest Hemingway, der als Kriegsberichterstatter des „Toronto Star“ in Edirne war und den Dilettantismus des griechischen Offizierskorps bemerkte. König Konstantin hatte vor dem „Venizelos-Wahnsinn“ gewarnt.

Venizelos teilte General Wilson mit, dass die Griechen Ost-Thrakien besetzen würden, später – wenn es nötig sei – auch Konstantinopel und Trapezunt.[434] Er hatte auch nichts dagegen, dass griechische Truppen unter englischem Kommando kämpften, um es den Briten schwieriger zu machen, später Unterstützung zu

[433] Toynbee (1923), 228f.

[434] Llewellyn Smith (2004), 127

verweigern. Nach dem Einmarsch der Griechen in Adrianopel am 26.7.1920 wurde Athen beflaggt. Lloyd George sagte Ende August 1920 in Luzern zum italienischen Premier Giolitti, er wisse nicht, was Italien mit Kemal verhandle. An den griechischen Siegen könne man sehen, dass die Armee Kemals nicht viel wert sei. Giolitti antwortete, dass er zu wenig Kriegsmaterial habe; in Konstantinopel sei nur ein italienisches Bataillon von 1000 Mann.[435] Lloyd George schlug vor, die Griechen an der Besetzung der Dardanellen zu beteiligen. Giolitti bezweifelte, ob das sinnvoll sei. Lloyd George meinte, dass auf der Halbinsel 30.000 Menschen lebten, von denen man 4000 bewaffnen könnte.

Da Mustafa Kemal nicht bereit war, den Vertrag von Sèvres zu unterzeichnen, schlug General Paraskevopoulos einen Vormarsch nach Osten gegen die Eisenbahnlinie Eskisehir und Afyon Karahisar und Ankara vor. Noch im Oktober 1920 erläuterte Venizelos in einem Schreiben an Lloyd George seine Vorstellungen über einen Pontus-Staat, der auch 800.000 Griechen aufnehmen sollte, die in den letzten 50 Jahren nach Russland geflohen seien. Dieser Staat würde gemeinsam mit Georgien und Armenien eine solide Barriere gegen den Islamismus und den Sowjet-Imperialismus bilden.[436] Aber schon kurz darauf wurde Venizelos abgewählt. Im Januar 1921 berichtete er über ein Gespräch mit Winston Churchill in Monte Carlo, in dem der weitsichtige Kriegsminister ihm mitgeteilt habe, dass eine drastische Revision des Friedens von Sèvres unvermeidlich geworden sei.[437]

Das größte Problem in Griechenland war in dieser Zeit die Unversöhnlichkeit der beiden Lager, der liberalen Bewegung um Venizelos und des royalistischen Lagers um König Alexander und seinen exilierten Vater Konstantin. Die überraschende Wahlniederlage des Ministerpräsidenten am 14.11.1920, bei der Wahl, bei der seine Partei 118 Mandate und eine Mehrheit der Stimmen erhielt, während die Royalisten durch das Mehrheitswahlrecht die Mehrheit der Sitze erreichten, führte zur Rückberufung Konstantins, nachdem sein Sohn Alexander plötzlich an einem

---

[435] Documents on British Foreign Policy 8 (1958), 771, Nr. 87 (22.8.1920).

[436] Llewellyn Smith (2004), 131.

[437] Documents on British Foreign Policy 17 (1970), 32, Nr. 24.

Affenbiss gestorben war. Churchill bemerkte später bitter, der Affenbiss habe einer Viertelmillion Menschen das Leben gekostet![438] Lloyd George schrieb Venizelos, das Wahlergebnis habe ihn geschockt; zu Churchill meinte er nach der Abreise Wilsons und dem Rückzug Clemenceaus und Orlandos: „Now I am the only one left". Der Affenbiss hatte die große Wende im Verhalten der Alliierten gegen die Türkei zur Folge.
Am 26.11.1920 beriet Lloyd George mit dem französischen Staatssekretär Berthelot in London über die Politik des neuen griechischen Premiers Dimitrios Rallis, der erklärt hatte, die von Venizelos eingegangenen Verpflichtungen einhalten zu wollen. Rallis solle nach London kommen, aber nicht um an der Konferenz teilzunehmen, sondern nur um seine Politik zu erläutern.[439] Man könne es nicht zulassen, dass Verräter gegenüber der Entente ans Ruder kämen. Die französischen Vertreter machten König Konstantin für die lange Kriegsdauer verantwortlich. Die öffentliche Meinung in Frankreich würde seine Rückkehr auf den Thron nie tolerieren. Bezüglich des Friedensvertrages mit der Türkei hätten die Griechen einige Verpflichtungen übernommen. Lloyd George meinte, Rallis sei nicht der Premier des Königs; man könne ihn anhören und eine gemeinsame Politik festlegen. Man müsse Garantien festlegen, die Rallis der Entente geben müsste. Jetzt sei nur zu entscheiden, ob man ihn einladen solle oder nicht. Wenn die Griechen auf eine Disharmonie zwischen den Großmächten spekulierten, sei es wichtig, ihnen zu zeigen, dass dem nicht so sei. Lord Curzon meinte, man müsse den Eindruck vermeiden, dass die Alliierten das Plebiszit über die Rückkehr König Konstantins beeinflussen wollten; je eher Rallis komme, desto besser sei es. Wichtig sei, dass der Friede von Sèvres aufrechterhalten werde. Man könne aber nicht über die Griechen urteilen, ohne sie gehört zu haben. Der französische Minister Leygues zählte Druckmittel gegen Griechenland auf, um die Rückkehr des Königs zu verhindern. Lloyd George betonte, der Verrat der Türkei habe den Alliierten mehr gekostet als irgendeine Aktion Konstantins. Griechenland könne man

[438] Churchill V (1929), 386.
[439] Documents on Foreign Policy 8 (1958), 810, Nr.95 (26.11.1920).

viel einfacher kontrollieren als die Türkei. Die gesamten Kosten für die Überwachung der Meerengen fielen auf Großbritannien und Frankreich. Curzon fragte die Franzosen, ob es ihnen klar sei, dass der ganze Friedensvertrag mit der Türkei falle, wenn man den Griechen ihren „Augapfel“ Smyrna oder Thrakien wegnehme?[440] Leygues meinte, dies alles sei nur die Schuld der Feinde von Venizelos, zu dem die Alliierten immer das größte Zutrauen gehabt hätten. Curzon betonte gegenüber dem französischen Vorschlag, Griechenland das Ende der Unterstützung bei einer Rückkehr Konstantins anzudrohen, der König sei der beste Garant dafür, den Friedensvertrag durchzusetzen.
Am 2.12.1920 wurden die Verhandlungen in London in Anwesenheit des italienischen Außenministers Sforza fortgesetzt. Lloyd George schlug vor, die Griechen vor der Rückberufung des Königs zu warnen. Mit Curzon vertrat er die Auffassung, wenn die Griechen den Friedensvertrag auflösten, müssten sie auch die Konsequenzen tragen. Er übernehme keine Verantwortung dafür, wenn die Griechen in Smyrna wieder unter türkische Herrschaft kämen. Die Alliierten gaben noch vor der Volksabstimmung eine Erklärung heraus, dass sie sich im Fall der Rückkehr Konstantins jede Entscheidung offen halten würden.[441] Eine Stellungnahme zu einem eventuellen Königtum des Kronprinzen Georg ließen sie offen. Die Botschafter in Griechenland sollten dies publizieren.Nachdem er 20 Monate in Paris gewesen war, trat Venizelos von allen Ämtern zurück und schrieb am 27.11. aus Nizza, man müsse jetzt verhindern, dass Konstantin wieder auf den Thron komme und statt ihm seinen Sohn Georg protegieren. Der inhaftierte Oppositionsführer Dimitrios Gounaris widersprach Venizelos sofort und forderte die Wiedereinsetzung Konstantins; Presse, Justiz und Kirche seien in der Ära Venizelos korrumpiert worden. Die neue Regierung Gounaris setzte jedoch die Politik von Venizelos fort und verabsäumte es, mit den Türken über einen Frieden zu verhandeln.
Die Sympathien der Alliierten waren an die Person von Venizelos gebunden; mit dem Schwager Wilhelms II. wollte man nichts zu

[440] Ebenda, 817 (26.11.1920).
[441] Ebenda, 835, Nr.97 (2.12.1920).

tun haben. In Frankreich und Italien war man erleichtert; hier betrachtete man den Thronwechsel als eine günstige Gelegenheit, die Unterstützung der griechischen Politik zu beenden. Churchill bemerkt in seinem Buch „The World Crisis", dass damit in England die Sympathie und das Interesse für Griechenland erlosch: „There was no need any more to pursue an anti-Turkish policy."[442] Er bemerkte, dass durch diese Wahl alle Loyalitäten der Alliierten zu Griechenland beendet wurden.[443] Im Gegenteil: Frankreich brauchte nun keine Rücksicht mehr auf Griechenland zu nehmen, als es sich mit Kemal verbündete.

Der Oberste Rat in Paris beschloss am 3.12.1920, Griechenland zu warnen, dass es keinen weiteren Beistand von Frankreich zu erwarten habe, wenn König Konstantin zurückkehre, der mit den Deutschen sympathisiert habe. Jede finanzielle Hilfe der Alliierten wurde abgelehnt.[444] Die französischen Vertreter meinten, der Vertrag von Sèvres müsse zugunsten der Türkei geändert werden; solange die Griechen in Smyrna blieben, würde Kemal keinen Frieden schließen. Smyrna sollte unter ottomanischer Souveränität bleiben, aber eine international garantierte Autonomie erhalten. Lloyd George aber wollte zunächst abwarten, welche Politik Griechenland einschlagen werde. Er glaube nicht an die Türken, die Generationen hindurch Völker schlecht regiert hätten. Die Mächte würden sich selbst und die Zivilisation degradieren, wenn sie eben erst befreite Gebiete unter die schlechte ottomanische Verwaltung zurückgäben. In Gebieten mit türkischer Mehrheit könne man dies machen, nicht aber in Smyrna. Wenn die Griechen dies selbst täten, übernähmen sie die Verantwortung dafür. Er glaube auch nicht an eine internationale Kontrolle, deren Beschwerden Kemal ignorieren würde. Möglicherweise könnten die Alliierten Wilsons Entscheidung über die Grenzen Armeniens nicht akzeptieren.[445] Graf Sforza meinte, vielleicht komme für Smyrna eine „Schanghai-Lösung" in Frage, bei der die ausländischen Konsuln die Stadt verwalteten. Leygues mein-

---

[442] Churchill V (1929), 388.

[443] Ebenda, 387f.

[444] Llewellyn Smith (2005), 166.

[445] Documents on British Foreign Policy 8 (1958), 843f, Nr.98 (3.12.1920).

te, niemand könne sagen, ob die griechische Verwaltung besser sei; Smyrna könne auch das Schicksal Salonikis erleiden. Lloyd George hingegen erwiderte, nach all dem, was die Türkei den Alliierten im Krieg angetan habe, könne man jetzt nicht „a fine fellow and a good friend" mit ihnen sein. In der Diskussion tauchte jetzt auch der Gedanke auf, Frankreich werde den Vertrag vielleicht nicht ratifizieren, weil sich die Situation geändert habe. Lord Curzon teilte der Konferenz mit, dass das türkische Parlament die Ratifizierung des Vertrags von Sèvres angekündigt habe. Mustafa Kemal befürchtete, dass der in die Türkei zurückgekehrte Enver Pascha ihm den Rang ablaufen könne, da seine Vereinbarungen mit den Bolschewiken in der Türkei nicht gut ankamen. Graf Sforza äußerte Zweifel, ob Kemal den Vertrag wirklich akzeptieren würde. Lloyd George meinte, die alte Feindschaft zwischen Russland und der Türkei werde bald wiederaufleben und Kemal in die Arme der Westmächte treiben. Kemal sei ein Orientale, und beim Handel müsse man ihm den ersten Vorschlag machen lassen. Man solle jetzt erst einmal die Verhandlungen untereinander abwarten. Curzon schlug vor, für den Fall der Rückkehr Konstantins zu verlangen, dass der Friedensvertrag eingehalten werde; dies sei eine Bedingung seiner Anerkennung.[446]

Man beschloss im Obersten Rat, im Fall der Rückkehr Konstantins keine weitere Finanzhilfe an Griechenland mehr zu garantieren. Nach der Wahlniederlage von Venizelos kam es am 5.12. 1920 zur Volksabstimmung in Griechenland, in der der König mit überwältigender Mehrheit zurückgerufen wurde. Dies bot Frankreich die Gelegenheit, sich mit Mustafa Kemal zu arrangieren. Am 19.12. kehrte König Konstantin nach Athen zurück. Die Alliierten in Paris erklärten, die Rückkehr des Königs, der sich ihnen gegenüber feindselig verhalten habe, sei als Affront gegen sie zu betrachten. Frankreich begann eine Kampagne für eine Revision des Vertrags von Sèvres und knüpfte Kontakte zu Kemal. In England protestierte Churchill gegen die Politik von Lloyd George und erklärte, man müsse Mustafa Kemal von den Sowjets abziehen; die kemalistische Türkei sei ein Bollwerk gegen den

[446] Ebenda, 854-856, Nr. 99 (3.12.1920).

Bolschewismus und sichere den Weg nach Indien.[447] Churchill wies den Premier darauf hin, dass die konservative Mehrheit im Kabinett und im Unterhaus für die Türkei sei; es wäre das Beste, wenn Griechenland sich aus Kleinasien zurückziehe und Frieden schließe. Der Premier aber ließ sich nicht beirren und schwärmte von der großen Zukunft Griechenlands. „They represent Christian civilization against Turkish barbarism."[448] Nicolson verfasste ein Memorandum, England solle die Politik der Unterstützung Griechenlands fortsetzen, während Italien und Frankreich den Vertrag von Sèvres revidieren wollten.
Lloyd George erklärte am 22.12.1920 seine Bereitschaft, an der Unterstützung Griechenlands festzuhalten. In einem Brief an Curzon schrieb er jedoch später: „Von dem Augenblick an, als Griechenland Venizelos stürzte,...war mir klar, dass eine progriechische Politik in Anatolien verurteilt war, und ich war mir mit Ihnen einig darüber, dass wir bestenfalls hoffen könnten, den Schutz der christlichen Minderheiten durchzusetzen."[449] 22 Ende des Jahres 1917 abgesetzte Bischöfe wurden wieder eingesetzt. Das orthodoxe Patriarchat in Konstantinopel aber unterstützte auch weiterhin die Politik von Venizelos. Die 1917 beim Sturz Konstantins abberufenen Generäle übernahmen nun wieder ihre alten Funktionen. Auch die Universitäten, Schulen und Gerichte wurden „gesäubert". Der Ruf „Auf nach Konstantinopel!" wurde laut. Etwa 1500 unter Venizelos abgesetzte Offiziere kehrten wieder in ihren Dienst zurück. Sterghiadis blieb jedoch Hochkommissar von Smyrna. Der König, der die Expansion nach Kleinasien vorher als den „Venizelos-Wahnsinn" bezeichnet hatte, setzte nun genau dessen Okkupationspolitik fort – allerdings ohne die Unterstützung der Entente, die Venizelos immer gehabt hatte!
Die dritte Phase des Krieges dauerte von Januar bis April 1921. König Konstantin und seine Anhänger setzten die Abberufung der venizelistischen Generäle durch und führten den Krieg in Anatolien mit unerfahrenen Anhängern im Militär fort. Da die Alliierten ihn nicht anerkannten, nahm er bei der Kriegführung keine

[447] Llewellyn Smith (2005), 162.
[448] Churchill V (1929), 391.
[449] Nicolson: Nachkriegsdiplomatie (1934), 253.

Rücksicht mehr auf sie. Der in Kreta inhaftierte Anastasias Papoulas erhielt das Oberkommando der griechischen Truppen in Kleinasien. Die Disziplin der Armee lockerte sich. Immerhin riet Venizelos nach seiner Wahlniederlage zu einem Rückzug der griechischen Armee auf Positionen um die Zone von Smyrna.[450] Der neue Ministerpräsident Dimitrios Rallis wollte der Londoner Konferenz Erfolge vermelden, aber es kam anders. 1921 wurde Dimitrios Gounaris sein Nachfolger. Theoretisch hätte die neue Regierung den Krieg beenden können; Venizelos und General Metaxas rieten jetzt zur Defensive, aber die Regierung befahl die Offensive. Es gab keine Friedensbemühungen, obwohl es zu diesem Zeitpunkt denkbar gewesen wäre, einen Frieden zu schließen, der den Griechen Thrakien und einen Fuß in Smyrna belassen hätte.[451]
Die italienischen Waffenverkäufe und die französischen Geheimverträge mit Mustafa Kemal ermöglichten es diesem, seine Truppen von der armenischen und syrischen Front abzuziehen und gegen die Griechen ins Feld zu stellen. Die schlechte neue Führung der griechischen Armee wirkte sich bald verheerend aus. Nachdem Poincaré die französischen Truppen von den Dardanellen abgezogen hatte, blieben neben den Griechen nur noch die Engländer militärisch präsent. Etwa 150 venizelistische Offiziere flohen nach Konstantinopel; sieben von neun Divisionskommandeuren wurden ausgetauscht. Papoulas plante zunächst einen Vorstoß von Bursa nach Eskisehir in Richtung Südosten. Churchill vergleicht das Kräfteverhältnis: die Griechen hatten sieben Divisionen im Süden bei Ushak und vier Divisionen im Norden bei Bursa, die Türken hingegen sechs Divisionen zwischen Eskisehr und dem Marmara-Meer und im Süden zehn Divisionen um Kutahya; das Verhältnis betrug also 11 gegen 16 Divisionen, aber 51.000 gegen 48.000 Mann mit einer Überlegenheit der Griechen an Gewehren, Maschinengewehren und Flugzeugen. Die Türken aber hatten noch drei Divisionen in Reserve bei Ankara, zwei in Kilikien und drei in Amasya.[452] Die irregulären türkischen

[450] Pavlos Tzermias: Neugriechische Geschichte, Tübingen 1986,127.
[451] Churchill V (1929), 392.
[452] Ebenda, 397.

Banden waren von General Ismet Pascha trainiert und diszipliniert worden. Das Kräfteverhältnis zeigt die Türken demnach klar überlegen. Am 9.1.1921 errang der kemalistische General Ismet Pascha bei dem Ort Inönü einen ersten Sieg über die Griechen; später nahm er den Namen dieses Ortes an. In der türkischen Geschichtsschreibung wurde die Schlacht, bei der 95 Türken fielen, später zum großen Sieg aufgebauscht. Venizelos hielt Kontakt mit Lloyd George und erwog auch eine Unterstützung separatistischer Tendenzen für einen eigenen griechischen Staat in Kleinasien. Der Hochkommissar Rumbold aus Konstantinopel berichtete am 29.1.1921 über ein Gespräch mit dem Außenminister der Sultans-Regierung Sefa Bey, die Türkei erwarte gleich behandelt zu werden wie andere besiegte Länder. Die Massaker an den Christen seien eine Folge der russischen Politik im 19. Jahrhundert. Er behauptete, die Armenier hätten mehr Türken ermordet als Türken Armenier. Gebiete mit mehr als 55 % Armeniern könnten zu Armenien gegeben werden, nicht aber Gebiete, in denen die Türken die Mehrheit hätten. Ein Hafen für Armenien sei aber kein Problem; man könne den Armeniern eine exterritoriale Eisenbahn bis zum Schwarzen Meer geben.[453]
Die dritte Londoner Konferenz vom 18.2.-18.3 1921 sollte Griechen und Türken an den Verhandlungstisch bringen, um auf der Grundlage des Vertrags von Sèvres zu einer Einigung zu kommen. Der britische Diplomat Osborne schlug für einen neuen Vertrag vor, Smyrna als „Provinz Jonien" unter türkischer Herrschaft mit griechischem Gouverneur zu belassen, dem die lokale Gendarmerie unterstehen sollte. Die Einwohner des Gebietes sollten von griechischen Diplomaten im Ausland vertreten werden. Armenien sollte auf das frühere Russisch-Armenien mit Kars, Alexandropol und Ardahan beschränkt werden. Die armenischen Gebiete in der Türkei sollten die Autonomie erhalten und Kilikien unter der Souveränität des Völkerbundes stehen.[454] Die Kemalisten verlangten, als Vertreter der Türkei zur Konferenz geladen zu werden. Rallis hatte einen Brief von Venizelos über seine Gespräche in London mit Lloyd George erhalten, der zur Defensi-

[453] Documents on British Foreign Policy 17 (1970), 38-42, Nr. 29.
[454] Ebenda, 63, Nr. 41.

ve riet. Venizelos meinte, in der gegenwärtigen Situation müsste man sich auf die Verteidigung des Gebietes beschränken, das Griechenland im Vertrag von Sèvres erhalten habe; dafür benötige man drei Divisionen oder 45.000 Mann.[455] In Griechenland rief die Londoner Konferenz großen Unmut hervor.

Bei dieser dritten Londoner Konferenz wurde im Februar 1921 sichtbar, dass die Koalition der Sieger allmählich zerfiel. Die Türkei war mit zwei Delegationen vertreten: mit Tevfik Pascha, dem Premier der Sultans-Regierung und Yussuf Kemal Bey, dem Vertreter Kemals. Griechenland war nicht bereit, Smyrna aufzugeben. Der neue französische Premier Briand hatte durchaus Sympathien für Griechenland; er war befreundet mit Prinz Georg, dem Bruder Konstantins, und mit seiner Gemahlin Marie Bonaparte. Lloyd George erwog die Aufhebung der finanziellen Blockade Griechenlands und bestärkte die Griechen darin, keine legitimen Rechte aufzugeben. Die Griechen wollten daher den Vertrag von Sèvres unverändert beibehalten. Die Italiener waren verärgert über die griechische Landung in Smyrna und brachten indirekt die Kemalisten an den Verhandlungstisch. Sie lieferten sogar Geld und Waffen an die Türken, sodass der englische Diplomat Adam Block von „Verrätern" im Lager der Alliierten sprach.[456] Die griechischen Vertreter ersuchten England, als dessen „Festlandsdegen" sie sich ausgaben, um wirtschaftliche Unterstützung und prophezeiten schließlich die Vernichtung der kemalistischen Armee in kurzer Zeit.

Lloyd George schlug eine Änderung des Vertrags von Sèvres vor: Konstantinopel sollte geräumt werden, „vorausgesetzt, dass die Türkei erklärte, Armenier-Massaker zu unterlassen." Das Gebiet von Smyrna sollte unter türkischer Oberhoheit bleiben, aber einen christlichen Gouverneur erhalten.[457] Es wurde auch verlangt, dass die Türkei das Recht der Armenier auf einen eigenen Staat in Ostanatolien, dessen Grenzen vom Völkerbund festgesetzt werden sollten, anerkennen sollte.[458] Churchill warnte Lloyd

---

[455] Llewellyn Smith (2005), 184.

[456] Nassibian (1985), 233.

[457] Nicolson: Nachkriegsdiplomatie (1934), 253.

[458] Gürün (1985), 287

George erneut in einem Brief, man werde die Türken in die Arme der Bolschewiken treiben und gefährde die Armenier, wenn es zu keinem Frieden komme.[459] Montagu, der Staatssekretär für Indien, hielt die Änderungsvorschläge des Friedensvertrages schriftlich fest.[460]

Bereits während der Konferenz im St. James Palace gaben die Franzosen den Türken zu verstehen, dass sie mit einer Räumung Kilikiens einverstanden seien. Nach der Konferenz zogen die Italiener ihre Truppen vom kleinasiatischen Festland ab. Der nationalistische Außenminister Bekir Sami Bey erreichte am 9.3.1921 in London einen Waffenstillstand und die Einigung mit Frankreich über die Räumung Kilikiens gegen große Vorteile in den Handelsbeziehungen und einen Austausch der Gefangenen.[461] Damit galt Frankreich fortan als Verbündeter der Kemalisten. Die Italiener schlossen am 12.3. einen ähnlichen Vertrag, in dem sie den Kemalisten Unterstützung in der Frage Thrakiens und Smyrnas zusagten.[462] Darin hieß es, dass Italien bei den Friedensverhandlungen die türkische Forderung nach Rückgabe Thrakiens und Smyrnas unterstütze und die Truppen in Anatolien nach dem Friedensvertrag abziehen werde. Bekir Samir Bey bot den Griechen eine autonome Provinz Smyrna mit einem griechischen Statthalter an; die Griechen lehnten dieses Angebot ab. Die Stadt Smyrna wollte eine griechische Garnison, war aber unter Umständen bereit, eine von den Alliierten kontrollierte Polizei zu akzeptieren. Auch eine Revision des Vertrages von Sèvres sowie die Feststellung der nationalen Zugehörigkeit der Menschen in den von den Griechen besetzten Gebieten kamen zur Sprache. Die Griechen waren zur Einsetzung einer autonomen Regierung im Gebiet von Smyrna bereit, nicht jedoch zu einem völligen Abzug, auf dem die Türken beharrten. Die Türken legten ihre Forderung nach der Räumung Smyrnas und Ost-Thrakiens vor. Auch bezüglich der Zahlenverhältnisse bei der Bevölkerung kam man zu keiner Einigung. Obwohl das Thema bereits bei der

[459] Churchill V (1929), 394f.

[460] Documents on British Foreign Policy 17 (1970), 134-140, Nr. 119.

[461] Ebenda, 77, Nr. 56.

[462] Ebenda, 81, Nr. 60 u. 132, Nr. 114 sowie: Mango (2004), 309.

Pariser Friedenskonferenz erörtert worden war, setzte man nun eine Kommission ein, die die Bevölkerungsverhältnisse in den zwei umstrittenen Gebieten Ost-Thrakien und Smyrna feststellen sollte. Die Türken nahmen den Vorschlag an, die Griechen aber lehnten ihn ab, da sie auf dem Vertrag von Sèvres beharrten. Die Griechen legten den Engländern Pläne vor, in Pontus zu landen und von dort nach Erzerum und Sivas zu marschieren. Die französisch-türkischen Verhandlungen in London blieben den Griechen nicht verborgen, die entschlossen waren, eine neue Offensive zu beginnen, bevor sich die militärische Balance zugunsten Kemals neigen würde. Lloyd George schlug noch einmal vor, überwiegend türkische Orte der Zone von Smyrna an die Türken zurückzugeben. Der türkische Delegationsleiter Bekir Sami Bey lehnte einen Kompromiss ab, der den Griechen Smyrna überließ.[463]

Die Griechen nahmen einen Kompromissvorschlag des britischen Foreign Office an, den Bekir Sami der Großen National-Versammlung vorlegen wollte. Sie hatten aber bereits beschlossen, den Krieg wieder aufzunehmen, weil sie glaubten, dass die Türken nur Zeit gewinnen wollten und beschlossen, sofort loszuschlagen. Lloyd George betonte, England könne es den Griechen nicht verbieten, Schritte zu unternehmen, um das Anwachsen der Macht Mustafa Kemals zu verhindern. Damit hatte er seine Einstellung zu der Frage deutlich gemacht. Am Schluss der Konferenz erklärten die Alliierten, sich im Krieg zwischen Griechen und Türken neutral verhalten zu wollen. Damit endete die Konferenz am 18.3. Ein Ausgleich zwischen Griechen und Türken scheiterte, weil sowohl Mustafa Kemal als auch die neue griechische Regierung eine Einigung ablehnten. Die griechische Offensive wurde Anfang April 1921 von der reorganisierten kemalistischen Armee wieder auf ihre Ausgangsposition zurückgedrängt.

Es gelang den Türken auch, von der kommunistischen Sowjet-Union Unterstützung zu erhalten, die den „britischen Imperialismus“ bekämpfen wollte. Bekir Sami Bey war am 17.7.1920 in Moskau, um nach diplomatischen Verhandlungen im Juli und August am 24.8.1920 offizielle Beziehungen aufzunehmen und einen Vertrag zu schließen. So kam es bereits im Sommer 1920

[463] Llewellyn Smith (2005), 195.

zu ersten Waffenlieferungen der Sowjets an die Kemalisten. Am 16.3.1921 kam es in Moskau zum Abschluss eines Bündnis-Vertrages zwischen der UdSSR und der kemalistischen Türkei, die von den Sowjets Waffenhilfe erhielt.[464] Diese Waffenhilfe wurde erst im November beim Einmarsch der Kemalisten in Armenien unterbrochen. Durch ihre Verträge mit Frankreich, Italien und der Sowjet-Union stand die kemalistische Türkei gestärkt da. Sie konnte es sich leisten, fortan die Sultans-Regierung in Konstantinopel zu ignorieren. Die Griechen bekamen militärische Unterstützung von England; der Krieg wurde in gewissem Sinne zum Stellvertreterkrieg.

Am 23.3.1921 eröffnete die griechische Armee die nächste Etappe des Krieges, in der Bursa erobert wurde. Die Alliierten billigten den Vormarsch nicht. Die Kemalisten bekamen bald Nachschub: Die bolschewistische Regierung in Russland unter Lenin schloss am 16.3.1921 ein Bündnis mit Kemal, in dem den Nationalisten in der Türkei militärische Unterstützung zugesichert wurde.[465] Es war ein Kapitalfehler der britischen Politik, die griechische Regierung nicht über die Konsequenzen aus der jüngsten Entwicklung zu informieren. Churchill war entrüstet über die Politik Lloyd Georges, die die Griechen nicht bremste, sondern zu einem Feldzug über das Gebiet von Smyrna hinaus in Richtung Ankara ermunterte, der für sie allein nicht zu gewinnen war.

General Ismet trat in Inönü am 31.3.1921 erneut gegen die Griechen an, die zuvor eine strategische Höhe bei Metristepe erobert hatten. Tausende Griechen fielen in der Schlacht, die für die Nationalisten zum großen Prestige-Erfolg wurde. Die Griechen besetzten daraufhin die Stadt Afyonkarahisar, wurden jedoch wieder von dort vertrieben. Der Krieg ging unentschieden weiter. Beide Seiten setzten Maßnahmen gegen die Bevölkerung des Gegners. Die Griechen beklagten die Folterungen von Griechen und Armeniern bei Caesarea und die Verhaftung und Vertreibung des Bischofs von Sokia.[466]

Die vierte Phase des Krieges dauerte vom 5.4. bis zum 21.7.1921. Im April 1921 kam es zu einem Gespräch zwischen Premier Gou-

---

[464] Andrew L. Zapantis: Greek-Soviet Relations 1917-1941, New York 1982, 65 u. 58.

[465] Mango (2002), 310.

[466] Documents on British Foreign Policy 17 (1970), 111, Nr. 89.

naris, Minister Protopapadakis und dem General Metaxas über die Lage, die als kritisch eingestuft wurde. Bei einem Zurückweichen der Griechen fürchtete man verheerende Folgen. Als die Kemalisten Ende April 1921 Verstärkungen erhielten, drängte Gounaris die Armee zum Angriff. In den besetzten Gebieten kam es zum Widerstand der Muslime gegen die neue Verwaltung. Im April 1921 erklärten die Alliierten schließlich auch ihre Neutralität im Krieg zwischen Griechen und Türken.[467] Hochkommissar Rumbold beschwerte sich über die Agitation der griechischen „Nationalen Verteidigungs-Bewegung" („Amyna"), die Konstantinopel als Aufmarschbasis benutze.[468] Lord Curzon, der die Neutralität wahren wollte, berichtete dem griechischen Außenamt auf Beschwerden über Behandlung der Griechen durch die Muslime, dass man aus Thrakien die gleichen Klagen höre: Griechenland versuche die demografische Struktur durch Vertreibungen zu verändern; junge muslimische Frauen hätten Selbstmord begangen, um dem griechischen Heer zu entkommen.[469] England und Frankreich verständigten sich darauf, den Kriegsparteien keine Waffen zu liefern. In einem Gespräch warnte Rumbold Erzbischof Nikolaos von Caesarea, den Statthalter des Patriarchats nach dem Tod von Erzbischof Dorotheos, der am 18.3.1921 in London gestorben war, sich zu sehr in die Politik einzumischen, was den Türken sehr missfalle.[470] Die Parteistellung des Patriarchates sollte diesem später noch teuer zu stehen kommen.
England informierte die Griechen, dass es keine Waffenlieferung an die Kemalisten von der Ägäis aus zulassen werde. Am 23.5. hatte Hochkommissar Rumbold eine Audienz beim Sultan, der ihm von griechischen Plänen, die Türken auszurotten, erzählte. In Smyrna seien 60–70 % der Bevölkerung Türken, in Thrakien 90 %. Die Regierung Kemals sah er als von den Sowjets manipuliert an. Solange die Griechen in Smyrna und Thrakien seien, könnten die Wunden der Türkei nicht heilen. Die Minderheiten in der Türkei gehörten zu den schlechtesten Rassen des Ostens.[471]

[467] Ebenda, 120, Nr. 100 u. Llewelyn Smith (2005), 215.
[468] Documents on British Foreign Policy 17 (1970), 122f, Nr. 103.
[469] Ebenda, 117f, Nr. 98
[470] Ebenda, 145f, Nr. 124.
[471] Ebenda, 192-194, Nr. 186.

Ende Mai skizzierte Eyre Crowe den möglichen Kriegsausgang: ein Sieg der Türken bringe für die Christen das alte Regime der Unterdrückung und Massaker zurück.[472] Anfang Juni 1921 hielt Lloyd George in Chequers eine Konferenz seiner Regierung ab, in der beschlossen wurde, auf beide Seiten Druck auszuüben, um zu einem Frieden zu kommen. Churchill schlug ihm vor, gemeinsam mit den Franzosen einen Frieden zu vermitteln, durch den die Griechen aus Smyrna evakuiert würden. Dies könnte auch den Sturz König Konstantins und die Rückkehr von Venizelos zur Folge haben. England müsse dann eingreifen, um die Christen in Anatolien zu retten.[473] Als in der türkischen Presse verbreitet wurde, die Engländer unterstützten griechische Exzesse, ließen diese verlautbaren, sie würden bei der Fortsetzung derartiger Verleumdungen ihre Hilfeleistung für muslimische humanitäre Einrichtungen stoppen.

Im Juni 1921 kam es in Paris zu Friedensverhandlungen zwischen den Kriegsparteien. Frankreich, das viel Kapital in der Türkei investiert hatte, war nun bereit, mit den Kemalisten Kontakt aufzunehmen. Henri Franklin-Bouillon, ein Mitglied des außenpolitischen Ausschusses der Nationalversammlung, kam am 8.6.1921 nach Ankara, offiziell als Privatmann, inoffiziell aber als Vertreter von Außenminister Briand. Mustafa Kemal gab ihm zu verstehen, dass die Türkei nie wieder Kapitulationen wie in der osmanischen Ära akzeptieren würden. Eine Woche später kam General Charles Harington, ein englischer Vertreter des Hohen Kommissärs in Konstantinopel. Am 21.6. räumten die Franzosen den Schwarzmeerhafen Zonguldak: eine erste Verhandlungsphase hatte dazu geführt, dass jetzt auch die Alliierten mit der kemalistischen Regierung verhandelten. Die Engländer setzten eine Kommission über die Zukunft von Konstantinopel ein, zu der Lloyd George, Curzon und Churchill gehörten. Am 2.6.1921 schlug Churchill vor, den Frieden zu sichern, um muslimische Animositäten in Mossul und Palästina zu verhindern. Venizelos kam zu dieser Zeit nach London und drehte den Spieß um, indem

---

472 Ebenda, 207-211, Nr. 201: "We should have a sultan,...his Christian subjects returning to the old regime of oppression and massacre."

473 Churchill V (1929), 395f.

er erklärte, England gerate in Gefahr, Mesopotamien, Syrien und Palästina zu verlieren.[474] Sogar der griechische Hochkommissar Sterghiadis hatte sich gegenüber dem britischen Konsul Henry Lamb in Smyrna über die schlechte Moral der nachfolgenden Truppen aus Griechenland beklagt. Die Alliierten überlegten nun, die Vorschläge der Londoner Konferenz noch etwas zugunsten der Türken zu ändern: Man bot die türkische Souveränität über Smyrna in Verbindung mit einer Garantie für die Christen oder aber einen autonomen Staat unter dem Protektorat der Alliierten bei gleichzeitigem Abzug der griechischen Truppen.[475] Marineminister Churchill plädierte für die Aufgabe Smyrnas; Lloyd George wollte jedoch die Kontrolle der Dardanellen behalten. Der britische Militärattaché Hoare Nairne beurteilte im Juni 1921 die Verfassung der griechischen Armee als positiv; König Konstantin war mit dem Kronprinzen und Premier Gounaris in Smyrna. Churchill schlug vor, beiden Seiten eine Vermittlung anzubieten. Sollten die Griechen sich weigern, könne man mit der Flotte den Nachschub unterbinden, aber auch den Türken könne man bei einer Weigerung den Nachschub aus Russland abschneiden. England nahm auch Kontakte mit Frankreich auf, um die Politik zu akkordieren; im Gegensatz zu Lord Curzon beharrte Briand jedoch darauf, dass die Griechen Ost-Thrakien zu räumen hätten.[476] Würden die Türken ablehnen und blieben die Griechen siegreich, hätten die Kemalisten auch die Konsequenzen zu tragen. Briand gab zu bedenken, dass die Türken auch über Thrakien würden reden wollen. Venizelos riet der griechischen Regierung, die Vorschläge anzunehmen, aber diese war bereits bei der Vorbereitung einer neuen Offensive. Das Selbstbewusstsein der Regierung in Ankara zeigte sich auch darin, dass sie erklärte, sie werde gefangene Engländer erst freilassen, wenn England auch die nach Malta gebrachten Kriegsverbrecher freilasse. Als die Türken Ende Juni 1921 Ismid einnahmen, kam es zu Massakern an den Armeniern.[477] Der griechische Verteidigungsminister

[474] Llewellyn Smith (2005), 218.

[475] Ebenda, 220. u. Documents on British Foreign Policy 17 (1970), 244-248, Nr. 229.

[476] Llewellyn Smith (2005), 223.

[477] Documents on British Foreign Policy 17 (1970), 282f, Nr. 267.

erklärte, der Feldzug in Kleinasien sei keine Bürde, die man von der früheren Regierung übernommen habe; alle Griechen stünden hinter dieser Sache. Das Vermittlungsangebot der Alliierten wurde von den Griechen Ende Juli 1921 abgelehnt.[478]
In einem Brief vom 3.7.1921 an General Danglis beschuldigte Venizelos die Regierung, mit ihrer Ablehnung der Vermittlung durch die Großmächte das „letzte Verbrechen gegen Griechenland" begangen zu haben. In einem zweiten Brief vom 26.8. schrieb er, allein die Besetzung von Konstantinopel würde eine Entscheidung bringen – aber das würden die Großmächte verbieten.[479] Als die Briefe in der Presse publiziert wurden, zerbrach auch der nationale Konsens unter den Griechen, die sich zunehmend isoliert fühlten. Die Anhänger von Venizelos blieben auch in Konstantinopel und in Smyrna aktiv, wo es Bestrebungen nach einem eigenen Staat mit einer Freiwilligenarmee gab. Rechtsanwälte und Kaufleute bildeten ein „Komitee für nationale Verteidigung". Der venizelistische Patriarchatsverweser Dorotheos von Bursa sah in einem Freistaat die einzige Lösung. Als er im März 1921 starb, konnte aufgrund des Gegensatzes zwischen den Venizelisten und den Anhängern König Konstantins bis Dezember 1921 kein neuer Patriarch gewählt werden. Der Venizelist Meletios IV. Metaxakis, der nach der Rückkehr des Königs im November 1920 als Erzbischof von Athen hatte zurücktreten müssen, kehrte aus den USA zurück und traf in London mit Lloyd George zusammen; das Interview wurde in Griechenland publiziert und erregte Aufsehen, wurde doch Lloyd George zitiert: „Mit der gegenwärtigen Regierung ist es absolut unmöglich für die Griechen, in Kleinasien zu bleiben."[480] Er sei ein Freund der Griechen, aber alle seine Kollegen seien gegen ihn.
Patriarch Meletios IV. trat nach seiner von der türkischen Regierung nicht anerkannten Wahl zum Patriarchen im Dezember 1921[481] noch unter der englischen Besatzung die Regierung als orthodoxer Patriarch von Konstantinopel an, obwohl er als grie-

---

[478] Ebenda, 276f, Nr. 260.

[479] Llewellyn Smith (2005), 234f.

[480] Ebenda, 248.

[481] Documents on British Foreign Policy 17 (1970), 530, Nr. 489.

chischer Staatsbürger an sich nicht wählbar war. Hochkommissar Rumbold berichtete, dass der Kandidat von der türkischen Regierung nominiert und ein ottomanischer Staatsbürger sein müsse. Die Regierung intervenierte aufgrund der allgemeinen Situation jedoch nicht. Damit war Konstantinopel kirchlich gesehen „venizelistisch", während Griechenland selbst zur Monarchie Konstantins zurückkehrte. Dieser Antagonismus bedeutete für das Griechentum in der Türkei eine enorme Selbstparalysierung.[482] Der Streit zwischen den beiden Lagern in Griechenland schwächte auch die Lage der Griechen in Kleinasien. Der neue Patriarch aber weihte Sterghiadis und Papoulas in seine Pläne für eine separatistische Bewegung ein. Er weigerte sich jedoch, Konstantin als König anzuerkennen. Er stand auch weiterhin mit Venizelos in Verbindung und fühlte sich als spiritueller und politischer Führer der „unerlösten" Griechen. Die Folge war, dass auch die Griechen in Konstantinopel nicht mit den Griechen des Bezirkes von Smyrna an einem Strang zogen; Meletios beschwerte sich bei Venizelos auch über Sterghiadis, den er als „fanatisches Instrument des konstantinischen Regimes" bezeichnete und stellte die Aussichten auf ein griechisches Freiwilligenheer zu rosig dar. Sterghiadis verweigerte zwar die Teilnahme an der Nationalen Verteidigungs-Bewegung „Amyna"; doch zu Beginn des Jahres 1922 war er überzeugt, dass die griechische Zone in Kleinasien nicht zu halten sei.

---

[482] Andreas Nanakis: Venizelos and Church-State Relations, in: Venizelos ed. by Paschalis M. Kitromilides, Edinburgh 2006, 346-373, hier 364f.

19. Der Feldzug der Griechen im Sommer 1921

Am 11.6. 1921 kamen König Konstantin und der Premier Gounaris nach Smyrna; am 17.7.1921 nahmen die Griechen Kutahya ein und besetzten Eskisehir; die Schlacht bei dieser Stadt dauerte vom 9.-17.7.1921. Dies wunderte Lloyd George, hatte man doch kurz zuvor den Marsch der Kemalisten auf Konstantinopel befürchtet. Sein Sekretär notierte, Lloyd George sehe seine Reputation im Zusammenhang mit dem Erfolg der Griechen, die möglicherweise dabei seien, ein neues Reich zu errichten. Die sechste Phase des Krieges dauerte vom 22.7. bis zum 23.9.1921. Die Griechen rückten vor, ohne eine Aussicht auf das Ende des Krieges zu haben. Die türkische Armee, die im Mai 1919 nur 19.000 Mann gehabt hatte, verfügte jetzt über 200.000 Mann. Mustafa Kemal knüpfte sein Schicksal an einen temporären Rückzug. Der Fluss Sakarya (Sangarios) bildete die Frontlinie, hinter die sich die Türken schließlich zurückzogen. Die griechische Armee wollte nach Osten auf Ankara vorstoßen. Ein Offizier sagte zum britischen Militärattaché, in drei Wochen werde man in Ankara sein. König Konstantin war skeptisch. „Es ist außerordentlich, wie wenig zivilisiert die Türken sind", sagte er. „Es ist höchste Zeit, dass sie wieder nach Zentralasien verschwinden, wo sie hergekommen sind."[483] Beide Seiten verloren in der Schlacht etwa 7000 bis 8000 Mann; 4000 Türken gerieten in Gefangenschaft. Die Alliierten erklärten sich am 14.8.1921 in Paris als neutral.

Mitte August 1921 erreichten die Griechen die große zentraltürkische Salzwüste; es wurde problematisch, den Nachschub hierher zu bringen. Die Griechen waren bereits erschöpft, als die Türken sie mit frischen Truppen am Sakarya-Fluss angriffen; am 4.9. waren beide Seiten erschöpft, die Griechen hatten 18.000 Mann verloren. Am 11.9. entschloss sich König Konstantin, die Truppen hinter den Sakarya zurückzuziehen. Der Angriff auf Ankara war gescheitert. Papoulas ordnete den Rückzug der Griechen über den Sakarya-Fluss an. Auf dem Weg zurück nach Eskisehir wurden Eisenbahnbrücken gesprengt und die von den Einwohnern verlassenen Dörfer niedergebrannt. Fast ein Jahr blieb die Linie von Eskisehir nach Afium-Karahissar die Frontlinie.

[483] Llewellyn Smith (2005), S. 232.

Die Griechen versuchten durch Verstärkung des Expeditionscorps eine Entscheidung in Anatolien zu erzwingen. König Konstantin persönlich beschloss mit General Papoulas, eine Großoffensive zu starten: 126.000 Griechen standen dabei 122.000 Türken gegenüber; sie verfügten über 4000 Maschinengewehre, die Kemalisten nur über 700. Am 17.7.1921 nahmen sie die Stadt Kutahya südöstlich des türkischen Hauptquartiers von Ismet Pascha in Eskisehir ein, das zwei Tage später fiel. Etwa 31.000 türkische Soldaten desertierten. Die Griechen glaubten sich am Ziel. Die Kemalisten erhielten über das Schwarze Meer jedoch Waffennachschub von den Russen. Im August marschierten die Griechen von Eskisehir in Richtung Ankara. Sie wollten damit den Verzicht der Türken auf das Gebiet von Smyrna und Thrakien erzwingen. Mit etwa 100.000 Mann griffen sie die Türken am 23.8. am Fluss Sakarya (Sangarios) an. Prinz Andreas, der jüngere Bruder König Konstantins, befehligte das 2. griechische Armeekorps. Ismet Pascha beobachtete das Vorgehen General Papoulas, der leicht die Nerven verlor. Am Ufer des Sakarya ordnete Papoulas nach einer 21tägigen Schlacht den Rückzug an. Bei Beginn der türkischen Gegenoffensive am 13.9. stand kein Grieche mehr an der Ostseite des Sakarya; die letzte Offensive der Griechen auf Ankara war zu Ende. Diese Schlacht brachte die Wende. Mustafa Kemal proklamierte den Sieg und ordnete die Generalmobilmachung an. Ihm wurde der Ehrentitel eines Gazi verliehen, den im Mittelalter die Anführer türkischer Plündërertrupps getragen hatten. Im September 1921 wurde evident, dass es keine eindeutige militärische Entscheidung geben werde, die nur durch eine Erschöpfung der Kriegführenden Realität werden würde; diese war freilich eher von den Griechen als von den Türken zu erwarten.[484] Die griechische Offensive hatte Ankara nicht erreicht und war bei der anatolischen Eisenbahn stecken geblieben. Die Türken verhandelten mit dem französischen Diplomaten Franklin-Bouillon über Waffenlieferungen. Der türkische Politiker Yussuf Kemal Bey äußerte sich gegenüber Hochkommissar Rumbold, nur der griechische Rückzug aus Smyrna

[484] Toynbee (1923), 212.

und Thrakien könne den „ewigen“ Krieg beenden.[485] Eine mögliche griechische Niederlage wäre für die Alliierten verheerend gewesen, weswegen man in England über eine Unterstützung der Griechen nachdachte. Schließlich wurde auch die Rede Kemals vom 19.9.1921 bekannt, in der er betonte, die Türkei werde um ihre Grenzen kämpfen, was Smyrna und Thrakien einschließe und die ökonomische Unabhängigkeit und die Abschaffung aller Kapitulationen verlange. Die Türken würden die Waffen nicht niederlegen, so lange ein griechischer Soldat auf türkischem Boden stehe.[486] Damit wussten die Alliierten deutlich, worum es in diesem Krieg ging. Der britische Botschafter traf den griechischen Hochkommissar Sterghiadis in Athen, der ihm versicherte, es gehe Griechenland nur um das im Vertrag von Sèvres zugesprochene Gebiet, nicht aber um das zeitweilig eroberte und besetzte Gebiet. In der „Kernzone“ von Smyrna sei es ruhig, obwohl immer wieder kemalistische Störtrupps einsickerten.[487] Churchill meine, der Krieg sei zu einem Patt geworden, in dem keine Seite den anderen besiegen könne. Da Kemal nach Westen keinen Durchbruch schaffen könne, sei zu befürchten, dass er als Ersatz Mossul besetzen werde.[488] Auch Curzon sah die Lage der Griechen eher kritisch. Zwischen den Kemalisten und den Jungtürken (der CUP) sah er keinen großen Unterschied. Kemal beherrsche die Türkei wie ein Diktator und sei nicht zum Frieden bereit, obwohl seine Reserven erschöpft seien. Toynbee habe ein Papier über seine Besprechungen mit Raouf Ahmed Bey geschickt; für die Türken hege er neuerdings Sympathien.[489] Thrakien und Smyrna waren für die Türken nicht verhandelbar. Kemal verlangte stets die „nationale Unabhängigkeit“. Frankreich war nicht zur Unterstützung Griechenlands bereit, glaubte Curzon, eventuell aber Italien. Er plädierte auch dafür, dass die nördliche Küste des Marmara-Meeres mit Rostodo und den Inseln in griechischem Besitz blieb. Er hielt es für gangbar, dass die Alliierten einen Ausweg

[485] Documents on British Foreign Policy 17 (1970), 396-398, Nr. 389 (21.9.1921).

[486] Ebenda, 406f, Nr. 396 (28.9.1921).

[487] Ebenda, 417, Nr. 401.

[488] Ebenda, 421, Nr. 405 (26.9.1921).

[489] Ebenda, 421-433, Nr. 405: “Toynbee, the correspondent of the ‘Manchester Guardian’, who has transferred his sympathies from Greek to the Turks”.

vorschlagen sollten. Churchill schlug vor, die Alliierten sollten den Frieden durch eine Seeblockade erzwingen.
Vergeblich versuchte England zu vermitteln. Seit August 1921 liefen Verhandlungen der Regierung Gounaris mit England über einen Besuch des Premiers in London. Gounaris schlug vor, Konstantinopel und die Meerengen sollten einen eigenen Staat unter britischer und griechischer Garantie bilden. Wichtig sei auch, zu verhindern, dass Russland – wie im Vertrag von 1915 vorgesehen – die Meerengen kontrollieren könne.[490] Er reiste schließlich im Oktober 1921 mit Außenminister Baltazzis nach England und Frankreich, um die Mächte um Unterstützung zu bitten. Eyre Crowe notierte ein Gespräch mit Venizelos vor dessen Reise nach Amerika, der meinte, man müsse auf den Sturz König Konstantins hinarbeiten, ohne den Frankreich nie bereit wäre, Griechenland zu unterstützen. Crowe gab zu verstehen, dass der Friede nicht allein in der Hand der Alliierten läge, da die Türken nicht zu Konzessionen bereit seien und man in Europa zu einem Ausgleich mit den Muslimen kommen wolle.[491] Kurz darauf empfing Briand den griechischen Premier, der jedoch nicht erklärte, der Rücktritt des Königs sei der erste Schritt zum Frieden. Allerdings rügte er die Griechen, weil sie in den eroberten Gebieten in Anatolien die griechische Verwaltung eingeführt hätten, was als erster Schritt zu einer Annexion gesehen werden könnte.[492] Auch beklagte er sich über die griechische Haltung während des Weltkrieges; er hoffe aber, dass Lord Curzon einen Frieden mit den Türken vermitteln könne.[493] In London traf der Premier Gounaris mit Lord Curzon zusammen, der ihm riet, die früheren Vorschläge der Alliierten anzunehmen.
Das Bündnis Frankreichs mit der Türkei vom 20.10.1921 sprengte jedoch die Entente endgültig. Briand erklärte, Frankreich habe nur die Rechte der Minderheiten in Kilikien und den Abzug der Franzosen regeln wollen.[494] Dies war ein Bruch des „Tripartite Agreement“ vom 10.8.1920, in dem die Alliierten vereinbart hat-

[490] Ebenda, 366-368, Nr. 359.
[491] Ebenda, 434f, Nr. 407 (13.10.1921).
[492] Ebenda, 444-446, Nr. 417 (21.10.1921).
[493] Ebenda, 452, Nr. 424 (27.10.1921).
[494] Ebenda, 461-455, Nr. 432 (3.11.1921).

ten, ihre Truppen nicht aus der Türkei abzuziehen, bis die Türkei ihre Zusicherungen zum Schutz der christlichen Minderheiten in der Türkei in die Tat umgesetzt hätten. Curzon wollte nun zunächst den Text des Abkommens sehen. Frankreich hatte jetzt kaum noch die Möglichkeit, gegen ein aggressives Vorgehen der Nationalisten einzuschreiten. Er wurde beauftragt, Friedensverhandlungen mit Kemal einzuleiten. Auch der italienische Diplomat Tuozzi verhandelte jetzt mit den Kemalisten über einen Separatfrieden. Kemal konnte die Truppen jetzt aus Kilikien abziehen und an die Smyrna-Front schicken. Nun blieben nur noch die Italiener in Antalya und die Engländer an den Meerengen. In Paris konnte die griechische Delegation nichts erreichen. In England war Lord Curzon um eine weitere Vermittlung bemüht. Er wollte den Türken die gleichen Vorschläge wie im Juni 1921 vorlegen und nur den griechischen Teil von Ost-Thrakien etwas verkleinern. Am 2.11.1921 akzeptierte Gounaris die auf die Verhandlungen vom Juni 1921 aufbauenden Vorschläge Curzons, der in Smyrna eine gemischte Gendarmerie unter alliierter Kontrolle schaffen wollte. Hochkommissar Rumbold meldete Lord Curzon aus Konstantinopel, dass der Vertrag von Sèvres jetzt „completely obsolete" geworden sei und einer Revision bedürfe; die Regierung in Ankara sei fortan de facto die einzige Regierung der Türkei.[495] Diese fühle sich jetzt sehr stark, auch durch das Abkommen vom 13.10.1921 mit den drei Kaukasus-Republiken und durch die Schwierigkeiten Englands mit Irland. Rumbold versuchte jetzt über den Sultans-Außenminister Izzet Pascha wieder in Kontakt mit der kemalistischen Regierung zu kommen, auf die die Sultans-Regierung keinen Einfluss mehr hatte. Curzon hingegen versuchte Italien von einem Vertrag mit den Nationalisten abzubringen. Tuozzi berichtete, dass die Kemalisten seit dem Abkommen mit Frankreich noch arroganter aufträten.[496] Eyre Crowe sprach mit einem französischen Diplomaten über den Schutz der christlichen Minderheiten in Kilikien, den die Franzosen mit den Kemalisten vereinbart hatten. Briand habe den General Gouraud in Kilikien instruiert, den Kemalisten keine Waffen zu hinterlassen.[497] An der jetzt

[495] Ebenda, 473f, Nr. 440 (11.11.1921).

[496] Ebenda, 479f, Nr. 445.

[497] Ebenda, 481f, Nr. 447 (18.11.1921).

folgenden Vernichtung der christlichen Minderheiten in Kilikien änderten diese „Abmachungen" jedoch nichts, handelte es sich in Wirklichkeit doch um Rückzugsgefechte. Am 19.11.1921 kam es zu einem Treffen zwischen Premier Gounaris und Lord Curzon in London, der die Griechen aufforderte, die Entscheidung in die Hände der Großmächte zu legen. Die Griechen wollten jedoch die Smyrna-Zone im Norden bis zum Marmara-Meer erweitern. Curzon erinnerte auch an das Schicksal Kilikiens, wo es keine Christen mehr gebe.[498]

Die Venizelisten beschuldigten den griechischen Premier Gounaris, England bei seinem Besuch in London einen Blankoscheck gegeben zu haben. Prinz Andreas sprach in einem Brief an General Metaxas die Notwendigkeit aus, eine „zweite Verteidigungslinie" aufzubauen, da die Armee erschöpft sei. Der Oberbefehlshaber Papoulas ersuchte den Premier Gounaris letztmals um britische Unterstützung an Menschen, Geld und Material für den Krieg. Es wurde Curzon klar, dass Griechenland so lange nicht bereit war, über eine Evakuierung der Truppen aus der Smyrna-Zone zu verhandeln, bis der Schutz der christlichen Minderheit gewährleistet war.[499] Der griechische Premier Gounaris rechtfertigte sich mit der Flucht von 30.000 Armeniern und Türken, die von der griechischen Armee hätten evakuiert werden müssen, als Muslime Bomben aus den Häusern geworfen hätten.[500] Das Hauptproblem der Griechen aber war, eine Verteidigungslinie zu finden, die sich auch nach einer etwaigen Abrüstung leicht verteidigen ließ.

Die Griechen beschossen türkische Hafenstädte im Schwarzen Meer, um den Waffennachschub aus Russland zu unterbinden. Eine interalliierte Untersuchungskommission versuchte die Verletzung der Menschenrechte festzustellen. Außenminister Yussuf Kemal protestierte dagegen, die „gerechtfertigten" Deportationen der Griechen aus Samson, die Jahre hindurch für eine eigene Pontus-Republik gekämpft hätten, mit den Gräueln bei Yalova zu vergleichen, bei denen 100.000 Menschen heimatlos geworden wären.[501] Hochkommissar Rumbold betonte, dass Proteste gegen

---

[498] Ebenda, 482-485, Nr. 449.

[499] Llewellyn Smith (2005), 251f.

[500] Documents on British Foreign Policy 17 (1970), 319f, Nr. 308 (15.7.1921).

[501] Ebenda, 498f, Nr. 464 (1.12.1921).

Venizelos unterschreibt den Vertrag von Sèvres (1920)

Die armenische Stadt Hadschn (oder Zayton?) in Kilikien

diese Deportationen sinnlos seien. Auch die Griechen kannten dort, wo sie das Sagen hatten, oft keine Gnade. Auch sie begannen mit Deportationen von Muslimen. In der Gegend von Ismid und Yalova waren viele türkische Dörfer zerstört. Der britische Hochkommissar protestierte gegen diese Übergriffe und Massaker der Griechen.[502] Die Briten protestierten gegen die Gräuel der griechischen und armenischen Irregulären, um vor allem auch Bursa vor diesem Schicksal zu bewahren.[503] Sie verständigten auch die Italiener und Franzosen davon.[504] Auch in Ismid fand der englische Historiker Arnold Toynbee die Spuren der Zerstörungen griechischer Soldaten.[505] Er sprach im Juni 1921 nach einer Empfehlung von General Papoulas auch mit den Überlebenden in zwei von 17 türkischen Dörfern in der Gegend von Yalova, die noch existierten.[506] Die griechische Armee hatte keine Erfahrung mit „Kolonialkriegen". Toynbee, der vehement gegen die Armeniermassaker aufgetreten war, verlor aufgrund seiner Berichterstattung im liberalen „Manchester Guardian" schließlich seinen Lehrstuhl für mittelalterliches und modernes Griechisch am Kings College in London, der von griechischen Reedern gesponsert wurde. In seinem Buch „The Western Question in Greece and Turkey" (1922) kam er zu dem Ergebnis, dass Griechenland gleich unfähig wie die Türkei gewesen sei, eine gemischte Bevölkerung, in der die eigene Gruppe in der Minderheit und die andere in der Mehrheit war, zu regieren. Mustafa Kemal versuchte die Behandlung der Pontus-Griechen gegenüber westlichen Besuchern zu verschleiern. Er empfing den französischen Dichter Claude Farrère in Ismid und verglich am 14.7.1922, dem Tag des Sturms auf die Bastille, in Ankara seinen Krieg mit den Griechen mit der Abwehr der Invasionsarmeen durch die Französische Revolution.[507] Die misstrauisch gewordenen Engländer verlangten von der französischen Regierung wiederholt Einsicht in die Abmachungen zwischen Franklin-Bouillon und Kemal. Briand äußerte

---

[502] Ebenda, 287f, Nr. 273.

[503] Ebenda, 295f, Nr. 283.

[504] Ebenda, 299, Nr. 286.

[505] Llewellyn Smith (2005), 215. u. 302f.

[506] Toynbee (1923), 293.

[507] Mango (2004), 331.

sich beruhigend gegenüber dem britischen Gesandten Lord Hardinge und versicherte ihm, bezüglich Smyrna sei Kemal zu keinem Kompromiss bereit, die Frage Ost-Thrakien aber sei verhandelbar.[508] Griechenland war damals bereits so erschöpft, dass es ohne Anleihen aus England glaubte den Krieg nicht weiter führen zu können. Nach einem weiteren Jahr des Blutvergießens verlor es auch Ost-Thrakien; dies verdeutlicht, wie sinnlos der Krieg zwischen den beiden Ländern geworden war.

Ein Jahr später setzten die Türken zur Gegenoffensive auf Smyrna an. Inzwischen hatte der jungtürkische Diktator Enver Berlin verlassen und war über Batumi in die Türkei zurückgekehrt, um Kemal Pascha seinen Rang streitig zu machen und die CUP zu erneuern. Enver zog weiter nach Baku und von dort nach Zentralasien, um dort für seine „panturanische" Idee zu kämpfen; am 4.8.1922 wurde er in Tadschikistan von der Roten Armee getötet.

Inzwischen hatte sich auch die Situation im Kaukasus geändert; die Bolschewiken hatten Georgien besetzt. Im Friedensvertrag von Moskau zwischen den Sowjets und den Nationalisten in der Türkei vom 16.3.1921 wurde die Rückgewinnung der beiden Gebiete durch die Türkei von Russland anerkannt.[509] Nach dem Friedensvertrag vom 2.12.1920, der Sowjetisierung des Landes und einem gescheiterten Gegenputsch der Daschnaken marschierte die Rote Armee am 2.4.1921 in Erewan ein; damit wurde Armenien endgültig zu einer sowjetischen Provinz und blieb bis 1989 in dieser Lage. Die Kemalisten besetzten Kars und Ardahan. Mustafa Kemal setzte auf die militärische Karte. Am 13.10.1921 erkannte General Karabekir in Kars in einem Vertrag mit Russland und den Sowjet-Republiken Georgien, Armenien und Aserbeidschan die im März vereinbarten Grenzen an. Sowjet-Russland und die kemalistische Regierung nahmen jetzt auch diplomatische Beziehungen auf. Dies hielt Mustafa Kemal ein Jahr später nicht davon ab, den Kommunismus als Unsinn zu bezeichnen.

---

[508] Documents on British Foreign Policy 17 (1970), 510, Nr. 471 (6.12.1921).
[509] Zapantis (1982), 58.

20. Das Kriegsjahr 1922

Nachdem die Bolschewiken im Frieden von Moskau auf Kars und Ardahan verzichtet hatten, erkannten zunächst die Italiener die kemalistische Regierung an und räumten bis Oktober 1921 alle Stützpunkte im Land und im April 1922 das Mäandertal. Frankreich schickte den Politiker Henri Franklin-Bouillon in die Türkei. Premier Briand beruhigte Curzon und erklärte, der Politiker reise aus journalistischen Gründen nach Kleinasien; Frankreich werde die Frage eines Friedens nie ohne Konsultation mit den Engländern anschneiden. Im September 1921 war Franklin-Bouillon bereits zum zweiten Mal in Ankara. Auf Anfragen Curzons nach dem Zweck erhielt er von der Regierung die Antwort, Franklin-Bouillon wäre ermächtigt worden, über die Räumung Kilikiens zu verhandeln; es sei ihm aber verboten worden, über einen Separatfrieden zu verhandeln.[510] Ungeachtet all dieser Erklärungen schloss Frankreich am 20.10.1921 in Ankara durch Franklin-Bouillon ein Bündnis mit den Nationalisten, das formal jedoch nur ein „Acord“ und kein Friedensvertrag sein sollte. Horace Rumbold, der britische Hochkommissar in Konstantinopel, bezeichnete diesen Schritt als unehrenhaft. Etwa 100.000 Armenier flüchteten jetzt von Kilikien in das Mandatsgebiet von Syrien. Lord Curzon protestierte am 5.11.1921 in einer scharfen Note an Paris über die „offene Verletzung der bei Kriegsausbruch eingegangenen Verträge, wonach sich jeder Verbündete ausdrücklich verpflichtete, keinen Sonderfrieden mit irgendeinem der gemeinsamen Feinde abzuschließen.“[511] Die Räumung Kilikiens widerspreche dem Tripartite-Abkommen und dem Frieden von Sèvres. Die Abtretung eines Gebietsstreifens von Syrien mit der Bagdadbahn und der alten christlichen Stadt Nisibis (Nusaybin) widerspreche auch den Völkerbundssatzungen. Der französische Botschafter de Montille antwortete darauf, es könne keine Verletzung sein, da der Völkerbund die Mandate noch gar nicht offiziell übertragen habe. Einige Wochen später wurden die griechischen Truppen in Kleinasien mit französischen Geschützen beschossen und von

[510] Nicolson: Nachkriegsdiplomatie (1934), 255.

[511] Ebenda, 256.

Flugzeugen bombardiert, die die Türken von den Franzosen erhalten hatten. England war jetzt bereit, die nach Malta gebrachten türkischen Kriegsverbrecher gegen gefangene englische Offiziere auszutauschen. Lloyd George, der seine Außenpolitik zum Teil an Außenminister Lord Curzon vorbei verfolgt hatte, musste sich jetzt auf die neue politische Situation einstellen.

Die griechische Wirtschaft hielt die lange Mobilisation der Kräfte nicht aus. Der griechische Ministerpräsident Gounaris hatte in London bei seinem Besuch im Oktober 1921 um englische finanzielle Unterstützung gebeten. Churchill tadelte Lord Curzon, dass er den Griechen nicht reinen Wein einschenke. Aber der Premier konnte oder wollte Griechenland nicht um Räumung des Gebietes ersuchen, das die Griechen auf die englische Aufforderung hin besetzt hatten. Er vertraute darauf, dass es im Winter keine größeren Kämpfe geben würde und versuchte, eine Friedenskonferenz für Ende Januar 1922 zu organisieren. Aber nach dem Rücktritt Briands war sein Nachfolger Poincaré nicht zu einer Konferenz bereit, zumal auch die italienische Regierung gestürzt wurde. Am 15.2.1922 schrieb Premier Gounaris an Curzon, Mustafa Kemal habe große Mengen an Nachschub von Russen, Franzosen und Italienern erhalten. Wenn England nicht helfe, würde die griechische Armee unter Umständen gezwungen sein, Kleinasien zu räumen.[512] Curzon antwortete, dass die Griechen dies allein zu entscheiden hätten und riet ihnen zu neuen Verhandlungen. Für diese Verhandlungen legte er am 30.12.1921 ein geheimes Memorandum vor.

In diesem Memorandum heißt es, man könne das Gebiet von Smyrna nicht räumen, ohne der griechischen Bevölkerung Sicherheit zu bieten.[513] Die Alliierten seien aber zu der Einsicht gekommen, dass die Souveränität nicht bei den Griechen liegen solle. Nach einer von Prof. Magie von der amerikanischen Friedensdelegation in Paris verfassten Aufstellung umfasste die Zone von Smyrna vor dem Kriegsausbruch 500.000 Griechen,

[512] Nicolson: Nachkriegsdiplomatie (1934), 260 u. 294.

[513] Documents on British Foreign Policy 17 (1970), 537, Enclosure zu Nr. 496 (30.12.1921): "It is impossible to insist on the evacuation of this area without devising safeguards for the large Greek population. ... and also to provide against the likelihood of oppression or massacre by the Turks."

470.000 Muslime und 23.000 Armenier, der Sandschak von Smyrna und Ayvali hingegen 410.000 Griechen, 330.000 Muslime und 18.000 Armenier. Der Status des Saar-Gebietes könne als Vorbild dienen. An der Spitze der Verwaltung könnten ein Amerikaner mit zwei Griechen und zwei Türken stehen. Ausländische oder alliierte Offiziere könnten eine lokale Gendarmerie aufbauen; die griechischen Truppen sollten nach der Unterzeichnung des Friedensvertrages abziehen. Bezüglich Ost-Thrakiens stand England auf dem Standpunkt, dass es 1920 im Vertrag von Sèvres rechtmäßig zu Griechenland gekommen sei und auch dabei bleiben solle, da es ungerecht wäre, wenn Griechenland nun neben Smyrna auch noch Ost-Thrakien verlieren würde. Für die Freiheit der Meerengen sei es wichtig, dass die Türkei nicht die Souveränität über die Dardanellen erhalte. 1912 habe die Bevölkerung Ost-Thrakiens 325.000 Griechen, 253.000 Türken und 98.000 andere ausgemacht, 1914 dann 235.000 Griechen, 365.000 Türken und 48.000 andere. Die Grenze könnte ev. etwas nach Westen verschoben werden, so dass 30.000 Griechen und Türken an die Türkei kämen. Die griechische Truppenpräsenz in Ost-Thrakien sollte dann reduziert werden. Da in Adrianopel 1914 54.000 Muslime und 41.000 Griechen lebten, sollte dort die muslimische Dominanz erhalten bleiben. Außerhalb der demilitarisierten Zone sollte die Türkei im europäischen Teil eine bestimmte Truppenstärke haben dürfen.
Vor dem Weltkrieg habe es etwa eine Million Armenier in Russland und zwei Millionen in der Türkei gegeben; nach letzten amerikanischen Schätzungen vom Februar 1921 gebe es eine Million Armenier in Russisch-Armenien (darunter 400.000 Flüchtlinge aus der Türkei) und 500.000 in der Türkei, darunter 150.000 in Konstantinopel und 120.000 in Kilikien; „i.e., a reduction by massacres, famine &c., of about a million and a half."[514] Die Ereignisse nach der türkischen und russischen Okkupation Armeniens, das im Vertrag von Sèvres die Unabhängigkeit erhalten habe, machten die Unabhängigkeit Armeniens innerhalb der von Präsident Wilson festgelegten Grenzen unmöglich. „Neither the Allies nor other Powers have the men or the money to create

[514] Ebenda, 542f.

an Armenian state or even a national home for Armenians ... in the inhospitable and inaccessible eastern vilayets of Turkey. ...In the main, Armenians in Turkey must trust to the minority provisions of the Treaty if the Allies can secure their proper execution." Damit ließ England die Armenier fallen und überließ sie ihrem Schicksal – trotz der Beteuerung, auch weiterhin für „Satisfaction" zu sorgen. Nach dem Vorbild des Libanon könnte in einem Küstenstreifen von Kilikien oder in einem Gebiet um Adana und Mersin ein christlicher Gouverneur amtieren; nach amerikanischen Angaben lebten in den Sandschaks Adana und Mersin 601.000 Muslime, 165.000 Armenier und 41.000 Griechen. Die Zahl der Armenier sei durch die Flüchtlinge noch gewachsen. Die Gebiete an der Küste seien von außen auch leicht zu erreichen; auch die übrigen Christen der Türkei könnten sich hier ansiedeln. Frankreich sei daher in der besten Position, den Armeniern zu helfen, da das Mandat Syrien in der Nähe sei. Allerdings gebe es auch eine internationale Verpflichtung gegenüber Armenien. Somit würden im Vergleich zum Frieden von Sèvres etwa zwei Millionen Armenier und Griechen unter türkischer Herrschaft belassen. Auch in der neuen Türkei müsse der Minderheitenschutz verankert werden. Das „Tripartite Agreement" vom 10.8.1920 mit Frankreich und Italien sollte erneuert werden.[515] Das britische Memorandum zeigt deutlich, dass man sich in England hinsichtlich der Realisierung des Vertrages von Sèvres keine Illusionen mehr machte.

Zu Beginn des Jahres 1922 meldete die britische Botschaft in Rom, dass Premier Gounaris sich geäußert habe, Griechenland sei bereit, Smyrna aufzugeben, wenn es Ost-Thrakien behalten könne.[516] England bewilligte Griechenland jetzt einen Kredit zur Fortführung des Krieges. Der italienische Diplomat Tuozzi berichtete aus der Türkei, dass Mustafa Kemal sich stärker denn je fühle. Man habe ihm in Ankara erklärt, dass Kemal jetzt auf separate Friedensverträge hinarbeite. Die Flotte in Samsun warte jetzt auf U-Boote von den Russen. Tuozzi habe Christen in Arbeitsbataillonen gesehen, deren Lage hoffnungslos sei. 800

---

515 Ebenda, 543f u. Annex 546-556.

516 Ebenda, 558, Nr. 498 (2.1.1922).

Frauen, deren Männer sich in den Bergen versteckt hätten, seien nach Samsun geschickt worden. Die Auffassungen der Türken über die Minderheiten seien ganz einfach: sie hätten ihnen in der Vergangenheit Schwierigkeiten bereitet und müssten daher liquidiert werden. Die Evakuierung Smyrnas würde zu einem Blutbad werden.[517] Tuozzi hielt einen Kompromiss in Ost-Thrakien für möglich, nicht aber bei Smyrna. Die Nationalisten zählten vor allem auf Frankreich. England wusste demnach, was kommen würde. Der britische Botschafter in Athen riet dem Premier, ganz Kleinasien zu räumen, da sonst kein Friede zustande kommen werde.[518] Es verließen auch bereits einzelne Griechen Smyrna und setzten sich nach Griechenland ab. Bei einem Treffen von Lloyd George, Curzon, Gounaris und Baltazzis in Nizza am 12.1.1922 schlugen die Engländer den Griechen den Abzug aus Smyrna vor und boten ihre Vermittlung an, womit die Griechen einverstanden waren.[519] Hochkommissar Rumbold meldete, dass er die Bereitschaft Kemals, die Zusammenarbeit mit den Bolschewiken einzustellen, überschätzt habe. Einige Tage später besprach Curzon in Paris die Lage mit dem Premier Poincaré, dem Nachfolger Briands. Es wurde klar, dass der Vertrag von Sèvres nie ratifiziert werden würde. Curzon zeigte sich enttäuscht über das Bündnis Frankreichs mit Kemal; es wäre besser, wenn die Alliierten die gleiche Politik vollziehen würden. Die drei Großmächte sollten den Vertrag von Sèvres gemeinsam revidieren. Es sei klar, dass man Smyrna aufgeben und die türkische Westgrenze weiter von Konstantinopel weg verlegen müsse. Curzon meinte, man könnte sich rasch einigen, wenn die Alliierten sich einig seien. Poincaré meinte, in Frankreich gebe es keine Sympathien für Griechenland; die öffentliche Meinung würde eine Unterstützung nicht akzeptieren, da man die Griechen und den König als Feind

---

[517] Ebenda, 562, Nr. 501 (6.1.1922): „They consider that these minorities have caused unending trouble to them in the past and that the only way of ending this trouble is to get rid of minorities. ... They want Anatolia for Turks ... Evacuation of Smyrna and its district by the Greeks would be deathblow of Christian minorities in that region."

[518] Ebenda, 569, Nr. 503 (7.1.1922).

[519] Ebenda, 572, Nr. 504 (12.1.1922): "With regard to Smyrna, no peace was possible unless the Greek forces were withdrawn. The only alternative would be for the Greeks to fight it out. ...In the event of a Greek withdrawal steps would be taken to protect the Christian populations".

betrachte. Poincaré war für Sanktionen gegen die Türkei, falls diese den Vertrag nicht einhalte. Die Türken seien überzeugt, sie würden im Frühjahr alles erobern, was sie wollten.[520] Der britische Botschafter Hardinge berichtete nach einem Gespräch mit Poincaré, dass Kemal auf keinen Fall bereit sei, die türkische Souveränität über Smyrna aufzugeben oder die Frage einer Heimstätte für die Armenier in Kilikien zu diskutieren.[521] Die Türken wollten keinerlei Beeinträchtigung ihrer Souveränität zulassen. Botschafter Hardinge hatte den Eindruck, dass Frankreich auf alle Fälle Verwicklungen in militärische Abenteuer im Orient vermeiden wollte. Curzon schrieb Hardinge, Poincaré sei nicht bereit, Garantien für die christlichen Minderheiten zu verlangen. Man habe Beweise für die Deportationen der Christen in großen Massen von Ost-Anatolien zur Küste hin, die das Ziel hätten, die Minderheit zu vernichten.[522] Er glaube nicht einen Moment daran, dass irgendwer bei den zu erwartenden Massakern einschreiten werde. Briand habe den Türken beim Abzug aus Kilikien Kriegsmaterial überlassen. Franklin-Bouillon habe in einem Gespräch gesagt, Kemal habe 200.000 Mann unter Waffen; französische Schiffe hätten ihm Bomben und Granaten, Uniformen, Waffen und Munition geliefert. Marschall Foch, der das Gutachten erstellt hatte, 27 Divisionen seien notwendig, um ein freies Armenien gegen die Türken zu verteidigen, stellte in einem Gutachten Anfang Februar 1922 fest, dass die Griechen über 11 Infanteriedivisionen mit 160.000 Mann verfügten, die Türken hingegen über eine Armee von 150.000 bis 200.000 Mann und 700 bis 800 Geschützen.[523] In einem Gespräch mit Yussuf Kemal kam Hochkommissar Rumbold auch auf die Minderheiten zu sprechen und fragte ihn, warum nach dem Abkommen Franklin-Bouillons die Armenier aus Kilikien weggezogen seien. Yussuf Kemal sagte daraufhin, solange Minderheiten damit rechnen könnten, von au-

---

520 Ebenda, 576-580, Nr. 508 (16.1.1922).

521 Ebenda, 593, Nr. 516 (1.2.1922).

522 Ebenda, 595, Nr. 517 (2.2.1922): "We had ample and reliable evidence that the Angora Turks had been deporting the Christian populations of Eastern Anatolia in large masses to the coast amid every circumstance of cruelty and suffering. Their policy was indeed admitted by them to be one of deliberate extermination."

523 Ebenda, 604, Enclosure 2 zu Nr. 519 (1.2.1922).

ßen Hilfe zu bekommen, drohe Gefahr; wenn diese Möglichkeit aber nicht mehr existiere, würde die Minderheitenfrage aufhören zu bestehen.[524] Rumbold sprach mit Yussuf Kemal auch über die Deportationen der pontischen Griechen zu Beginn des Jahres 1922, über die sich das orthodoxe Patriarchat beklagt hatte.[525] Die französische Regierung ersuchte England, als Gegenleistung für eine Anleihe für Griechenland den Abzug der Griechen aus Kleinasien zu fordern. Man müsse aber Maßnahmen zum Schutz der christlichen Minderheiten treffen. Es wäre zu erwägen, ob man nicht für den Fall, dass dieser Schutz nicht erreichbar wäre, ein Austausch der Christen mit der Bevölkerung von Ost-Thrakien möglich wäre, schlug der britische Geschäftsträger in Athen nach dem Muster des griechisch-bulgarischen Bevölkerungsaustauschs in Makedonien vor.[526] Der Austausch von Bevölkerungsgruppen wurde immer mehr als legitimes politisches Mittel zur Lösung von Minderheiten gesehen – das machte Schule! England erfuhr auch, dass Frankreich insgeheim die Türkei in den Minderheitenfragen unterstützte.[527] Am 28.2.1922 ordnete Gounaris den Rückzug der Griechen an. Die Aussichten der Griechen auf Behauptung der Zone von Smyrna wurden immer geringer. Izzet Pascha, der Außenminister der Sultans-Regierung, betonte gegenüber Hochkommissar Rumbold, dass die Kemalisten ganz Anatolien beanspruchten und dass sich auf der europäischen Seite der Türkei nur die Maritza-Linie – die heutige Grenze – verteidigen lasse.[528] Am 6.3. teilte Curzon dem Geschäftsträger in Athen mit, er wolle mit Ankara über einen sofortigen Abzug aus Anatolien verhandeln.[529] Premier Gounaris bot er seine Vermittlung an. Die beiden türkischen Regierungen konnten sich jedoch noch nicht auf eine gemeinsame Beteiligung einigen.

Am 16.3.1922 empfing Curzon in London die Vertreter der beiden türkischen Regierungen von Konstantinopel und Ankara. Er

---

[524] Ebenda, 624, Nr. 531 (17.2.1922).

[525] Ebenda, 631-633, Nr. 535 (18.2.1922).

[526] Ebenda, 636, Nr.539 (21.2.1922).

[527] Ebenda, 637, Nr. 540 (21.2.1922).

[528] Ebenda, 518-520, Nr. 479 (10.12.1921).

[529] Ebenda, 645, Nr. 548 (6.3.1922).

versprach ihnen, die Griechen zu einer Räumung Kleinasiens zu bestimmen, wenn die Türken den Waffenstillstand annähmen. Er bestand gegenüber Izzet Pascha auf der Anerkennung der Vorkriegsschulden durch die Türkei, den Schutz der Minderheiten („that it will be necessary to secure for the protection of Christian and other minorities") und stellte den Abzug der Griechen aus Kleinasien in Aussicht, betonte aber auch, dass sie mit Erlaubnis der Alliierten gelandet seien, den Alliierten geholfen hätten und dass es eine große griechische Bevölkerungsgruppe gebe.[530] Der nationalistische Außenminister Yussuf Kemal verteidigte das Bündnis mit der Sowjet-Union. Er schlug vor, die christliche Bevölkerung der Türkei gegen die muslimische Bevölkerung Griechenlands auszutauschen. Die Beziehungen zwischen der Türkei und Armenien seien durch die Verträge von Kars und Alexandropol geregelt. Curzon hielt die Bevölkerung für zu groß, dass sie komplett ausgetauscht werden könnte; in Kleinasien gebe es noch mehr als eine halbe Million Griechen. Die Armenier in Kilikien seien zu tausenden geflüchtet; so gut könne das Verhältnis nicht sein. Die armenische Bevölkerung der nordöstlichen Vilayets sei nach Russisch-Armenien vertrieben worden. Jetzt sei Armenien ein kleiner Staat unter sowjetischer Verwaltung. Bei den Verhandlungen mit Bekir Sami Bey im Jahr zuvor habe man davon gesprochen, Armenien gewisse Territorien mit einer ansehnlichen armenischen Bevölkerung zu geben. Ihre freundliche Haltung könnte die Türkei am besten dadurch dokumentieren, dem Staat von Erewan gewisse Distrikte um Kars und Ardahan abzutreten. Damit bekomme Armenien mehr Gewicht und werde freundlich gegen die Türkei gestimmt sein. Er müsse doch wissen, dass das Schicksal der Armenier die gesamte zivilisierte Welt in Europa und Amerika berühre. Während des Krieges hätten sich die Alliierten um die Gründung eines armenischen Staates bemüht. In Paris würden Frankreich und Italien sich sicher für die gleiche Sache einsetzen. Yussuf Kemal erwiderte, die Russen hätten der Türkei Kars und Ardahan genommen, wo es nie eine armenische Mehrheit gegeben habe. Curzon erwiderte, er wolle keine präzisen geografischen Angaben für Abtretungen geben;

530 Ebenda, 654-657, Nr. 554 (16.3.1922).

dann müsse das Thema auf der Friedenskonferenz behandelt werden.[531] In einem weiteren Gespräch mit Curzon erklärte Izzet Pascha, für die Türken sei es nicht akzeptabel, dass die Griechen einen Stützpunkt am Marmara-Meer behielten und die Dardanellen kontrollierten.[532]

Vom 22. bis 26.3.1922 verhandelte Curzon in Paris mit dem französischen Außenminister Poincaré, den er dazu brachte, die Türken aufzufordern, den Griechen als Gegenleistung für eine Revision des Vertrags von Sèvres einen Waffenstillstand anzubieten. Sie boten dafür die Aufgabe des griechischen Anspruchs auf Smyrna, eine Verkleinerung der Meerengenzone und die Teilung Ost-Thrakiens zwischen Griechenland und der Türkei.

Ende März 1922 beriet Lord Curzon in Paris mit Poincaré und dem italienischen Außenminister Schanzer die Möglichkeit eines Friedens zwischen der Türkei und Griechenland. Curzon schlug zunächst vor, einen Teil des Marmara-Gebietes mit Rostowo bei Griechenland zu belassen; später schränkte er dies auf die Dardanellen ein. Es wurde auch die Frage einer Vertretung der Minderheit diskutiert, da das Vilayet-Gesetz keine Vertretung religiöser oder nationaler Minderheiten vorsah. Curzon brachte die Massaker an den Armeniern von Marasch, Zeitun und Hadschin sowie an den Griechen von Isnik zur Sprache.Colonel Rawlinson habe die Todesmärsche der griechischen Frauen und Kinder und den Hungertod der Männer beobachtet. Der alte türkische Plan der Massaker und Deportation der Minderheiten werde noch immer angewandt. Er zitierte die Beobachtung des Italieners Tuozzi, dass der Plan der Ausrottung das einzige Konzept der türkischen Minderheitenpolitik sei. Er schlug daher vor, der Völkerbund solle die Situation der Minderheiten in Smyrna, Pontus, Ankara und Kilikien überwachen.[533] Curzon brachte auch die Armenierfrage zur Sprache und erwähnte die Bemühungen Präsident Wilsons und die verhängnisvolle Politik Frankreichs in Kilikien. Poincaré meinte, es wäre am besten, die armenischen Flüchtlinge im

---

531 Ebenda, 661, Nr. 556 (18.3.1922): „...that the Turkish government should agree to add to Armenia certain territories hitherto containing a considerable Armenian population".

532 Ebenda, 665f, Nr. 557 (19.3.1922).

533 Ebenda, 682-684, Nr. 561 (23.3.1922).

französischen Gebietsstreifen von Alexandrette und in Syrien zu belassen, wo die Armenier sich ansiedeln könnten. Curzon verwies auf einen Brief, in dem es hieß, in Alexandrette gebe es noch 20.000 Armenier und warf die Frage auf, ob man nicht in Kilikien eine Schutzzone einrichten könne. Minister Schanzer meinte, nach dem Vertrag von Kars könne man in den östlichen Vilayets nicht mehr viel für die Armenier tun. Curzon betonte, der wahre Grund für den Abzug der Franzosen aus Kilikien seien die Kosten für die 80.000 Soldaten gewesen, die Frankreich zu bezahlen hatte. Das Protokoll vermerkt dann lapidar, die drei Außenminister könnten den Armeniern nicht Kilikien zurückgeben. Poincaré schlug nun vor, die Türken zu bewegen, dem Völkerbund beizutreten und dessen Grundsätze zu übernehmen, zu denen ja auch der Minderheitenschutz gehörte. Ein französischer General Sarrau sollte Generalinspekteur der Gendarmerie in Anatolien werden. Es wurde auch ein Brief des früheren armenischen Präsidenten Aharonian verlesen. Insgesamt machte dies alles eher den Eindruck eines Rückzugsgefechtes; man wollte nicht offen zugeben, dass das freie Armenien nicht mehr zu realisieren war.

Poincaré brachte dann auch noch das Schicksal der Assyro-Chaldäer zur Sprache. Frankreich war aus religiösen Gründen an ihnen interessiert, und Aga Petros, der 1920 versucht hatte, einen assyro-chaldäischen Staat auszurufen, hatte Frankreich um Hilfe ersucht. Poincaré hatte Petros auch das Interesse Englands und Italiens an ihrer Situation zum Ausdruck gebracht. Curzon verwies auf die Schwierigkeit der Problematik der vier oder fünf Gemeinschaften, von denen eine nach der Ermordung des Patriarchen nach Persien geflohen war, eine lebe in Kurdistan (Hakkari), eine in Mossul und eine im Tigris-Gebiet. Das Gespräch mit Aga Petros brachte nicht viel. Curzon wollte wissen, ob Poincaré sich mit der Versicherung zufrieden gebe, dass England an der Frage gleich interessiert sei wie Frankreich. Poincaré sagte, er wolle etwas für Aga Petros tun.[534] Letztlich traten die Assyro-Chaldäer in den Dienst der Engländer im Irak und wurden in der Folgezeit zwischen den Blöcken zerrieben.

534 Ebenda, 704, Nr. 563 (30.3.1922).

Schließlich luden die drei Mächte den Völkerbund ein, die Verantwortung für den Schutz der Minderheiten zu übernehmen, obwohl es klar war, dass der Völkerbund nicht über die Mittel verfügte, einen wirksamen Schutz auszuüben.
Am 25.3.1922 erhielt Curzon ein Telegramm, dass Griechenland mit einem Waffenstillstand einverstanden war. Der Vorschlag, der den friedlichen Abzug der griechischen Armee aus Kleinasien und die Wiederherstellung der türkischen Souveränität, nationale Rechte für die Armenier unter der Garantie des Völkerbundes und den Verbleib der Stadt Rodosto am Marmara-Meer bei Griechenland vorsah[535], wurde jedoch nur von Griechenland angenommen. Es kam zu keiner Einigung über den Schutz der Minderheiten in der Türkei, die den Waffenstillstand nicht annahm bzw. forderte, der Abzug der Griechen müsse sofort beginnen und innerhalb von vier Monaten abgeschlossen sein, damit diese die Zeit des Waffenstillstandes nicht für neue Rüstungen nützen könnten.[536] Damit begann die letzte Etappe des Krieges. Bei den Griechen in Kleinasien brach die Panik aus. Die Athener Regierung befürchtete ihren Sturz im Parlament; sie konnte es sich nicht leisten, hunderttausende von Griechen in Kleinasien im Stich zu lassen.
Venizelos versuchte über die Briten Einfluss darauf zu nehmen, dass König Konstantin das Land verlassen sollte. Patriarch Meletios ersuchte Venizelos, in der Politik zu bleiben, da General Papoulas vorhabe, in der griechischen Zone um Smyrna einen eigenen Staat zu gründen.[537] Venizelos schrieb im März 1922 aus Mexico, ein von der Amyna-Bewegung geplanter unabhängiger Staat im Gebiet von Smyrna sollte von Griechen und Armeniern getragen sein, aber auch die türkische Minderheit schützen. Ein Abzug der Griechen aus Kleinasien würde die völlige Vernichtung der Minderheit zur Folge haben.[538] Der englische General Harington berichtete, dass Patriarch Meletios, der bei dem Unternehmen die Fäden zog, in den USA Geld gesammelt habe.

[535] Ebenda, 756f, Nr. 570 (März 1922).
[536] Ebenda, 772f, Nr.583 (5.4.1922).
[537] Llewelyn Smith (2005), 257.
[538] Ebenda, 259f.

Das brennende Smyrna

Hochkommissar Rumbold informierte Lord Curzon über das „Komitee zur Organisation des Volkes von Kleinasien". Der Sultans-Premier habe ihn informiert, dass 150 griechische Offiziere von Konstantinopel nach Panderma und Smyrna unterwegs seien. Man müsse damit rechnen, dass die Armee den Abzug verweigere und einen eigenen Staat ausrufe. [539] Die Griechen von Smyrna wünschten Venizelos als europäischen Botschafter eines solchen „Jonischen" Staates. Dieser wollte ohne Rücksprache mit Sterghiadis keine Entscheidung treffen. Angesichts der enormen Kosten des Krieges war zu befürchten, dass der geplante „Jonische Staat" ohne Unterstützung aus Griechenland und von Seiten der Alliierten nicht würde bestehen können. Papoulas wurde nach Athen zitiert, wo Gounaris ihm klar machte, dass ein jonischer Staat ohne griechische Hilfe nie existieren könne. Die einzige Lösung sei ein Rückzug im Gefolge eines Friedensvertrages, in dem die Rechte der Minderheiten garantiert seien. Die Schilderung der Amyna-Bewegung über die große Zahl von Freiwilligen war jedoch übertrieben. Papoulas kehrte nach Smyrna zurück und setzte die frühere Politik fort, unterstützt von Sterghiadis. Die Spaltung der Griechen in Venizelisten und Königstreue schwächte jedoch die militärische und politische Position der Griechen in Kleinasien.
Ende April 1922 kam der griechische Hochkommissar Sterghiadis nach Athen, um die Lage nach einem etwaigen Abzug der griechischen Armee zu beraten. Er betonte, dass er die Amyna-Bewegung nicht unterstütze und keine zweigleisige Politik betreibe.[540] John Stavridis telefonierte in London mit einem griechischen General, dem aufgetragen wurde, dem Patriarchen Meletios auszurichten, dass England die Bewegung auf keinen Fall unterstützen werde. Griechische Gräuel in vorher von den Italienern besetzten Gebieten heizten die Spannungen von neuem an. Hochkommissar Rumbold meldete Curzon, dass drei bekannte Valis, die bei den Massakern an den Christen von Sivas, Kharput und Bitlis führend tätig gewesen und dann von den Engländern nach Malta gebracht worden waren, bei den Nationalisten wichtige Positionen erhalten hätten, was für den Geist

[539] Ebenda, 652f, Nr. 553 (13.3.1922).

[540] Ebenda, 786f, Nr. 601 (20.4.1922).

der Regierung spreche.[541] Von einer Distanzierung von der jungtürkischen Politik konnte bei Mustafa Kemal keine Rede sein. Patriarch Meletios unterstützte in Konstantinopel und Smyrna die venizelistische nationalistische Bewegung. Er erklärte, die Aliierten hätten auch in Kilikien nichts erreicht, wo die Bevölkerung geflohen sei. Das Gleiche werde auch in Kleinasien geschehen. Die Wahl sei nicht zwischen Leben und Tod sondern zwischen verschiedenen Arten des Todes.[542] Entgegen allen Zusagen, die Minderheitenrechte zu achten, fuhren die Kemalisten fort, die Christen in der Gegend von Trapezunt zu massakrieren. Die gesamte männliche Bevölkerung ab 15 Jahren wurde in Arbeitsbataillonen nach Erzerum und Kars gebracht. Die Engländer erfuhren dies von amerikanischen Hilfsorganisationen; Curzon forderte die Verbündeten auf, der Sache getrennt nachzugehen.[543] Dies warf von neuem die Frage nach den Garantien für die Minderheit auf und führte zu dunklen Vorahnungen über das Kommende.

Nachdem Venizelos im Mai 1922 aus Amerika nach Europa zurückgekehrt war, traf er Ende Mai 1922 im Londoner Unterhaus mit Lloyd George zusammen. Venizelos meinte, wenn Konstantin abdanke, könnten die Alliierten die Griechen in Smyrna unterstützen und die Türken aus Konstantinopel vertreiben. Eine griechische Evakuierung aus Smyrna würde zur größten Demütigung der Alliierten. Im Gespräch mit Poincaré hatte er auch betont, dass die Position der Franzosen in Syrien von der der Griechen in Smyrna abhänge. Lloyd George erklärte, er habe immer die griechische Position unterstützt und die Italiener kritisiert, weil sie Venizelos 1919 nicht unterstützt hatten. Er könne nicht immer offen reden. Die Griechen müssten durch die Wüste gehen, bis König Konstantin verschwunden sei, um dann das Manna zu finden.[544] Lloyd George stärkte den Griechen den Rücken – in einer Zeit, in der es vielleicht besser gewesen wäre, sie zu einem Kompromiss zu ermuntern. Eyre Crowe vom Foreign Office gegenüber äußerte er seine Befürchtungen über das Schicksal der

[541] Ebenda, 791f, Nr. 605 (24.4.1922).

[542] Ebenda, 805, Nr. 618 (3.5.1922).

[543] Ebenda, 817f, Nr. 628 (12.5.1922).

[544] Llewelyn Smith (2005), 271.

Smyrna-Griechen. Er kritisierte nicht, dass England, Frankreich und Italien Griechenland nicht unterstützten. Es sei ihm klar, dass Kemal den Krieg gewonnen habe und nicht die Alliierten. Er sah ein, dass die griechische Armee aus Smyrna abziehen müsse. Nach der Eroberung Smyrnas könne niemand Kemal stoppen. Er werde auch Konstantinopel einnehmen und die Dardanellen besetzen und die Meerengen kontrollieren. Er vertrat auch die Auffassung, dass König Konstantin nach dem Rückzug der Armee von Smyrna abdanken müsse.[545] Curzon stimmte seinen Analysen zu.

Mustafa Kemal erhielt zwar von den Russen, Italienern und auch von den Franzosen Waffenlieferungen; er musste aber befürchten, dass die Engländer zugunsten Griechenlands in den Krieg eingriffen, so lange Lloyd George an der Regierung war. Im Februar 1922 bevollmächtigte er den Außenminister Yussuf Kemal zu Verhandlungen mit dem Westen. Dieser kam nach Konstantinopel und sprach mit dem französischen Hochkommissar General Pellé. Der britische Hochkommissar Rumbold sagte ihm, Frankreich werde die Türkei gegen England unterstützen, das zu den Griechen stehe. Gemeinsam mit dem Sultans-Außenminister Ahmet Izzet reiste Yussuf Kemal nach Paris zu den neuen Friedensverhandlungen. Die Position des britischen Außenministers Curzon bei den Verhandlungen in Paris wurde dadurch geschwächt, dass der indische Vizekönig Lord Reding sich – aus Rücksicht auf die indischen Muslime – für den Abzug der Griechen aus Ost-Thrakien und Anatolien aussprach. Am 18.3.1922 sagte Yussuf zu Curzon, die Evakuierung der Griechen aus Anatolien sei die Vorbedingung für jede Friedensverhandlung! Dem Vorschlag der Alliierten für einen Waffenstillstand vom 22.3. stimmten die Griechen mit einigen Vorbehalten zu. Mustafa Kemal war ebenfalls einverstanden, verlangte jedoch, dass die Griechen beim Waffenstillstand mit ihrem Abzug zu beginnen hätten. Die Alliierten schlugen vor, dass Edirne (Adrianopel) zu Griechenland kommen und dafür Smyrna zurück an die Türkei fallen sollte, der man die im Vertrag von Sèvres zugestandene Armeestärke von 50.000 Mann auf 85.000 erhöhen wollte – eine

[545] 836-840 (25.5.1922).

Absurdität angesichts der tatsächlichen Größe der Armee von 200.000 Mann!
Während bei den Türken der Optimismus zunahm, sank die Moral der Griechen. Am 25.5.1922 wurde General Papoulas abgelöst und durch Georgios Hatzianestis ersetzt, der glaubte, leicht eine Offensive starten zu können und Truppen von Anatolien nach Thrakien verlegte, um von hier aus einen Vorstoß nach Konstantinopel zu unternehmen. Der griechische Außenminister Georgios Baltazzis informierte die Botschafter der Alliierten in Athen, einzig die griechische Okkupation Konstantinopels könne zum Frieden führen. Eine derartige Aktion wollte man in Griechenland von der Chatalja-Linie aus durchführen.[546] Die Kemalisten beklagten sich über die Beschießung von Samsun durch griechische Kriegsschiffe. Hochkommissar Rumbold berichtete dem Außenamt von weiteren Deportationen von Christen und wies noch einmal nachdrücklich darauf hin, dass der Schutz der Minderheiten ein maßgebliches Element des Friedensvertrages sein müsse.[547] Der Außenminister der Sultans-Regierung schlug dafür gemischte Kommissionen vor, aber die Entscheidung lag bei Kemal und den Nationalisten. Ende Juni meldete Hochkommissar Rumbold nach London, der Sultan sei zu einem Frieden mit Griechenland bereit und würde Smyrna einen christlichen Gouverneur zugestehen – allerdings keinen Griechen. Die Grenzen in Thrakien sollten gemäß dem Pariser Vorschlag vom Frühjahr gezogen werden.[548] Allerdings hatte der Sultan keinen wirklichen Einfluss auf das Geschehen mehr. Lord Balfour ließ den Griechen mitteilen, sie müssten die Verantwortung für den Abzug selbst übernehmen; man sollte Sterghiadis mitteilen, die Haltung Englands gegenüber der Smyrna-Frage habe sich nicht geändert.[549] Der britische Geschäftsträger in Athen erfuhr von Sterghiadis, dass der neue Militärkommandeur Hatzianestis die Truppen auf eine leichter zu verteidigende Stellung zurückgezogen habe. 150.000 Menschen seien zur Flucht bereit. Die zweite

---

546 Ebenda, 860f, Nr. 661 (23.6.1922).
547 Ebenda, 863, Nr. 664 (26.6.1922).
548 Ebenda, 868f, Nr.669 (30.6.1922).
549 Ebenda, 869f, Nr. 670 (29.6.1922).

Verteidigungslinie um Smyrna sei leichter zu verteidigen; es gehe letztlich um eine halbe Million Flüchtlinge. Mit dem Verlust des Landes würden auch die Einnahmen schwinden. Aber auch die Kemalisten seien erschöpft und ihre Bewegung einem Zusammenbruch nahe. Die Militärs wollten bei einem Rückzug jedes Dorf zerstören, was er als unnotwendig erachtete; die Zerstörung der Eisenbahnen und Straßen könne er jedoch nicht verhindern. Im Ausland werde dies jedoch für Aufregung sorgen. Er sei nicht für die rasche Evakuierung, aber er hoffe auf eine Lösung mit Hilfe der Großmächte. Griechenland könne nicht abziehen, aber auch den Krieg nicht allein weiterführen. Der griechische Außenminister Baltazzis beschuldigte Frankreich, Griechenland ruinieren zu wollen; Griechenland müsse seine Probleme selbst lösen. Von Athen sei wohl keine Lösung zu erwarten.[550] Auch der britische General Harington betonte, dass die Griechen nicht bereit seien, sich ohne Garantie für die Minderheiten in Form eines autonomen Status zurückzuziehen. Die griechische Beschießung von Munitionsdepots in Samsun wurde von den Alliierten nicht verurteilt, die versuchten, eine unabhängige Position zu bewahren. Der britische Botschafter in Athen meldete ins Außenamt, dass die Moral der griechischen Armee noch immer exzellent sei, die Bevölkerung aber wolle endlich Frieden. Die Finanzen würden im September bis Oktober erschöpft sein. Seit die griechische Regierung im Oktober 1921 ihr Schicksal in die Hände Englands gelegt habe, habe sich an der politischen Lage nichts geändert. Der griechische Außenminister erwarte sich, dass England den Griechen reinen Wein einschenke.[551] Im Laufe des Sommers 1922 versuchte Venizelos durch zwei Vertraute, den Hochkommissar Sterghiadis zu einer Evakuierung zu bewegen. Dieser sah ein, dass die Position der Griechen unhaltbar geworden war. Er versuchte sich in der letzten Phase seiner Tätigkeit von Athen abzugrenzen und die „Jonische Vision" in Zusammenarbeit mit den Türken zu verwirklichen. Ende Juni 1922 reiste er nach Athen, um der Regierung klar zu machen, dass sie ohne britische Unterstützung den Krieg nicht siegreich beenden könnte. In einem

[550] Ebenda, 872-874, Nr. 674 (30.6.1922).

[551] Ebenda, 879, Nr. 678 (7.7.1922).

weiteren Gespräch schlug er der Regierung die Errichtung einer autonomen Zone um Smyrna vor, die von 50.000 Mann der griechischen Armee gegen Mustafa Kemal verteidigt werden könne. Damit hatte er sich der Politik der Amyna-Bewegung angenähert. Es gehe darum, der christlichen Bevölkerung in Kleinasien das Überleben zu ermöglichen. Das Volk müsse sich selbst befreien. Der Sultan könne als Kalif in einen Friedensvertrag eingebunden werden, der das Miteinander beider Religionen ermöglichen sollte.[552] Aber für diese Lösung war es bereits zu spät.

Die Griechen wollten private französische und italienische Schiffe mit Waffen für die Kemalisten durchsuchen, was die beiden Länder jedoch strikt ablehnten. Der britische Botschafter leitete den Plan von Hochkommissar Sterghiadis weiter, an der Küste von Kleinasien eine autonome Zone unter der Souveränität des Sultans einzurichten.[553] Eine Armee von 50.000 Griechen und 30.000 Griechen aus Jonien könnte diese autonome Zone gegen die Kemalisten schützen. Verwaltung und Gendarmerie sollten aus allen Nationalitäten zusammengesetzt werden. Aber auch dieser Vorschlag konnte das Schicksal Smyrnas nicht mehr vor der Katastrophe retten. Frankreich und Italien setzten ihre Waffenlieferungen an die Kemalisten fort. Griechenland zog die Truppen aus Kleinasien nicht ab und versuchte, die Verteidigung neu aufzubauen. Die Griechen planten einen verkürzten Verteidigungsring um Smyrna. Sterghiadis plante eine erweiterte Autonomie für Christen und Muslime, die auch bei einem Abzug der Griechen weiter bestehen könne und Basis für eine permanente Regierung sein könne. Dies führte zur Räumung von Gebieten südlich des Marmara-Meeres im Gebiet von Mudania und Bursa, das von den Nationalisten besetzt wurde.[554]

Die Westalliierten hatten König Konstantin von Griechenland dessen Sympathie für die Mittelmächte im Weltkrieg nicht vergessen und stellten jetzt ihre Unterstützung für Griechenland vollständig ein. In der neuen Türkei sahen sie ein Bollwerk gegen das bolschewistische Russland. Paris und London kündigten den ihnen mittlerweile höchst ungelegenen Frieden von

[552] Llewelllyn Smith (2005), 280f.

[553] Ebenda, 881f, Nr. 681 (8.7.1922).

[554] Ebenda, 885, Nr. 685 (14.7.1922).

Sèvres auf; so stand Griechenland allein ohne Verbündete da.[555] In der letzten Phase übernahm General Georgios Hatzianestis, der Oberkommandierende in Thrakien, auch das Kommando in Kleinasien. Er glaubte zunächst, ein türkischer Angriff könne leicht zurückgeschlagen werden, aber die Truppen waren erschöpft.[556] Kommunistische Agenten auf der türkischen Seite höhnten, ob die Griechen weiter für den britischen Imperialismus und das Öl kämpfen wollten. Auch das Verhältnis der Soldaten zu den Griechen des Bezirks Smyrna war schlecht. An einzelnen Frontabschnitten tauschten Türken und Griechen Lebensmittel aus. Im Juli 1922 tauchten dann die Gerüchte auf, die Griechen würden einen Angriff auf Konstantinopel vorbereiten. Die Engländer glaubten jedoch, dass es sich dabei nur um Drohgebärden gegenüber den Kemalisten handelte.[557] Sie verglichen diesen Plan mit dem Coup d`Annunzios gegen Rijeka. Ein derartiges Vorgehen könnte auch die Kem,alisten in Ismid zum Marsch auf Konstantinopel bewegen.[558] Sie nahmen mit Frankreich Kontakt auf, um zunächst einmal einen Waffenstillstand zu organisieren. Balfour teilte der griechischen Regierung mit, dass jeder Versuch einer Besetzung Konstantinopels durch die Griechen als feindlicher Akt angesehen werde.[559]
Der türkische Innenminister Fethi berichtete an Kemal, die Türken könnten ihre Ziele nur militärisch erreichen. Sein Auftrag war, Zeit zu gewinnen und eine britische Unterstützung der Griechen zu verhindern. Am 24.7. traf Mustafa Kemal in Konya mit dem englischen General Townshend zusammen, der schon 1918 den Waffenstillstand ausgehandelt hatte und jetzt neue Friedensgespräche versuchte. Ende Juli meldeten die Griechen ihre Erschöpfung und die Befürchtung weiterer Massaker und Deportationen bei den Christen Kleinasiens.[560] Am 4.8. sprach Lloyd George im Unterhaus; seine Rede fand in Griechenland Beifall. Der Diplomat Lindley schrieb, es sei sein Ziel gewesen,

[555] Weithmann (1994), 220.
[556] Ebenda, 275.
[557] Documents on British Foreign Policy 17 (1970), 889, Nr. 691 (22.7.1922).
[558] Ebenda, 893f, Nr. 696 (27.7.1922).
[559] Ebenda, 898f, Nr. 700 (28.7.1922) u. 900f, Nr. 703 (29.7.1922).
[560] Ebenda, 894f, Nr. 697 (27.7.1922).

einen Zusammenbruch Griechenlands zu verhindern und eine Garantie für die christlichen Minderheiten in der Türkei zu erreichen. In London habe er dann Lloyd George und Balfour gesagt, Griechenland werde im Herbst zusammenbrechen, wenn es keine materielle und moralische Hilfe von England bekomme. Auf die Türken machte die Rede Lloyd Georges den Eindruck, sie müssten jetzt rasch handeln.[561] Am 6.8. erhielt Ismet Pascha den Auftrag für den Angriff. Einige Tage später teilte Lord Curzon Hochkommissar Rumbold mit, Frankreich sei für einen raschen Beginn der Friedensverhandlungen. Dabei müsse eine Garantie für die christlichen Minderheiten von Experten ausgearbeitet werden.[562] Mitte August erwarteten die Kemalisten den Zusammenbruch Griechenlands; Hochkommissar Rumbold warnte Lord Curzon, es sei denkbar, dass sie von Ismid aus in kürzester Zeit Konstantinopel einnehmen könnten.[563] Am 19.8. erhielt Fethi den Auftrag, nach Venedig zu reisen, um dort Vorbereitungen für einen Waffenstillstand einzuleiten, in die man auch die Sowjets und die USA einbinden wollte. Griechenland bemühte sich Ende August in London noch einmal um eine Anleihe zur Fortführung des Krieges,

An der Front standen sich in der letzten Phase 225.000 Griechen und 208.000 Türken gegenüber. Die Griechen, die Frankreich als offenen und Italien als versteckten Feind betrachteten, vertrauten auf England und hielten eine Front vom Marmara-Meer über Kütahya zum Fluss Menderes (Mäander) bis zur Ägäis. Am 26.8. eröffnete die türkische Artillerie die Offensive, die am nächsten Tag zum Durchbruch führte. Am 30.8. wurde ein Teil der griechischen Armee vernichtet; eine heillose Flucht begann. Der türkische Sieg kam so schnell, dass die Griechen nicht einmal ihre Läden evakuieren konnten.

Am 28.8. wurde Ayfon Karahisar von den Griechen geräumt. Nach einer Niederlage der Griechen am 30.8. – dem Nationalfeiertag der Türkei – brach die griechische Front zusammen. Sterghiadis sprach in Smyrna mit Hatzianestis; beide beorderten Innenminis-

[561] Ebenda, 919, Nr. 727, ad Anm.4 (8.8.1922).

[562] Ebenda, 921, Nr. 730 (10.8.1922).

[563] Ebenda, 924, Nr. 734 (14.8.1922).

ter Stratos und Kriegsminister Theotokis herbei, die nach Smyrna kamen, um die Lage zu besprechen. An diesem Tag schickte Sterghiadis allen Beamten ein Telegramm und instruierte sie, mit absoluter Diskretion alle Papiere und Akten zu sammeln und nach Smyrna zu kommen.[564] Erzbischof Chrysostomos und sein armenischer Kollege ersuchten den Erzbischof von Canterbury durch den Kaplan Charles Dobson, auf die britische Regierung einzuwirken, dafür zu sorgen, dass die Stadt nicht in die Hände Kemals falle. Die amerikanischen, englischen, französischen und italienischen Konsuln orderten Schiffe ihrer Staaten herbei, um ihre Staatsangehörigen zu evakuieren.

Am 2. u. 3.9. kapitulierten zwei griechische Armeekorps; 500 Offiziere und 5000 Mann gerieten in Gefangenschaft.[565] Die Moral der griechischen Armee war gebrochen, obwohl in Griechenland noch Träume kursierten, König Konstantin und Königin Sophia würden dank englischer Hilfe bald in der Hagia Sophia zu Kaiser und Kaiserin von Byzanz gekrönt.[566] Harry Lamb, der englische Repräsentant in Smyrna, berichtet, dass die Griechen eine Wüste hinter sich zurückließen. In Afyon Karahisar konnten die Türken die von den Griechen gelegten Brände noch löschen. In Alasehir (dem antiken Philadelphia) wurden 4300 von 4500 Häusern niedergebrannt; 3000 Personen kamen dabei ums Leben. In Manisia (dem antiken Magnesia) blieben nur 1400 von 15.000 Häusern unzerstört. Am 5.9. erreichten griechische Truppen Smyrna. Die Truppen meuterten und wollten sich von der Halbinsel Urla nach Griechenland einschiffen.

Am 4.9. wurde General Trikoupis zum neuen Oberbefehlshaber ernannt, aber er war bereits in türkischer Gefangenschaft. Sterghiadis telegrafierte nach Athen, er könne die Stadt nicht länger gegen die Kemalisten verteidigen und ließ die mit flüchtenden Soldaten überfüllte Stadt evakuieren.[567] Es wurde allmählich allen klar, dass die Ära der Griechen in Kleinasien zu Ende ging. Auf dem Rückzug nach Smyrna hinterließ die griechische Armee

[564] Weithmann (1994), 299f.

[565] Documents on British Foreign Policy 17 (1970), 946, Nr. 754 (2.9.1922): "Army can no longer oppose attacks on the enemy."

[566] Ebenda, 939, Nr. 748 (29.8.1922).

[567] Ebenda, 947, Nr. 755 (2.9.1922).

vielfach „verbrannte Erde". Am 6.9. erreichten die Griechen die letzte Verteidigungslinie 25 km vor Smyrna, drei Tage später kamen sie nach Smyrna zurück.

Am 7.9.1922 schrieb Erzbischof Chrysostomos seinen letzten Brief an Venizelos, in dem es heißt: „Der Hellenismus in Kleinasien, der griechische Staat und die griechische Nation steigen jetzt in eine Hölle hinab, aus der keine Macht sie erretten kann." Es sei sein Fehler gewesen, die Wahl angesetzt zu haben, als der Einzug in Konstantinopel nach dem Frieden von Sèvres zum Greifen nahe gewesen sei. Er forderte ihn auf, eine neue revolutionäre Bewegung zu gründen, um den Hellenismus zu retten. Es sei nicht notwendig für den Hellenismus, dass diese Gebiete mit Griechenland vereinigt seien, es ginge auch unter einem autonomen Staat mit ihm als Hochkommissar unter der Souveränität des Sultans.[568] Aber auch dazu war es schon zu spät.

Die griechischen Truppen flohen nach Westen zur Halbinsel Chesme, um sich von hier aus einschiffen zu lassen. Auf dem Schiff „Naxos" wurde das Archiv der griechischen Verwaltung mitsamt dem Beamten aus Athen nach Griechenland zurückgebracht. Am 8.9. floh auch Sterghiadis über Konstantinopel nach Rumänien, ohne Griechenland jemals wieder zu betreten. Damit waren die einheimischen Christen in der Stadt sich selbst überlassen.

Am 9.9. drang die türkische Kavallerie in die Stadt ein. Sie umzingelte das armenische Viertel in Smyrna, in dem am 13.9. das Feuer ausbrach; nur das türkische und jüdische Viertel wurde nicht niedergebrannt. Der orthodoxe Erzbischof Chrysostomos von Smyrna, der sich 1914 bei den türkischen Verfolgungen der Griechen für die 120.000 Flüchtlinge eingesetzt hatte, erhielt vom katholischen Erzbischof das Angebot, ihn bei der Flucht auf dem Schiff zu begleiten. Er lehnte mit den Worten ab, es sei die Tradition der griechischen Kirche, bei seiner Gemeinde zu bleiben. Bei der Eroberung der Stadt lieferte der türkische General Nurettin Pascha, der „Metzger von Smyrna", ihn am 9.9. dem Pöbel aus, der ihn anspuckte, durch die Straßen schleifte, bis man ihm die Barthaare ausriss, ihm die Augen ausstach und ihm Fetzen aus der Haut schnitt. Als er einen Peiniger segnen wollte, schlug

[568] Ebenda, 302f.

man ihm die Hände ab, erschoss ihn und schleifte den Leichnam durch die Straßen.[569] Bewaffnete französische Militärangehörige sahen dem Schauspiel zu, ohne einzuschreiten. Der amerikanische Konsul George Horton und der englische Kapitän Bertram Thesiger beschrieben ihre Erlebnisse bei den Massakern.[570] Das Tagebuch des armenischen Arztes Garabed Hatscherian verzeichnet die Einzelheiten der letzten Tage des christlichen Smyrna (heute Izmir), das die Türken wegen der christlichen Mehrheit „Gavur-Izmir" (= ungläubiges Smyrna") genannt hatten. Rund anderthalb Millionen Griechen mussten infolge der Ereignisse ihre Heimat verlassen, in der die Griechen mehr als 2500 Jahre gelebt hatten. Auch die armenische Gemeinde in Smyrna, die 1915 infolge des Eingreifens des deutschen Generals Liman von Sanders dem Massaker entgangen war, wurde mit der griechischen Gemeinde vollständig vernichtet. Sie leistete jedoch zunächst Widerstand, weigerte sich, die Waffen herauszugeben; auch Bomben wurden geworfen. Der Hass zwischen den Türken und Armeniern war besonders groß. Die Polizei griff beim Wüten des Mobs nicht ein, die alliierten Militärs sahen zu. Am 13.9. brach das Feuer im armenischen Viertel aus. Die christlichen Viertel wurden von den Türken vollständig niedergebrannt und zerstört; die heutige Stadt steht auf einer meterdicken Schuttschicht. Die vor der Stadt liegenden alliierten Kriegsschiffe griffen nicht ein und waren auch nicht bereit, die Flüchtlinge, die von den Türken niedergemetzelt wurden, zu evakuieren. Der griechische General Polymenakos befahl am 14.9. den Rückzug auf die Halbinsel Erythrai, von wo sich die letzten Griechen am 16.9. zurückzogen. Im nördlichen Frontabschnitt räumten die letzten griechischen Einheiten in der Gegend von Bursa am 19.9. ihre Stellungen; die Gefallenen und tausende von Gefangenen blieben zurück.
Insgesamt wurden 213.000 Personen evakuiert.[571] Zu ihnen gehörten auch der später berühmte Reeder Aristoteles Onassis und der 1900 in Smyrna geborene spätere Nobelpreisträger Giorgios Seferis. Nach dem Bericht der Londoner „Daily Chronicle"

---

569 Tessa Hofmann: Einleitung in: Smyrna 1922. Das Tagebuch des Garabed Hatscherian, hrsg. v. Dora Sakayan, Klagenfurt 2006,9-36, hier 28.

570 George Horton: the Blight of Asia (1926), ND Reading 2003.

571 Mango (2004), 346.

Das verbrannte Smyrna

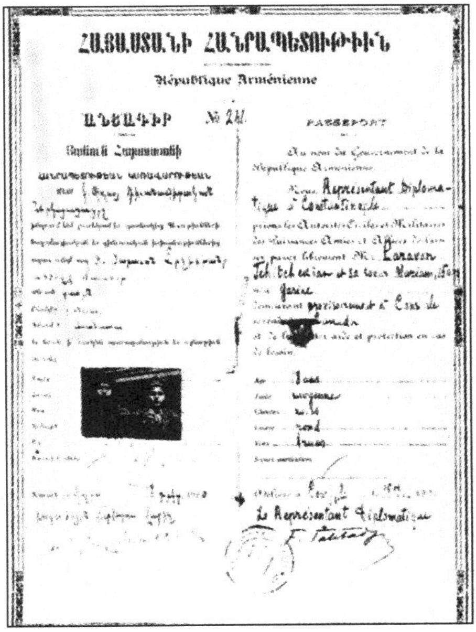

ՀԱՅԱՍՏԱՆԻ ՀԱՆՐԱՊԵՏՈՒԹԻՒՆ

République Arménienne

ԱՆՑԱԳԻՐ № 2..

PASSEPORT

Au nom du Gouvernement de la République Arménienne

Nous, Représentant Diplomatique à Constantinople

... aide et protection en cas de besoin.

Le Représentant Diplomatique

Reisepass der Republik Armenien

Einzug der Franzosen in Aintab (1919)

vom 18.9.1922 kamen mindestens 120.000 Menschen bei den Massakern ums Leben, andere Schätzungen der Toten (allein) von Smyrna bewegen sich zwischen 25.000 und 100.000[572]; der griechische Historiker Spiros Markezinis kommt auf 300.000 Tote; bei einer Gedenkfeier zum 80. Jahrestag der Massaker 2002 in New Jersey war von 150.000 ermordeten Griechen und Armeniern die Rede. In seiner großen Rede vor der Nationalversammlung vom 4.11.1922 erwähnte Mustafa Kemal das Feuer, das die Griechen in Afyonkarahisar gelegt hatten, nicht aber das Feuer, das die Christenviertel von Smyrna vernichtete. Ismet Inönü erwähnte beide Brände in seinen Memoiren. Für Mustafa Kemal bot der Brand Smyrnas die Möglichkeit, einen ethnisch gesäuberten türkischen Nationalstaat zu errichten. Es müssen aber auch einige tausend Christen das Gemetzel überlebt haben, wie die armenische Familie des 1929 in Izmir geborenen späteren französischen Premiers Èdouard Balladur.

Auch die Katholiken waren vom Brand Smyrnas betroffen; das Haus des Erzbischofs Vallega war verbrannt, die Kathedrale nicht erreichbar. Papst Pius XI. schickte eine Spende von 100.000 Lire nach Smyrna und 500.000 nach Konstantinopel für die heimgesuchten Christen; er bat Mustafa Kemal telegrafisch am 24.9. um die Einstellung des Blutvergießens und schickte den Nuntius Marmaggi zur Intervention.[573] Kemal erwiderte, er sei auch gegen das Blutvergießen, aber seine Armee habe das Unglück nicht herbeigerufen. „All unsere Städte und Dörfer in den Gebieten, welche die griechische Armee jetzt zurückgeben musste, sind buchstäblich niedergebrannt und die Bevölkerung hatte unter allen möglichen Grausamkeiten zu leiden; die gleiche Art, alles zu verwüsten und hinzuschlachten, geht gegenwärtig unter neuen Gewalttaten in Thrazien weiter. Ich bitte Ew. Eminenz, die Gefühle der Menschlichkeit bei jenen zu wecken, welche die gegenwärtige Lage verschuldet haben.“[574] Als Mustafa Kemal am 1.10. befahl, alle Christen von Smyrna ins Landesinnere zu

---

[572] Lloyd George II (1938), 1361: „Murders of tens of thousands of young Greeks“.

[573] Josef Schmidlin: Papstgeschichte der neuesten Zeit, Bd. 4: Pius XI. (1922-1939), München 1939, 195.

[574] Lama (12925), 507f.

deportieren, erreichte der Papst, dass die Katholiken verschont wurden – auch, wenn sie griechische Staatsbürger waren. Mgr. Marmaggi erhielt den Auftrag des Papstes, sich nach Konstantinopel zu begeben und dort mit den Behörden Verhandlungen aufzunehmen und Erzbischof Vallega von Smyrna zu unterstützen. Von einer „ökumenischen" Zusammenarbeit der christlichen Kirchen findet sich zu dieser Zeit jedoch keine Spur. Die Türken respektierten die in Smyrna von Vallega ausgestellten Konfessionsausweise ebenso wie ausländische Pässe.
Der schweizerische Krankenpfleger Jakob Künzler, der schon zu Beginn des 1. Weltkrieges in Urfa (Edessa) tätig gewesen war und 1920 nach seiner Rückkehr in die Türkei für die amerikanische Hilfsorganisation „Near East Relief" etwa 900 Griechen nach Malatia gebracht hatte, half 1922 bei der Evakuierung von etwa 8000 christlichen Waisenkindern nach Syrien. Nach Kemals Devise „Mögen sie gehen, wollen sie nicht Osmanen sein" erlaubte der Hauptverantwortliche für den Genozid von 1920 bis 1923 den Abzug der Waisen; viele christliche Waisen blieben freilich in den muslimischen Familien, die sie adoptiert hatten. Alle Armenier flüchteten jetzt aus Urfa, das Künzler im Dezember 1922 verließ.[575] Blinde und Krüppel wurden mit Lastwagen abtransportiert, die restlichen Kinder mit Maultieren und Pferden. Ein Foto zeigt eine Gruppe der Waisenkinder am 4.4.1922 in einer Herberge in einem kurdischen Dorf südwestlich von Urfa. Fortan durften auch keine Ärzte mehr in der Türkei amtieren, die ihre Studien nicht an einer türkischen Universität abgeschlossen hatten. So wurde der multikulturelle Vielvölkerstaat innerhalb weniger Jahre durch „ethnische Säuberungen" und die Politik Mustafa Kemals zum türkischen Nationalstaat.

575 Künzler (2004),180-182

21. Der Waffenstillstand von Mudania

Im Frühjahr 1922 waren Italien und Frankreich zu einer Revision des Vertrages von Sèvres bereit, aber Mustafa Kemal wollte die Gunst der Stunde nützen und lehnte den Waffenstillstand ab. Im Juli schlugen die Franzosen den Türken nochmals eine Einigung vor, als König Konstantin alles auf eine Karte setzte und zwei Divisionen von Smyrna abzog, um Konstantinopel zu besetzen. Ende Juli 1922 kündigte Griechenland die Besetzung Konstantinopels und die Unabhängigkeit „Joniens“ (des Gebietes von Smyrna) an.[576] Am 29.7.1922 warnte England Griechenland vor der Verletzung der neutralen Zone von Konstantinopel, das von britischen und französischen Truppen unter dem Kommando des französischen Generals Charpy geschützt wurde. Die Alliierten waren bisher im griechisch-türkischen Krieg offiziell neutral gewesen und schützten das neutrale Gebiet der Meerengen. Die britische Flotte fuhr auf, um die griechische Flotte abzufangen. Sie wurden durch ein Statement von Lloyd George zurückgehalten, der am 4.8.1922 im Unterhaus erklärte, England erlaube den Griechen nicht den Krieg mit allen Mitteln. Dadurch wurde klar, dass die Alliierten die Gewinnung West-Anatoliens durch die Griechen zunehmend skeptisch beurteilten. Mustafa Kemal schickte im Juli, als Griechen und Alliierte eine Konfrontation vor Konstantinopel vorbereiteten, seinen Innenminister Fethi nach Paris, wo er vom Premier Raymond Poincaré empfangen wurde. Fethi erklärte, die Türken seien dabei, den Krieg zu gewinnen, wollten aber ein Blutvergießen verhindern. In London wollten ihn weder Außenminister Curzon noch sein Vorgänger Balfour sehen. Im britischen Unterhaus kam es zu Tumulten über die Politik von Lloyd George, dessen Ära zu Ende ging.

Mustafa Kemal ordnete am 18.8.1922 die letzte Großoffensive gegen die Griechen mit 14 Infanterie- und 4 Kavallerie-Divisionen an. Am 26.8.1922 begann die türkische Generaloffensive bei Dumlupinar bei Afyon. Es gelang den Türken, die Telegrafenverbindungen der Griechen zu kappen und sie allmählich nach Westen abzudrängen; bald waren die griechischen Truppen

[576] Llewelyn Smith (2005), 277.

erschöpft. Nach der Aufrüstung der Kemalisten durch Frankreich mit Flugzeugen und Geschützen machte sich bald das türkische Übergewicht bemerkbar.[577] Zunächst brach nur die südliche Front zusammen, während die nördliche noch hielt. Die schwachen alliierten Kräfte in Chanakkale an den Dardanellen wurden nun von den Kemalisten bedroht. Als die Italiener sich als neutral erklärten, standen die Engländer allein den Türken gegenüber. Winston Churchill, der bisher eher die Türken begünstigt hatte, zeigte sich entschlossen, die Türken zu Friedensverhandlungen zu zwingen, bevor sie nach Europa übersetzen konnten. Sein kriegerisches Kommuniqué vom 16.9. hatte wütende Proteste Poincarés zur Folge. Außenminister Curzon reiste sofort nach Paris und kritisierte die Treulosigkeit der Franzosen in den letzten beiden Jahren. Man beschloss, General Charles Harington solle in Mudania mit Kemal verhandeln.
Die kemalistischen Truppen näherten sich der neutralen Zone um die Meerengen. Kemal wurde gewarnt, die neutrale Zone nicht zu verletzen, aber Italien erklärte sich als neutral und Frankreich als nicht genügend gerüstet für einen Krieg. Kemals Truppen rückten vor Chanakkale. Der englische Kriegsminister Evans erklärte, es sei der Augenblick gekommen, die Aggression zu stoppen, Premier Lloyd George erklärte in dieser sogen. „Chanak-Krise“, die Türkei habe den Vertrag von Sèvres gebrochen und kündigte an, England werde den Nationalisten in der Türkei den Krieg erklären. Ende September 1922 ordneten Lloyd George und Churchill an, die britischen Truppen sollten die Türken angreifen; die Ausführung des Befehls wurde jedoch von General Harington verhindert, um den Ausbruch eines neuen Krieges zu vermeiden.[578] Harington traf in Mudania mit Ismet Pascha zusammen, der die sofortige Erlaubnis forderte, über die Meerengen übersetzen zu können, um Ost-Thrakien zu besetzen. Er stellte ein Ultimatum und kündigte an, am 6.10. Chanakkale anzugreifen, wenn seine Forderungen nicht erfüllt würden.[579]

---

[577] Ebenda, 290.

[578] Trevor Wilson: The Myriad Faces on War. Britain and the Great War 1914-1918, Cambridge 1986, 835.

[579] Llewellyn Smith (2005), 317f.

Der französische Hohe Kommissar reiste nach Smyrna (Izmir), ohne den englischen Kollegen zu verständigen. Er verlangte von Mustafa Kemal, die neutrale Zone von Konstantinopel zu respektieren, aber dieser antwortete, er habe nie eine neutrale Zone anerkannt. Am 22.9. telegrafierte Kemal an Karabekir, er versuche, die Engländer zu isolieren. In England wandte sich die Öffentlichkeit gegen den Krieg. Curzon reiste nach Paris, wo er eine Auseinandersetzung mit Poincaré hatte. Am 23.9. erreichte die kemalistische Armee die neutrale Zone von Chanakkale. Frankreich bemühte sich jetzt, einen Frieden zu vermitteln. Der französische Diplomat Franklin-Bouillon versprach, dafür zu sorgen, dass Griechenland Ost-Thrakien mit Edirne räume. Am 28.9. erhielt Mustafa Kemal von den Engländern die Zusicherung, die griechische Flotte werde Konstantinopel verlassen. Der Sturz des englischen Premiers Lloyd George besiegelte dann das Schicksal der Griechen.
Am 26.9. brach die Revolution in Griechenland aus, gesteuert von den Obristen Plastiras und Gonatas. Die neue Junta gewann den in Paris lebenden Venizelos, ihre Interessen gegenüber England und Frankreich zu vertreten. Durch die Revolution wurde Griechenland noch mehr politisch isoliert als zuvor. In Griechenland revoltierte das Heer gegen König Konstantin, der am 27.9.1922 abdanken musste und das Land verließ. Sein Sohn Georg musste sich dem „Revolutionskomitee“ beugen. Oberst Plastiras, der Führer der „Oktoberrevolution“ in Athen, ließ den Ministerpräsidenten Gounaris und Außenminister Baltazzis verhaften und ihnen den Prozess machen.
Am 29.9. verlangten die Engländer von den Türken ultimativ, die neutrale Zone zu verlassen; die Note wurde jedoch nicht übergeben, sondern man verlegte sich aufs Verhandeln. Charles Harington, der Kommandant der britischen Truppen in der Türkei hatte die scharfen Anweisungen aus London ohnedies bereits unterlaufen. Am 3.10. begannen die Waffenstillstandsverhandlungen in Mudania, dem Seehafen von Bursa. Am 6.10. kündigte Mustafa Kemal den Marsch auf Konstantinopel an, wenn er nicht sofort eine bindende Zusage für die Räumung Ost-Thrakiens erhalte. Nach Erteilung der Zusage ermächtigte Kemal General

Ismet Pascha zur Unterzeichnung des Waffenstillstandes, der am 15.10. auch von den Griechen unterzeichnet wurde, die Ost-Thrakien innerhalb von zwei Wochen zu räumen hatten. Griechische Flüchtlinge verließen mit ihrem Vieh das zu räumende Gebiet, das mit türkischen Flüchtlingen aus Griechenland und Bulgarien neu besiedelt wurde. Griechische Weingärten wurden jetzt in türkische Tabakplantagen umgewandelt. Venizelos kehrte zurück und suchte die Unterstützung Lloyd Georges zu erreichen. Dieser musste jedoch zur Kenntnis nehmen, dass seine Ära der philhellenischen Politik auch in England zu Ende ging. Lord Curzon hatte die Weisheit dieser Politik schon längst bezweifelt.
Curzon verhandelte am 7.10.1922 in Paris mit Poincaré über einen Kompromiss, der in Mudania ausgehandelt wurde, nach dem die Griechen sich in Thrakien hinter die Maritza zurückziehen sollten und Ost-Thrakien bis zur endgültigen Rückgabe an die Türken von den Alliierten verwaltet werden sollte. Über die armenische Frage enthielt der Waffenstillstand nichts. Die Armenier verlangten jedoch, zu den Friedensverhandlungen hinzugezogen zu werden; der armenische Politiker Hadissian schrieb diesbezüglich an die Regierungen von Frankreich, England und Italien – allerdings ohne Erfolg. Nachdem die Amerikaner das Mandat nicht übernommen hatten, wollte niemand etwas mit der Sache zu tun haben.
Das britische Kabinett beschloss, den Kemalisten ein Ultimatum zu stellen, aber Harington weigerte sich, dies auszuführen und verhinderte damit einen neuen Krieg. Da Lloyd George die Premiers des Commonwealth nicht voll informiert hatte, verließen die Mitglieder der Konservativen Partei die Regierung, und Lloyd George, der letzte liberale Premier, der noch am 15.9. erklärt hatte, England müsse nicht vor Mustafa Kemal davonlaufen, musste am 19.10.1922 zurücktreten. Nachdem sich Italiener und Franzosen in die Arme der Türken geworfen hatten, wurde es für England schwierig, neue Friedensverhandlungen einzuleiten. Nur mit Mühe hatte England das Gesicht wahren können, nachdem die Kriegskoalition zerfallen war. Damit stand Griechenland mit seiner Militärregierung allein den siegreichen Kemalisten gegenüber.

Nun traf die Rache der venizelistischen Hälfte des Volkes die Monarchisten in Griechenland: Vom 13.11.1922 an fanden in Athen Kriegsgerichte statt, in denen führende antivenizelistische Politiker und Georgios Hatzianestis, der Oberkommandierende in Kleinasien, zum Tode verurteilt wurden; sechs führende Politiker wurden trotz englischen Protestes am 28.11.1922 von der Revolutionsregierung exekutiert. Der im Ausland weilende Venizelos wurde der griechischen Delegation bei den Friedensverhandlungen in Paris zugeordnet. Durch die ständigen internen Auseinandersetzungen hatte das gespaltene griechische Volk selbst zur Niederlage gegen die Türken beigetragen. Die Zeche bezahlten die Griechen in Ost-Thrakien und Kleinasien.
Während des Krieges mit den Griechen hatte sich auch der neue Papst Pius XI. mit einem Appell an Mustafa Kemal gewandt, die Rechte der in Anatolien ansässigen Christen zu wahren.[580] Die Position der Alliierten in der Türkei brach nun schnell zusammen; nur England hatte unter Lloyd George bis zuletzt die Griechen und Armenier unterstützt.
Am 20.10.1922 verließen die Konservativen die Koalition mit den Liberalen in England, nachdem Lloyd George zurückgetreten war. Der konservative Parteiführer Bonar Law, der noch während der Chanakkale-Krise – in der Winston Churchill einen Angriff auf die Türkei empfohlen hatte – erklärt hatte, England könne nicht den Weltpolizisten spielen, wurde neuer britischer Premier. Damit war England zunächst einmal außenpolitisch gelähmt; der neue Premier hatte keinerlei außenpolitische Erfahrungen. In Italien kam es ebenfalls zu einem Umsturz; Benito Mussolini wurde Ende Oktober 1922 Ministerpräsident.
Die Kemalisten feierten nun ihren großen Sieg. Am 19.10.1922 zogen die ersten Einheiten der „Nationalen Befreiungsarmee" in Konstantinopel ein; der machtlose Sultan Mehmed VI. verließ die Stadt an Bord eines türkischen Kriegsschiffes. Am 1.11. erklärten die Kemalisten das Kalifat für abgeschafft. Am 27.10. luden die Alliierten die Türken zu Friedensverhandlungen in Lausanne ein. Griechenland war gezwungen, den Krieg zu beenden. Die neue Regierung musste Ost-Thrakien mit Edirne (Adrianopel)

[580] Fernau (1967), 84.

Evakuierung von Flüchtlingen aus Armenien durch das „ Near East Relief“ während des Einmarschs der Kemalisten (1920)

Armenische Freiheitskämpfer

räumen und willigte am 11.10. in den zwischen den Alliierten und der kemalistischen Türkei abgeschlossenen Waffenstillstand von Mudania ein. Der Sieg der Kemalisten war nun offensichtlich; es ging jetzt nur noch um eine formelle Beendigung des Krieges. Die Kirche von Magnesia wurde zur Autogarage umgewandelt, zwei Kirchen in Pergamon zu Arbeitsschuppen, in denen noch Jahrzehnte später die Knochen erschlagener Christen lagen.[581]
Wie viele Tote waren nach dem Krieg mit Griechenland von Seiten der Griechen zu beklagen? Die Zahlen sind umstritten und nicht endgültig zu klären, da es in der Türkei keine Volkszählungen gab. Nach dem Wahlgesetz von 1908 kam ein Abgeordneter auf etwa 100.000 Einwohner. 27 griechische Abgeordnete im osmanischen Parlament repräsentierten somit etwa 2.700.000 Griechen. Das ist jedoch nur eine ungefähre Schätzung. Da insgesamt 1.221.000 Flüchtlinge nach Griechenland übersiedelten, dürften etwa 1.479.000 Griechen umgekommen sein. Nach griechischer Zählung kamen etwa 353.000 bei den Massakern in Pontus um, etwa 230.000 in Ost-Thrakien. Im Vilayet Aidin lebten 1912 734.000 Türken, 384.000 Griechen und 25.000 Armenier, im Vilayet Trapezunt 914.000 Türken, 160.000 Griechen und 39.000 Armenier, in Urfa neben 173.000 Muslimen 21.000 Armenier und 27.000 Syrer.[582] Nach dem 9.9.1922 sollen noch etwa 300.000 Christen bei Massenexekutionen umgekommen sein – darunter allein 30.000 in der osttürkischen Stadt Mardin, die bis dahin eine christliche Mehrheit hatte und noch heute ein syrisch-orthodoxer Bischofssitz ist. Auch zu dem Genozid an den Griechen hat sich die Türkei bis heute niemals öffentlich bekannt; keiner der Überlebenden hat je Wiedergutmachung erfahren.
Die Leiden der Gefangenen wurden von dem in Kleinasien geborenen Dichter Elias Venesis in der Novelle „Numero 31328“ verewigt. Umgekehrt beschreibt der Kretatürke Panteklis Prevelakis in der „Chronik einer Stadt“ die erzwungene Abreise der Muslime. Auch die letzten Griechen in den alten Kulturzentren Trapezunt – z.B. aus dem Felsenkloster Sumela – oder aus Kap-

---

581 Strothmann (1936), 47.

582 Justin Mc Carthy: Muslims and Minorities. The Population of Ottoman Anatolia and the End of the Empire, New York-London 1983, 110.

padokien verließen jetzt ihre Heimat und mussten Kirchen und Klöster der Ausplünderung und Zerstörung überlassen. Nikos Kazanzakis beschreibt in seinem Roman „Griechische Passion" den Leidensweg der griechischen Flüchtlinge, aber auch die Zerstrittenheit des Klerus und seiner Landsleute, die denen nicht helfen wollten, die alles verloren hatten. Die „ethnischen Säuberungen" hatten häufig auch einen „kulturellen Genozid" zur Folge, wie etwa in der alten Konzilsstadt Nikaia (Isnik), wo die vor 730 erbaute Koimesiskirche 1922 von den Türken gesprengt wurde.[583]

Vor dem Beginn der Massaker hatte das armenische Patriarchat von Konstantinopel 1914 ein Inventar der armenischen Kirche in der Türkei anlegen lassen, das 210 Klöster, 700 Klosterkirchen, 1639 Pfarrkirchen und somit insgesamt 2549 kirchliche Gebäude umfasste. Die meisten Kirchen wurden von den Türken zerstört oder in Moscheen umgewandelt. Eine Untersuchung von 1974 brachte zutage, dass von den 913 Gebäuden, die sich genau lokalisieren ließen, 464 komplett verschwunden waren; 252 waren zerstört, und nur 197 waren noch als ehemalige Sakralgebäude erkennbar.[584] Der „kulturelle Genozid" in der Türkei ist bis heute nicht einmal in Ansätzen erforscht; christliche Kulturgüter wie Kirchen, Handschriften usw. sind bis heute nicht vor staatlicher Beschlagnahme und Willkür gesichert und müssen von den Eigentümern sorgfältig vor dem minderheitenfeindlichen Staat und seinen Organen versteckt werden.

---

[583] Ètienne Coche de la Ferté: Byzantinische Kunst, Freiburg-Basel-Wien 1982, 513, Nr. 757-759.

[584] William Dalrymple: From the Holy Mountain. A Journey in the shadow of Byzantium, London-New York-Toronto 2005, 84.

22. Der Vertrag von Lausanne (1923)

Die Alliierten waren formal noch an ihr Angebot vom März 1922 gebunden, das den Griechen Ost-Thrakien zusicherte, aber Mustafa Kemal wusste, dass Italien und Frankreich gegen wirtschaftliche Konzessionen zu weiteren Zugeständnissen bereit waren. Am 10.9.1922 – dem Tag des Einzugs der Kemalisten in das nun in Izmir umbenannte Smyrna – hatte Osmond Brock, der Kommandeur der englischen Flotte im Hafen, die Türken daran erinnert, dass England nicht mehr im Kriegszustand mit ihnen sei. Gegenüber dem britischen Konsul Harry Lamb sagte Kemal jedoch, die Türkei sei sehr wohl im Krieg mit England.
Die USA hatten sich nach dem Wahlsieg des Republikaners Warren G. Harding (1921-1923) mehr und mehr aus der Orientpolitik zurückgezogen. Der Diplomat Allen Dulles übergab der Regierung des neuen Präsidenten Calvin Coolidge am 11.10.1923 ein Memorandum über die Stellungnahme der USA. Er schlug vor, die USA sollten Beobachter zur Konferenz schicken, da sie ja mit der Türkei nicht im Kriegszustand waren. Es sei notwendig, einen Vertrag mit der National-Regierung zu schließen, um die amerikanischen Interessen zu sichern. Die christlichen Minderheiten kamen dabei nur am Rande vor. Man gestand sich ein, dass es schwierig werden würde, ihre Rechte zu sichern. Die beste Lösung wäre ein Bevölkerungsaustausch. Für die Armenier könne man vielleicht im früheren Russisch-Armenien eine nationale Heimstätte errichten, wenn sich die Lage in Russland stabilisiert habe.[585] Das war alles, was von der Politik Wilsons übrig geblieben war, der den Vertragsabschluss von Lausanne noch erlebte!
Nach dem Einzug der Kemalisten in Konstantinopel am 19.10.1922 schien zunächst auch das Patriarchat mit dem venizelistischen Meletios IV. (1921-1923) selbst gefährdet. Lord Curzon äußerte sich befriedigt darüber, dass General Harington den Schutz des Patriarchen übernommen habe, der unter Hausarrest stand.[586] Da der Vatikan nicht zu den Verhandlungen zugelassen war,

---

[585] Evans (1965), 395.

[586] Documents on British Foreign Policy 17, (1972), 362, Nr. 252.

beauftragte Pius XI. den Nuntius Maglione in Bern, Teilnehmern des Kongresses die Wünsche des Papstes vorzutragen.
Dem Vorsitzenden Curzon wurde eine Note mit folgendem Inhalt überreicht: „Dem Heiligen Stuhl gehen aus Konstantinopel täglich die beunruhigendsten Nachrichten zu. Die Christen Europas werden von einer Panik ergriffen. Sie fliehen. Viele sind aber nicht in der Lage zu fliehen. Diejenigen, welche die Stadt verlassen wollen, müssen sich schriftlich verpflichten, nie mehr zurückzukehren. Ihr Besitztum wird unter Sequester gestellt. Der Besitz der Europäer und der religiösen Kongregationen ist äußerst gefährdet. Man befürchtet das Eintreffen irregulärer Banden, woraus sich vernichtende Folgen ergäben. Die Armenier, die keine Zufluchtsstätte haben, sind noch größeren Gefahren ausgesetzt als die anderen und werden das Opfer buchstäblichen Terrors. Indem der Heilige Stuhl diesen Sachverhalt den in Lausanne zur Wiederherstellung des Friedens im Orient vertretenen Mächten zur Kenntnis bringt, ersucht er namens der Menschlichkeit dringend um sofortige Ergreifung wirksamer Maßnahmen zur Sicherstellung der so grausam heimgesuchten Bevölkerung."[587]
Lord Curzon eröffnete die Friedenskonferenz am 20.11.1922; nach dem Sieg der Konservativen bei den englischen Wahlen war er Außenminister geblieben, Mussolini und Poincaré kamen zu Beginn persönlich nach Lausanne. Nach dem von England abgelehnten Einmarsch der Franzosen ins Ruhrgebiet war die „Entente cordiale" praktisch zerbrochen; England stand allein den Türken gegenüber, die von Russland militärisch unterstützt wurden. Jugoslawien und Rumänien unterstützten jedoch eher die englische Position. Der eben erst an die Macht gekommene italienische Premier Mussolini bestand vor der Konferenz auf einem Treffen mit Curzon und Poincaré in Territet; hier sollte ein gemeinsames Vorgehen der Siegermächte akkordiert werden. Auch der neu gegründete Völkerbund, bei dem jedoch weder die USA, noch die Türkei oder Deutschland Mitglied waren, spielte bei den Verhandlungen eine Rolle.
Auf der Konferenz erhielt Lord Curzon den Vorsitz im Territorialausschuss. Armenien war durch vier Gesandte vertreten, die zur

---

[587] Lama (1925), 508f.

Unterkommission für Minderheiten gehörten. Der armenische Vertreter Hadissian brachte vor, dass von den 2.250.000 Armeniern in der Türkei 1.250.000 umgekommen seien, 70.000 seien in den Kaukasus sowie nach Griechenland, Syrien und in den Iran emigriert, und nur noch 150.000 seien in Konstantinopel und 13.000 auf dem Lande. Die Armenier verlangten Teile der Osttürkei und von Kilikien sowie einen Zugang zum Meer.[588] Die USA waren nur durch Beobachter vertreten, da sie mit der Türkei nie im Krieg gewesen waren. Es war schon erstaunlich, dass nach dem Abgang des Präsidenten Wilson – des größten Förderers der Armenier – in den Instruktionen der Gesandten davon die Rede war, dass die armenische Frage aufgeworfen werden sollte; am besten wäre es, wenn die Armenier in Russisch-Armenien eine Zuflucht fänden. Auch die Amerikaner hatten die Armenier bereits abgeschrieben!

Zunächst ging es um Ost-Thrakien, das im Vertrag von Sèvres bis zur Tschataldschalinie an Griechenland abgetreten wurde, im Waffenstillstand von Mudania jedoch wieder den Türken zugesprochen wurde, obwohl hier 395.515 Griechen 344.011 Türken und 67.843 Bulgaren gegenüber standen.[589] Der türkische Delegationsführer Ismet Pascha forderte West-Thrakien und auch die Provinz Mossul mit ihren reichen Erdölvorkommen. Als Ismet in West-Thrakien eine Volksabstimmung forderte, antwortete Curzon am 25.11., ob er eine solche auch für Konstantinopel und Gallipoli wolle. Curzon wies die Forderungen zurück und erhielt dabei die Unterstützung der Entente und auch Bulgariens. Ismet forderte nicht nur die Inseln Imbros und Tenedos, sondern auch Samothrake und Lemnos, erhielt aber nur Imbros und Tenedos zurück, die in Sèvres an Griechenland gegeben worden waren. Am 28.11. erhielt Curzon die Nachricht, dass die griechische Junta trotz seiner Warnung Gounaris und Baltazzis hatten erschießen lassen. Er berief den Botschafter aus Athen zurück und riet Venizelos, der auch nach Lausanne gekommen war, davon ab, diese Regierung noch weiter zu vertreten. Die griechischen Obristen erleichterten es durch ihr ungeschicktes Vorgehen der

[588] Gürün (1985), 288.

[589] Nicolson: Nachkriegsdiplomatie (1934), 285.

Entente, sich von ihnen abzusetzen. Fridtjof Nansen kam nach Lausanne, um über die Flüchtlingsfrage zu verhandeln. Von den 1,6 Millionen Griechen in Kleinasien wollten nur eine halbe Million bleiben. Nansen schlug vor, die Flüchtlinge mit den 450.000 Türken in Griechenland auszutauschen.[590] Am 3.12. wurde der Brief des hingerichteten Premiers Gounaris vom Februar 1922 in der englischen Presse veröffentlicht, und im Oberhaus kam es zu scharfen Angriffen gegen Lord Curzon. In der Meerengen-Frage wurde die Ausdehnung Griechenlands bis zum Marmara-Meer vom Vertrag von Sèvres zurückgenommen. Russland war durch den Außenkommissar Tschitscherin vertreten; es gelang Curzon, einen Keil zwischen Russland und die Türkei zu treiben; sein Plan einer internationalen Kontrolle und Öffnung der Meerengen wurde angenommen.
Die Lausanner Verhandlungen gerieten ins Stocken, weil Mustafa Kemal den Italienern und Franzosen nicht die gewünschten wirtschaftlichen Privilegien verleihen wollte. Die Türken verlangten ultimativ, die griechische Bevölkerung Anatoliens müsse bis zum 15.12.1922 das Land verlassen haben. Der Völkerbund-Beauftragte Fridtjof Nansen und der englische Außenminister Lord Curzon schlugen dagegen vor, die noch in Anatolien verbliebenen 500-600.000 Griechen zu evakuieren. Am 30.1.1923 einigten sich dann Griechen und Türken, 350.000 Muslime aus Griechenland gegen 1,6 Millionen Griechen, die zu diesem Zeitpunkt noch in der Türkei waren, aus der Türkei zu evakuieren. Die Zahl der von 1914 bis 1922 bereits ermordeten oder vertriebenen Griechen dürfte demnach etwa 1,1 Millionen betragen haben.
Schließlich brachte Lord Curzon die Minderheitenfrage erneut zur Sprache und forderte die Türkei auf, dem Völkerbund beizutreten. „Er wusste, dass es unmöglich sein würde, die neue Türkei dazu zu bringen, sich irgendwelcher Form von Verpflichtungen zu unterwerfen hinsichtlich der Armenier, Chaldäer und anderen christlichen und mohammedanischen Minderheiten, die innerhalb der Grenzen des türkischen Staates verbleiben würden. Er wusste auch, dass die türkische Delegation sich peinlich bewusst war, dass das Urteil der Welt in dieser Hinsicht

[590] Ebenda, 294.

gegen sie war."[591] Am 12.12.1922 begann die Diskussion über die Griechen, Assyrer und die armenische Bevölkerung Kleinasiens, „die einmal etliche drei Millionen betragen habe, werde jetzt auf nicht mehr als 130.000 geschätzt."[592] Curzon fragte auch, warum jetzt hunderttausende Armenier in der ganzen Welt auf der Flucht seien.[593] 1.250.000 Armenier seien jetzt in Russisch-Armenien, das mittlerweile eine Sowjet-Republik geworden sei. Viele seien zerstreut in Iskenderun, Aleppo, Beirut und an der syrischen Grenze. Ismet Pascha wollte sich jedoch auf nichts festlegen; er erklärte, dass es keine Minderheit mehr gebe, die in der Lage sei, auf türkischem Gebiet einen Staat zu gründen. Die Griechen, die sich in Marseille angesiedelt hätten, könnten dort auch keinen Staat gründen. Die Armenier, die in der Türkei bleiben wollten, müssten sich als gute Bürger erweisen.[594] Als Venizelos die Armenier erwähnte, antwortete Ismet, diese seien durch die griechische Invasion ins Verderben gerissen worden. „Die Augen der Welt sind auf Armenien und die Türkei gerichtet", erklärte Curzon, „und die Welt wird sich nicht damit zufrieden geben, dass dieses unglückliche Volk ohne jeden Schutz der Willkür der türkischen Regierung ausgeliefert bleibt. ...Das Minderheitenproblem erregt mehr Aufmerksamkeit in der Welt als irgendetwas anderes; und je nach der Art, wie es hier gelöst wird, wird die Konferenz beurteilt werden."[595] An dieser Frage könne auch die Konferenz scheitern, meinte der Minister. Ismet erklärte am 13.12., die Türkei würde keinen Inch an die Armenier geben, am Tag darauf erklärte er, es habe nie drei Millionen Armenier in der Türkei gegeben; dann gab er eine Zusage, dass die Türkei dem Völkerbund beitreten werde. Ein Unterausschuss unter der Leitung des Italieners Montagna traf einige Bestimmungen zum Minderheitenschutz, die später im Frieden von Lausanne berücksichtigt wurden.

Als Lord Curzon am 13.12. die Frage der christlichen Minderheiten zur Sprache brachte, zog Ismet Pascha Inönü ein vorberei-

---

591 Nicolson: Nachkriegsdiplomatie (1934), 306.

592 Ebenda.

593 Nassibian (1985), 235.

594 Gürün (1985), 289.

595 Nicolson: Nachkriegsdiplomatie (1934), 307f.

tetes Papier aus der Tasche und verlas die türkische Auffassung, dass man sich weigere, eine Frage der christlichen Minderheiten anzuerkennen, die alle nach türkischen Gesetzen auszuweisen seien. Über Armenien äußerte er sich nur mit Verachtung und Feindseligkeit, wodurch er auch die Vertreter Frankreichs, der USA, Griechenlands, Italiens und Serbiens gegen sich aufbrachte und ihm den scharfen Verweis Curzons einbrachte, wenn die Türkei das so sehe, brauche man nicht zu verhandeln, dann werde alles mit einem Desaster enden.[596] Als Inönü am Tage darauf wiederum jede Körperschaft oder Institution zur Überwachung des Minderheitenschutzes brüsk ablehnte und nicht bereit war, Minderheitenrechte nach europäischem Muster zu garantieren, antwortete Curzon, die Türkei würde bei einer solchen Politik die gesamte Welt gegen sich haben. Aber die türkische fast fetischhafte Betonung ihrer Souveränität sei unerträglich. Er wolle nicht ewig in Lausanne sitzen und sei auch bereit, die Friedensverhandlungen abzubrechen.[597] Inönü versprach dann, die Türkei werde nach Abschluss des Friedensvertrages dem Völkerbund beitreten. Über die Zukunft des Patriarchats sprach der britische Diplomat Harold Nicolson in diesen Tagen in Lausanne auch mit Venizelos. Curzon beharrte gegenüber Inönü darauf, dass Vertreter der Armenier bei den Verhandlungen über die Minderheiten zugelassen würden.[598] Ende des Jahres meldete der britische Geschäftsträger in Athen, es gebe Gerüchte über einen Angriff auf Konstantinopel. Griechenland hatte inzwischen den Bevölkerungsaustausch mit der Türkei beschlossen, in den die Türken auch die Griechen aus Konstantinopel einbeziehen wollten. Die Alliierten waren dagegen, vor allem die Amerikaner. Bei den Detailverhandlungen bestanden die Türken jedoch auf die Ausweisung des Patriarchats. Griechenland erklärte, es habe keine Autorität über das Patriarchat. Daraufhin drohten die Tür-

[596] Documents on British Foreign Policy 17 (1972), 387, Nr. 274: "A statement of views of Turkish government full of contempt and hostility towards Armenia, disparagement of League of Nations and refusalto allow that there was any minority question that required to be dealt with otherwise than by expulsion of Christian populations and by ordinary Turkish law."

[597] Ebenda, 388, Nr. 275: „He ...rejected the idea of an independent body or organization to supervise minority protection in future".

[598] Ebenda, 416f, Nr. 294.

ken mit der Vertreibung aller Griechen. Die Engländer schlugen vor, das Patriarchat könne abziehen und in Konstantinopel einen Vikar zurücklassen. Die zweite Möglichkeit wäre, das Patriarchat unter der Bedingung in der Türkei zu belassen, dass Griechenland zur Kenntnis nehme, dass das Patriarchat eine Institution für die Griechen in der Türkei sei, sodass das Patriarchat sich nur auf türkische Staatsbürger beziehe und mit der griechischen Regierung nichts zu tun habe. Das Patriarchat würde somit zu einer rein türkischen Angelegenheit.[599] Damit wurde der Weg beschritten, der letztlich zur Rettung des Patriarchats führen sollte. Die armenische Frage wurde noch mehrmals am 15., 22. und 26.12.1922 im Minderheitenausschuss diskutiert, zuletzt ohne türkische Beteiligung. Der armenische Vertreter Noradukian forderte die Unabhängigkeit des Patriarchats. Der armenische Diplomat Aharonian kritisierte auch die russische Politik, die kein „zweites Bulgarien" an der Südflanke wolle; damit war gemeint, dass Russland nicht wollte, dass ein Volk, das es eigentlich als Untertanen betrachtete, unabhängig würde. Der amerikanische Delegierte Joseph Grew war empört über das mangelnde Engagement von Curzon und von Montagna, dem Vertreter Italiens für die Armenier. In der letzten Sitzung des Minderheitenausschusses am 6.1.1923 sagte der türkische Vertreter Riza Nur Bey, er verstehe, warum die Alliierten ein unabhängiges Armenien wollten, hätten sie doch dieses Volk instrumentalisiert, um die Türkei zu bekämpfen. Deshalb hätten sie die Armenier gegen die türkische Regierung aufgehetzt. Die Türken erklärten, sie würden eher die Konferenz verlassen als solche Noten anhören. Riza Nur erklärte, die Alliierten hätten die Armenier gegen die Regierung aufgehetzt, als Antwort seien sie bestraft worden. Hunger, Epidemien und Emigration brachte sie zu Tode. „Die Verantwortung dafür fällt nicht auf uns, sondern auf die Alliierten. Wenn Sie den Armeniern eine Belohnung geben wollen, dann tun sie es."[600] Auch Indien, Irland, Marokko, Tunesien und Algerien wollten die Unabhängigkeit, die Iren hätten dafür Jahrhunderte hindurch einen hohen Blutzoll gezahlt. Dass das Selbstbestimmungsrecht

---

[599] Ebenda, 420-422, Nr. 299.

[600] Gürün (1985), 292.

1922/23, als die kemalistische Parole „Die Türkei den Türken“ bittere Realität geworden war, evakuierte das amerikanische Near East Relief 22.000 armenische und griechische Waisen aus dem Landesinneren nach Syrien und Griechenland. Das Bild zeigt einen Teil der 5.000 Kinder von Harput auf dem Evakuierungsmarsch. Die Älteren gingen zu Fuß, die Jüngeren durften auf Eseln reiten. Auch jetzt versuchten die türkischen Behörden, den Weg so mörderisch wie möglich zu gestalten: Obwohl Harput nur 256 Kilometer Luftlinie von der Schwarzmeerhafenstadt Trapezunt entfernt liegt, durften die Kinder und Jugendlichen nicht von dort nach Griechenland ausgeschifft werden, sondern mussten einen riesigen Umweg von 800 Kilometern zu Fuß zurücklegen.

Massaker unter den Pontos-Griechen

nicht immer konsequent angewendet werden würde, war auch britischen Diplomaten wie Nicolson klar. Die Türken wollten über diese Fragen nicht mehr verhandeln. Die Zeitungen berichteten über diese Stellungnahme, und irische Revolutionäre bedankten sich bei den Türken. Lord Curzon erwähnte die armenische Frage ein letztes Mal in seinem Schlussbericht vom 9.1.1923 an die Hauptkommission. Danach wurde in Lausanne über dieses Thema nicht mehr gesprochen; im Friedensvertrag selbst tauchte die armenische Frage nicht mehr auf! Die armenischen Gesandten schickten noch Briefe an die Mächte, ohne jedoch je eine Antwort zu erhalten. Die armenischen Vertreter wandten sich an den russischen Außenkommissar Tschitscherin mit dem Ersuchen, dass das Gebiet von Van und Bitlis an das russische Armenien angeschlossen würde.[601] Dadurch wurde deutlich, dass auch sie selbst die Hoffnung aufgegeben hatten, auf türkischem Boden könnte ein armenischer Staat entstehen. Tschitscherin war lediglich bereit, Flüchtlinge in Armenien aufzunehmen; auch auf der Krim, an der Wolga und in Sibirien könne man Armenier ansiedeln. So wurde deutlich, dass während der Konferenz von Lausanne das einst von Präsident Wilson forcierte Projekt eines unabhängigen Armenien auf russischem und türkischem Boden von allen Großmächten aufgegeben wurde. Nach Abgabe eines Protestbriefes an die Großmächte verließ die armenische Delegation am 2.2.1923 Lausanne.
Es blieb noch das Schicksal anderer christlicher Minderheiten zu behandeln. Lord Curzon betonte, die Insel Imbros müsse bei Griechenland bleiben, weil es der einzige Ort sei, wo der in der griechischen Sprache fast ausgestorbene „indische Optativ" gebraucht werde. Venizelos kam zu Curzon und gab düstere Prophezeiungen über die Zukunft des orthodoxen Patriarchats. Der bulgarische Ministerpräsident Stambuliski verlangte einen Zugang zur Ägäis; Curzon sollte alle diese Wünsche koordinieren und den Türken die Zustimmung abringen. Bei einem Besuch zum Jahresende in Paris, wo er den neuen Premier Bonar Law traf, erfuhr er von dessen Wunsch, endlich zu einem Frieden zu

[601] Ebenda, 393.

kommen und dafür auch Konstantinopel aufzugeben.[602] Mittlerweile waren alle beteiligten Staaten kriegsmüde geworden, was die Situation der Kemalisten erleichterte, da es nach dem Abgang von Lloyd George keine einflussreichen Gegenspieler der Türken mehr gab.

Die Christen des Orients waren nicht untätig. Die Erzbischöfe von Canterbury und York setzten sich besonders für die sogen. „Nestorianer" ein, was Curzon bei den Verhandlungen über das Mossul-Gebiet manchmal in Verlegenheit brachte. Nicolson betont, dass die Engländer die Assyrer ermutigt hatten, sich gegen die Türken zu erheben und nun moralisch verpflichtet seien, „ihre Weideplätze nicht wieder innerhalb der ottomanischen Grenze zu verlegen."[603] Etwa 35.000 Assyrer waren in den Irak geflüchtet. Ende 1922 übergab J. Gorel de Kerboran, Generalsekretär des „Assyrischen Nationalkomitees" dem Präsidenten der Friedenskonferenz mehrere Memoranden. Premier Bonar Law schrieb Curzon am 8.1.1923, man müsse das gegenüber den Türken durchsetzen, was vom Vertrag von Sèvres noch übrig sei. Am 9.1.1923 brachte Curzon die Situation der Assyrer und Chaldäer zur Sprache, die nicht mehr unter die türkische Herrschaft zurückkehren wollten und von ihrer Geschichte, Sprache und Kultur her eine große Bedeutung hätten.[604] Vergeblich versuchte er, die Türken zu Garantien über den Erhalt ihrer Sprache usw. zu bringen. Am 23.1.1923 sprach Curzon in seiner großen Rede zur Mossul-Frage erneut über die Assyrer und forderte wiederum Garantien für ihre Sprache, Religion und Kultur, was von Ismet Pascha abgelehnt wurde. Am 1.2.1923 proklamierte Aga Petros, der Kontakte zu General Gouraud, dem Hohen Kommissar von Syrien und Libanon hatte, die „Unabhängige Assyro-Chaldäische Republik" in Mesopotamien, die jedoch nicht realisiert werden konnte. Auch das vatikanische Staatssekretariat wandte sich an die Friedenskonferenz, die ersucht wurde, die Rechte der Christen in Anatolien zu schützen.[605]

---

[602] Nicolson: Nachkriegsdiplomatie (1934), 314.

[603] Ebenda, 319.

[604] Joseph (2000), 167.

[605] Fernau (1967), 84.

Ismet Pascha musste sich auch mit der Kurdenfrage auseinander setzen, hatte man im Vertrag von Sèvres den Kurden doch eine Autonomie versprochen. Er leugnete die Existenz des kurdischen Volkes nicht, bezeichnete dessen Schicksal aber mit dem der Türken verwoben. Mustafa Kemal sinnierte zu Beginn des Jahres 1923, ob es sinnvoll sei, wegen Mossul einen neuen Krieg zu beginnen. Die Türkei wäre zwar in der Lage, die Stadt militärisch zu besetzen, müsse aber mit einem Gegenschlag der Griechen rechnen.[606] Er war aber hingegen bereit, auf West-Thrakien und eine Volksabstimmung über dieses zwischen Türken, Bulgaren und Griechen umstrittene Gebiet zu verzichten und erklärte, die Türkei werde nichts unternehmen, um sie zurückzuführen. Die Türken aus Makedonien und West-Thrakien sollten in die entvölkerten Gebiete in der Türkei übersiedeln. Kemal bestand jedoch auf die Aufhebung aller Kapitulationen, die den Minderheiten Sonderrechte und den Schutz durch ausländische Mächte garantierten. Die vollständige Unabhängigkeit der Türkei in allen Fragen war für ihn nicht verhandelbar. Panislamische und panturanische Bestrebungen lehnte er strikt ab. Er kritisierte den Despotismus der früheren Sultane, die sich auf Kosten der Türken ein schönes Leben gemacht hätten und wandte sich auch gegen das islamische Bilderverbot und sprach sich für den Ausbau der wissenschaftlichen Forschung aus. Andere Konfessionen wie die Juden sollten ihren Platz in der Türkei behalten. Auch andere Gemeinschaften sollten nach dem Bevölkerungsaustausch von der Humanität der neuen Regierung profitieren.[607] Nach dem Friedensvertrag sollte eine Volkspartei gegründet werden.
Am 4.2.1923 wurden die Verhandlungen in Lausanne abgebrochen, weil Ismet Pascha die vollständige Streichung aller Kapitulationen verlangte. Aber auch der englische Premier Bonar Law wollte wie Mustafa Kemal wegen Mossul keinen Krieg führen und warnte Lord Curzon, England könne die Bestimmungen von Sèvres nicht allein realisieren. Curzon, der auch die Rückkehr der chaldäischen Flüchtlinge in das Hakkari-Gebiet befürwortete, erinnerte in Lausanne vergeblich an die Leiden der Armenier und

[606] Mango (2004), 367.
[607] Ebenda, 373.

plädierte für einen eigenen Staat. Ismet lehnte die Rückkehr der Christen nach Hakkari ab, da sie sich bei Kriegsende außerhalb der Türkei befunden und daher die türkische Staatsbürgerschaft verloren hätten. Die Türken lehnten jede Art von „Kapitulationen" ab und verlangten Kriegsentschädigungen von Griechenland. Die Minderheitenklauseln akzeptierten sie jedoch. Curzon versuchte, durch Verhandlungen Entschädigungen für Griechenland zu gewinnen.

Nach dem Abbruch der Verhandlungen wurden die Vertreibungen der Griechen aus Kleinasien fortgesetzt. Die britische Botschaft in Athen berichtete am 10.3. Lord Curzon, dass Griechenland den Türken über die spanische Botschaft mitgeteilt habe, man werde Muslime aus Griechenland vertreiben, um Platz für die Flüchtlinge zu schaffen.[608] Die Opposition gegen Kemal griff am 6.3.1923 vor allem Ismet Pascha an, der in Paris die Verhandlungen führte. Einige Tage später wurden den Alliierten Gegenvorschläge überreicht. Aus Propagandagründen bezichtigte man die französischen Truppen der Grausamkeit gegenüber den Muslimen. Am 21.3. antworteten die Alliierten, die Regierung in Ankara werde aufgefordert, die Verhandlungsbevollmächtigten zurückzuschicken. Als England und Frankreich wieder mehr kooperierten, versuchte Mustafa Kemal, die USA gegen die beiden Mächte auszuspielen. Die Amerikaner wollten sich jedoch nicht mehr an den Verhandlungen beteiligen. Griechenland drohte auch mit einem neuen Angriff auf Konstantinopel. England und Frankreich wünschten keine weitere Teilnahme der USA, die an Handelsprivilegien festhielten, die die Türkei nicht akzeptieren wollte. Unterdessen brachte General Ismet „Inönü" die Nationalversammlung in Ankara dazu, dem Entwurf des Friedensvertrages zuzustimmen.

Am 23.4.1923 wurde die Konferenz nach der Rückkehr Inönüs wieder eröffnet. Sir Horace Rumbold vertrat Minister Curzon, Venizelos verhandelte für Griechenland. Was Curzon bis zum 4.2. ausverhandelt hatte, blieb aufrecht. Am 19.5., 4.6. und 17.7. wurde über das Assyrer-Problem verhandelt; der Erzbischof von Canterbury und Sir Rumbold vertraten die Anliegen der Christen.

---

[608] Documents on British Foreign Policy 18 (1972), 587, Nr. 432.

Mustafa Kemal war zunächst durch den „Nationalpakt" gebunden; einzelne Abgeordnete forderten auch den Anschluss von Zypern und einigen griechischen Inseln in der Ägäis. Er wollte England in der Mossulfrage entgegenkommen, um die französischen und italienischen Wirtschaftsinteressen möglichst zurückdrängen zu können. Kemal erklärte unterdessen in Adana, Kilikien sei bereits vor der Ankunft der Perser und Griechen „turanisch" gewesen; die Armenier hätten kein Recht auf diese Gebiete.[609] Am 17.7. war der Friedensvertrag ausgehandelt, am 24.7. wurde er unterzeichnet.
Der Vertrag enthielt 141 Artikel und bindende Vereinbarungen über den Austausch der Minderheitsbevölkerungen mit Griechenland. Auch die USA und die Sowjet-Union unterzeichneten den Vertrag, den sie nicht mit ausgehandelt hatten. Die Türkei wurde als unabhängiger Staat mit fixen Grenzen anerkannt. Die Meerengen sollten entmilitarisiert bleiben. Die Türkei versprach eine Generalamnestie; die Nationalversammlung ratifizierte den Vertrag am 23.8.1923 mit großer Mehrheit. Der amerikanische Senat verweigerte jedoch jede Ratifikation.
Nach einem Abkommen vom 30.1.1923 wurde Religion als Wesensmerkmal der Ethnizität definiert. 1.100.000 frühere ottomanische Staatsbürger orthodoxen Bekenntnisses sollten nach Griechenland übersiedeln; nur die am 30.10.1918 in Konstantinopel wohnenden Griechen sowie die griechischen Bewohner der Prinzeninseln und von Imbros und Tenedos – als Pfand für das Verbleiben der türkischen Minderheit in Griechenland – sowie die am 30.10.1918 in West-Thrakien wohnenden Muslime durften bleiben. 380.000 Muslime aus Kreta und Makedonien sollten in die Türkei übersiedeln. Die nach der alliierten Besetzung zugewanderten Griechen mussten die Stadt verlassen. Die türkisch sprechenden Orthodoxen („Karamanlis") und die Reste der Pontus-Griechen hatten sich eine neue Heimat zu suchen. Dennoch verließen etwa 150.000 Griechen Konstantinopel. Auf der Friedenskonferenz kam auch das Ökumenische Patriarchat zur Sprache, das Ismet Pascha „Inönü" ausgewiesen wissen wollte, da es eine „politische Institution" sei und sich im Krieg

[609] Mango (2004), 381.

gegenüber den türkischen Interessen feindlich verhalten habe. Nicht nur die Griechen, sondern auch die Westalliierten und amerikanische Beobachter wandten sich gegen diese Bestrebungen. Lord Curzon bestand unmissverständlich darauf, dass die Rechte, die dem Patriarchen als Primas der Orthodoxie und als Oberhaupt der orthodoxen Kirche in der Türkei zustünden, unangetastet bleiben müssten. Frankreich schlug sogar vor, das Patriarchat von der Funktion des Erzbistums Konstantinopel zu trennen, was von den Griechen jedoch abgelehnt wurde. Ismet Inönü gab am 10.1.1923 eine mündliche Erklärung ab, dass das Patriarchat bleiben konnte, allerdings ohne politische Funktion auf „rein religiöse Angelegenheiten" beschränkt, da die Millet-Verfassung im säkularen Staat nicht mehr bestand.[610] Allerdings blieb die Formulierung vage, da nirgends definiert wurde, was unter „religiöse Angelegenheiten" zu verstehen ist. Die Protokolle von Lausanne zeigen jedoch die Tendenz zu einer Entpolitisierung des Patriarchats. Bis heute hat die Türkei die Stellung des Patriarchen als Oberhaupt der orthodoxen Kirchen auch außerhalb der Türkei nicht anerkannt. Das Patriarchat, dem 1912 „einige Millionen" orthodoxe Christen direkt unterstanden, behielt in der Türkei nur fünf Diözesen in der Nähe von Konstantinopel und vier Diözesen im Dodekanes mit insgesamt „einigen hunderttausend Gläubigen".[611]

Die griechischen Besitzungen in Anatolien kamen ohne Entschädigung in türkische Hände. Mustafa Kemal selbst bekam griechische Besitzungen bei Silifke und griechische Häuser in Bursa und Trapezunt. Innerhalb von sechs Wochen hatten die alliierten Streitkräfte von Konstantinopel abzuziehen. Die Abreise tausender Christen und Europäer schwächte die Wirtschaft von Konstantinopel sehr; der kosmopolitische Glanz schwand, als Ankara am 13.10. die neue Hauptstadt der Türkei wurde. Von den etwa 280.000 Griechen in Konstantinopel konnten nur 111.200 bleiben. Die Volkszählung 1927 ergab neben 13 Millionen Türken noch 110.000 Griechisch-Orthodoxe und 70.000 Armenier.

---

610 Documents on British Foreign Policy 18 (1972), 437, Nr. 318 u. Fernau (1964), 92.

611 Ètienne Fouilloux: Erschütterungen (1912-1939), in: Geschichte des Christentums 12: Erster u. Zweiter Weltkrieg, Freiburg-Basel-Wien 1992, 915-971, hier 920.

Der sowjetische Außenkommissar Tschitscherin unterstützte in Lausanne die türkische Meerengenpolitik, aber die Türkei brauchte die UdSSR nicht mehr (wie zwei Jahre zuvor); nach dem Sieg der Kemalisten im September 1922 begannen bereits die Verfolgungen der kommunistischen Partei. Von einem unabhängigen Armenien war keine Rede mehr; Vorschläge für eine nationale Heimstätte der Armenier waren zwar gemacht worden, sie wurden aber von den Türken zurückgewiesen, und die anderen Staaten beharrten nicht mehr darauf. Kurden und Armenier siedelten zu zerstreut, um eine Autonomie oder einen neuen Staat zu erhalten.[612]

Artikel 24 des Friedens von Lausanne legt die Aufhebung aller ausländischen Kapitulationen fest, Artikel 37 bis 45 regeln den Status der nichtmuslimischen Minderheiten in der Türkei.[613] Ar-

---

[612] Anderson (1966), 372-375.

[613] APPENDIX: Sektion 111 des Lausanner Vertrages (21. Juli 1923) über den Schutz der Minderheiten:
Artikel 37
Die Türkei verpflichtet sich zur Anerkennung der in Artikel 38 bis 44 festgelegten Bedingungen als Grundgesetze, kein Gesetz, keine Verordnung oder offizielle Handlung darf diese Bedingungen beeinträchtigen oder verletzen.
Artikel 38
Die Türkei verpflichtet sich, den umfassenden Schutz des Lebens und der Freiheit aller Bewohner der Türkei zu garantieren, ohne Ansehen der Geburt, Nationalität, Sprache, Rasse oder Religion.
Alle Bewohner der Türkei haben das Recht auf völlige Freizügigkeit, sei es öffentlich oder privat, auf freie Religionsausübung jeglichen Glaubens, sofern sie nicht der öffentlichen Ordnung und den guten Sitten zuwiderläuft.
Nicht-muslimische Minderheiten sollen völlige Freizügigkeit und das Recht auf Emigration genießen, angewendet auf die gesamte sowie Teile des Territoriums der Türkei, auf alle, die die türkische Staatsangehörigkeit besitzen und die von der türkischen Regierung zur nationalen Verteidigung oder Aufrechterhaltung der öffentlichen Ordnung herangezogen werden können.
Artikel 39
Türkische Staatsbürger, die nicht-muslimischen Minderheiten angehören, sollen die gleichen bürgerlichen und politischen Rechte genießen wie Moslems.
Alle Bewohner der Türkei, ohne Unterschied der Religion, sollen vor dem Gesetz gleichberechtigt sein.
Religiöse, Glaubens- oder konfessionelle Unterschiede dürfen nicht zur Benachteiligung eines türkischen Staatsbürgers führen, sei es in Bezug auf die bürgerlichen oder politischen Rechte, oder beispielsweise betreffs der Zulassung zu öffentlichen Ämtern, Funktionen oder Ehren, oder in der Ausübung von Berufen und Handwerken.
Kein türkischer Staatsbürger darf einer Beschränkung beim Gebrauch irgendeiner Sprache im persönlichen Verkehr, im Handel, der Religion, in der Presse oder Veröffentlichungen jeglicher Art oder öffentlichen Versammlungen unterliegen.
Ungeachtet der Existenz der offiziellen Sprache, muss den türkischen Staatsbürgern,

die nicht Türkisch sprechen, die Möglichkeit gegeben werden, vor den Gerichten mündlichen Gebrauch von ihrer eigenen Sprache zu machen.

Artikel 40

Türkische Staatsangehörige, die nicht-muslimischen Minderheiten angehören, sollen die gleiche Behandlung und Sicherheit sowohl nach dem Recht wie in der Praxis genießen, wie die anderen türkischen Staatsbürger. Insbesondere sollen sie gleichberechtigt sein, auf ihre eigenen Kosten religiöse und soziale Institutionen zu errichten, zu verwalten und zu kontrollieren, wie Schulen und andere Erziehungseinrichtungen, mit dem Recht, ihre eigene Sprache zu gebrauchen und darin ihre eigene Religion frei ausüben zu können.

Artikel 41

Wie die öffentliche Anweisung vorsieht, wird die türkische Regierung garantieren, dass in den Städten und Bezirken, wo eine beachtliche Anzahl von Nicht-Muslimen leben, angemessene Erleichterungen für die Einrichtung von Elementarschulen gegeben werden, indem der Schulunterricht für solche Kinder in ihrer eigenen Sprache ermöglicht werden soll. Diese Bestimmung soll jedoch die türkische Regierung nicht daran hindern, dass der türkische Sprachunterricht in den genannten Schulen obligatorisch sei.

In Städten und Bezirken, wo der Anteil der türkischen Staatsbürger, die nicht-muslimischen Minderheiten angehören, beachtlich ist, soll diesen Minderheiten garantiert werden, dass sie gleichmäßig in den Genuss der öffentlichen Mittel kommen, die vom Staat, der Gemeinde oder aus anderen Budgets zu Unterrichts-, Religions- oder mildtätigen Zwecken ausgegeben werden.

Die in Rede stehenden Gelder sollen befähigten Vertretern von Einrichtungen und Institutionen, denen sie zugute kommen sollen, ausgehändigt werden.

Artikel 42

Die türkische Regierung verpflichtet sich in Bezug auf nicht muslimische Minderheiten anzuerkennen, dass diese ihr Familienrecht oder Personalstatus in Übereinstimmung mit den dieser Minderheit eigenen Vorschriften regeln.

Diese Vorschriften werden von besonderen Kommissionen ausgearbeitet, die sich zusammensetzen aus Vertretern der türkischen Regierung und Vertretern jeder Minderheit in gleicher Anzahl. Im Falle von Abweichungen wird die türkische Regierung und der Völkerbundsrat übereinstimmend einen Schiedsrichter benennen, der unter den europäischen Rechtsgelehrten ausgewählt wird.

Die türkische Regierung verpflichtet sich, den Kirchen, Synagogen, Friedhöfen und anderen religiösen Einrichtungen der oben erwähnten Minderheiten, völligen Schutz zu garantieren. Die gesamte Vollmacht wird den religiösen Stiftungen garantiert, sowie den religiösen und gemeinnützigen Institutionen der genannten Minderheiten, die gegenwärtig in der Türkei existieren, und die türkische Regierung wird die Bildung neuer religiöser und gemeinnütziger Institutionen sowie alle notwendigen Schritte, die anderen privaten Institutionen dieser Art garantiert sind, nicht ablehnen.

Artikel 43

Türkische Staatsangehörige, die nicht-muslimischen Minderheiten angehören, dürfen nicht zur Verrichtung einer Handlung gezwungen werden, die eine Verletzung ihres Glaubens oder ihrer religiösen Vorschriften darstellt, sie sollen keine Nachteile haben, wenn sie es ablehnen, vor dem Gericht zu erscheinen oder Geschäfte abzuschließen, weil diese auf ihren Ruhetag fallen.

Diese Anordnung soll aber diese türkischen Staatsangehörigen nicht von solchen Verpflichtungen befreien, denen alle türkischen Staatsangehörigen unterliegen zur Aufrechterhaltung der öffentlichen Ordnung.

tikel 40 räumt ihnen das Recht ein, eigene Schulen zu errichten und zu betreiben, Artikel 41 erlaubt in diesen Schulen die Verwendung der eigenen Sprache. Der Vertrag nennt die Minderheiten nicht, die in den Genuss dieser Rechte kommen. Unter Berufung auf den Vertrag können Griechen, Armenier und Juden von den Rechten Gebrauch machen, nicht aber die syrisch-orthodoxen Christen.

Lloyd George beklagte in seinen Memoiren mit bitteren Worten den „erniedrigenden Vertrag von Lausanne, der die christliche Bevölkerung der Willkür ihrer alten Unterdrücker aussetzte. Lord Curzon und die Franzosen gestatteten – entgegen meinem dringenden Rat, ein größeres Armenien zu errichten – die Vertreibungen. Die Griechen wurden aus dem Land vertrieben, das sie vor dem Einbruch der Türken kultiviert hatten. ... Nach Kriegsbeginn wurden 700.000 Armenier von diesen Wilden zum

---

Artikel 44
Die Türkei erklärt sich damit einverstanden, dass die vorhergehenden Artikel dieser Sektion betreffend die nicht-muslimischen Nationen in der Türkei, als Anordnungen internationale Verpflichtungen darstellen und unter die Garantie des Völkerbundes fallen.
Sie sollen nicht abgeändert werden, ohne die Zustimmung der Mehrheit des Völkerbundes. Groß-Britannien, Frankreich, Italien und Japan erklären sich hiermit einverstanden, ihre Zustimmung zu irgendeiner Abänderung dieser Artikel nicht vorzuenthalten, wenn dies von der Mehrheit des Völkerbundes gewünscht wird.
Die Türkei erklärt sich einverstanden damit, dass jedes Völkerbundmitglied das Recht hat, eine Verletzung oder Bedrohung durch Verletzung dieser Verpflichtungen vor den Völkerbund zu bringen und das der Rat in Bezug darauf Handlungen vornehmen und Anweisungen geben kann, die den Umständen entsprechend angemessen erscheinen.
Weiter erklärt sich die Türkei damit einverstanden, dass irgendwelche Meinungsverschiedenheiten bezüglich Rechtsfragen oder Tatsachen betreffs dieser Artikel zwischen der türkischen Regierung und jedem der anderen Signatarmächte oder anderer Staaten, die Völkerbundratsmitglieder sind, in internationalem Rahmen diskutiert werden, wie es der Artikel 14 des Völkerbund-Beschlusses vorsieht.
Die türkische Regierung stimmt zu, dass solche Diskussionen, wenn die andere Partei es verlangt, vor den Internationalen Gerichtshof gebracht werden. Die Entscheidung dieses Gerichtshofes ist endgültig und soll genauso in Kraft treten wie ein Urteil nach Artikel 13 des Beschlusses.
Artikel 45
Die in der vorliegenden Sektion behandelten Rechte betreffs der nicht-muslimischen Minderheiten in der Türkei sollen gleichermaßen von Griechenland auf die muslimische Minderheit in ihrem Territorium angewandt werden.
(Quelle: Official English text printed and published by His Majesty's Stationery Office (London 1923).

Tode gebracht. ...150.000 griechische Soldaten wurden ... nackt in die Wüste getrieben, ...von denen zwei Drittel umkamen. Es war die erste Erniedrigung und Kapitulation, die am Ende den besten Teil der Friedensverträge nach dem Weltkrieg zerstörte. ...Niemand behauptet, dass der Friede ehrenhaft gewesen sei. Der Brand Smyrnas und die kaltblütige Ermordung von zehntausenden junger Griechen im Landesinneren bewies, dass der Türke sich nicht geändert hatte. ...Der Türke hatte hunderttausende von Armeniern ermordet und Myriaden christlicher Frauen entehrt. ...In seiner Indolenz, Verschlagenheit, Stupidität und seiner Lüsternheit hatte er einen Garten wiederum zur Wüste verwandelt."[614]

Das Leben der christlichen Minderheiten in der Türkei wurde durch den Vertrag von Lausanne nicht erleichtert. Der amtsenthobene armenische Patriarch Zaven Der Yeghiayan von Konstantinopel (1913-1922) erhielt von den Türken Bagdad als Wohnsitz angewiesen. Der kilikische Katholikos Sahak II. von Sis floh während der Verfolgung nach Aleppo, wo er noch 15 Jahre wirkte.1919 kehrte Zaven aus dem Exil in sein Amt zurück. Er resignierte unter Druck 1922 und floh nach Bulgarien. Von 1922 bis 1927 war das Patriarchat in Istanbul unbesetzt, dann folgte Mesrob Narogan (1927-1943).

Im September 1925 unternahmen türkische Truppen einen Einfall in das Gebiet der Chaldäer im Irak, bei dem Kinder und alte Leute abgeschlachtet und Kinder auf dem öffentlichen Markt in die Sklaverei verkauft und Frauen und Mädchen vergewaltigt wurden. Dies führte zum Protest Englands im Völkerbund; die Türken aber lehnten jede Untersuchung ab. Der türkische Vertreter Roudchy Bey erklärte, dies sei gegen die türkische Souveränität. Der estische General Laidoner bestätigte jedoch die Angaben der Engländer.[615] Die nach den Kriegsverfolgungen übrig gebliebenen syrisch-orthodoxen Dörfer im Turabdin wurden 1926/27 bei einem Einsatz der türkischen Armee gegen die Kurden zerstört.[616] 1929 wurden die armenischen Dörfer in der Umgebung

614 Lloyd George II (1938), 1351, 1355 u. 1361f.

615 Lama (1925), 515.

616 Ray Jabre Mouawad: The Kurds and their Christian Neighbours. The Case of the Orthodox Syriacs, in: Parole de l' Orient 17, 1992, 127-141, hier 140f.

von Diyarbakir und Harput plötzlich von der Gendarmerie von Haus und Hof vertrieben. Tausende von Verfolgten erreichten Ende Sommer 1929 Aleppo, 2400 Flüchtlinge aus der Gegend von Diyarbakir wurden in Kamischli in Syrien angesiedelt, 1200 aus den Dörfern um Palu und Harput in Aleppo. Vor dem Grenzübertritt wurden sie noch von Kurden ausgeplündert.[617] Nach der Übergabe des Sandschak von Iskenderum (Alexandrette) von den Franzosen an die Türkei (1939) kam es zu einem neuen Exodus der Armenier – unter anderen vom Musa Dagh – von der Türkei nach Syrien und dem Libanon. Auch diese Vertreibungen blieben bis heute ungesühnt.

Heute kann zum armenischen Patriarchen von Konstantinopel nur ein türkischer Staatsbürger gewählt werden. De facto muss seine Wahl außerdem der Regierung genehm sein. Offiziell wird sie ihr nur angezeigt und dem neuen Patriarchen durch Kabinettsbeschluss das Recht zuerkannt, seine Amtskleidung auch in der Öffentlichkeit zu tragen, wie dies in der Türkei nur Oberhäuptern von Religionsgemeinschaften gestattet ist. Das Patriarchat zählt heute etwa 70.000 Gläubige, von denen wohl 65.000 in Istanbul leben.

1923 entschied der damalige syrisch-orthodoxe Patriarch, Elias III. Shakir Alkan, es sei besser für die Syriani (syrischen Christen), als gewöhnliche Bürger der neu gegründeten Türkei nicht aufzufallen und sich nicht als Minderheit zu exponieren. Dadurch verloren die syrischen Christen jedoch den Anspruch auf eigene Schulen und waren auf die Schulen des türkischen Staates angewiesen. Diese Vereinbarungen sollten auch unter dem Schutz des neu gegründeten Völkerbundes stehen. Die Praxis sah freilich bis heute anders aus.

[617] Hermann Goltz: Der gerettete Schatz der Armenier aus Kilikien, Wiesbaden 2000, 163-166.

23. Hat die Türkei den Vertrag von Lausanne eingehalten?

Bereits 1920 schlug das Ökumenische Patriarchat erstmals vor, einen Bund aller christlichen Kirchen nach dem Muster des Völkerbundes zu errichten.[618] Dies war der Beginn der „Ökumenischen Bewegung", die nicht von Rom, sondern von der Orthodoxie aus ging. Nach der Niederlage der Griechen erwog Patriarch Meletios IV. eine Verlegung des Patriarchats auf den Berg Athos oder nach Saloniki. Der „Heilige Synod" beriet das Projekt mehrfach, aber weder die griechische Regierung noch die griechische Kirche wollten davon etwas wissen. 1923 berief er eine Konferenz sämtlicher orthodoxer Kirchen nach Istanbul, bei der aber nur Vertreter von Zypern, Griechenland, Rumänien und Serbien erschienen. Möglicherweise erhoffte er sich von der Konferenz eine Stärkung der Stellung des Patriarchats. Die Türken forderten den Rücktritt des Meletios, da er in ihren Augen politisch kompromittiert war. Venizelos riet ihm zur Resignation, und Meletios übersiedelte im Juli 1923 auf den Athos, ohne freilich abzudanken. Nach dem Rücktritt des Meletios stimmten die Türken einer Neuwahl zu. Vor der Neuwahl teilte der Vali von Istanbul am 6.12.1923 mit, Wähler und Patriarch müssten türkische Staatsbürger sein und ihre Funktionen in der Türkei ausüben. So kam es zur Wahl Gregorios VII., der vorher Erzbischof von Chalkedon war, aber bereits nach elf Monaten starb. Metropolit Konstantin Araboglu von Derkae war der Favorit; bevor es jedoch zur Wahl kam, protestierte die türkische Regierung dagegen, weil der Kandidat in Anatolien geboren sei und vom Zwangsaustausch nur die Griechen ausgenommen seien, die am 30.10.1918 in Istanbul wohnhaft gewesen seien. Der Phanar vertrat jedoch die Auffassung, alle Metropoliten seien eo ipso Mitglieder des Phanars und daher auch dort ansässig; Konstantin wurde am 17.12.1924 gewählt. Die Türkei reagierte rasch und wies den Patriarchen am 30.1.1925 aus der Türkei aus. Die griechische Regierung brachte den Fall vor den Völkerbund,

[618] Bernhard Ohse: Der Patriarch. Athenagoras I. von Konstantinopel, Göttingen-Regensburg 1968, 222-224.

ohne jedoch damit Erfolg zu erzielen. In direkten Verhandlungen zwischen Athen und Ankara konnte der Fall im Mai 1925 dadurch gelöst werden, dass Konstantin VI. abdankte. Der Metropolit Basilios III. Georgiadis wurde zum Nachfolger gewählt.
Das orthodoxe Patriarchat in Istanbul wurde von den Türken 1923 nur deswegen nicht vertrieben, weil die Alliierten dies unter keinen Umständen zugestehen wollten. Die Hochschule von Chalki, die im 1. Weltkrieg vom Militär besetzt gewesen war, konnte 1923 den Lehrbetrieb wieder aufnehmen. Die Stellung des Patriarchats in einer Stadt, deren Anteil an Griechen bis zum heutigen Tag ständig zurückging, hing vom jeweiligen Verhältnis der Türken zu Griechenland ab. Nach der Abschaffung des Kalifates im März 1924 sagte Mustafa Kemal „Atatürk" in einem Interview mit der Londoner „Times", die grundsätzliche Folge dieser Entscheidung sei, dass auch das Ökumenische Patriarchat, das armenische Patriarchat in Istanbul und das Großrabbinat abgeschafft werden müssten.[619] Mit der Idee des laizistischen Staates sei dieses Fortbestehen nicht vereinbar. Auch alle muslimischen Klöster, Medresen und Orden wurden 1924 aufgehoben und ihr Vermögen konfisziert. Bis zum heutigen Tag sieht die Türkei das Ökumenische Patriarchat nur als eine religiöse Institution der schwindenden griechischen Minderheit an.
Auch die anderen christlichen Kirchen wurden seit 1922 in der Ausübung der Religion behindert. Ein Erlass der Regierung gebot die Entfernung aller religiösen Bilder, Statuen und Kreuze aus christlichen Schulen, Bibliotheken, Konferenzzimmern und von öffentlichen Plätzen. Religion als „Privatsache" durfte nur noch den eigenen Glaubensgenossen gelehrt werden, das Schulgebet wurde verboten. Da der Vatikan keine offiziellen diplomatischen Beziehungen zur Türkei unterhielt, sandte Pius XI. 1924 Mgr. Filippi als Apostolischen Visitator nach Istanbul; allerdings konnte nur ein Nuntius im Rang eines Diplomaten mit der Regierung offiziell in Verbindung treten. Die Zeitung „Al Bashir" in Beirut berichtete am 20.3.1924 über die Zustände in Mardin und Diyarbakir, ein Regierungserlass habe verordnet: „1. Die Christen sollten nicht den Sonntag feiern, sondern statt dessen

[619] Fernau (1967), 98.

den Freitag halten. 2. Sie dürfen keine religiösen Feierlichkeiten in ihren Kirchen abhalten. 3. Keine öffentlichen Feierlichkeiten in ihren Kirchen abhalten. 4. Keine Glocken läuten. 5. Keine bischöflichen Visitationen abhalten lassen. 6. Sie sollen nur während des Ramadan fasten. 7. Wenn einer Mohammedaner wird, muss die ganze Familie mit übertreten. 8. Sie dürfen nichts verkaufen, noch mit Ausländern verkehren. 9. Niemand darf das Land verlassen, und wer es ohne Erlaubnis tut und ins Ausland geht, verfällt der Todesstrafe."[620] Damit wurde das Christentum in der christlichen Hochburg in Mardin vernichtet, wo noch heute zahlreiche Kirchen und Klöster ein wenig vom früheren Glanz des anatolischen Christentums ahnen lassen.
Pius XI. schickte den Visitator Filippi und den Legaten Dolci in die Türkei, um die Missionsschulen zu retten. Dies wurde immer schwieriger, da die von Freimaurern durchsetzte Regierung Kemals große Schwierigkeiten bereitete. Dies galt auch für die mit Rom unierten Kirchen. Dolcis Tätigkeit wurde jedoch von den Franzosen konterkariert, die seine Abberufung erreichten. Sein Nachfolger Dolci erhielt den Auftrag, die Schulen der Kongregationen zu retten, da man katholische Kinder von Laienschulen fern halten wollte. Die türkische Regierung bewilligte Dolci schließlich drei konfessionelle Schulen, deren Programm freilich dem Unterrichtsamt vorgelegt werden musste.[621]
Die armenisch-katholische Kirche behielt nur noch das Bistum Konstantinopel, das vom Patriarchen Arparian verwaltet wurde. Der unierte Patriarchensitz von Kilikien, der 1867 nach Konstantinopel verlegt worden war, wurde 1928 nach Bzommar im Libanon transferiert.[622] In Trapezunt blieben die Kapuziner, in Kilikien Jesuiten tätig. Heute ist Istanbul Sitz eines armenisch-katholischen Erzbistums.
Offensichtlich bereitete das Justizministerium der Kemalisten bereits im Frühjahr 1921 ein Gesetz zur Bildung einer unabhängigen türkisch-orthodoxen Kirche mit dem Sitz in Kayseri vor. Eine kleine Gemeinschaft türkischsprachiger Christen im

[620] Lama (1925), 511.
[621] Ebenda, 512f.
[622] Schmidlin 4 (1939), 195f.

südlichen Zentralanatolien zwischen Konya und Kayseri in Karaman suchte sich 1921/22 mit türkischer Unterstützung vom Patriarchat im Phanar zu lösen. Ein verheirateter Priester Eftim trat als türkischer Patriot auf und forderte im Frühjahr 1922 seine Glaubensgenossen auf, dem Phanar den Rücken zu kehren und eine „türkische Nationalkirche“ zu gründen. Ein „Konzil“ in Kayseri erklärte den Patriarchen Meletios IV. (1921-1923) für abgesetzt, da er kein Osmane sei. Der Metropolit Prokop von Konya wurde zum Patriarchatsverweser gewählt und Eftim zu seinem Generalbevollmächtigten ernannt. Nach dem Vertrag von Lausanne mussten jedoch auch die türkischsprachigen „Karamanlis“ die Türkei verlassen und nach Griechenland auswandern. Es scheint, dass Ismet Inönü erst in letzter Minute die Ausweisung der „Karamanlis“ in den Exodus der Griechen einbezog, um dem Phanar keine Möglichkeiten zu bieten, in Anatolien Einfluss auszuüben. 1923 kam Eftim im Auftrage des Ministerpräsidenten Fethi Okyar nach Istanbul und verlangte vom Phanar die Ernennung zum Vertreter des Patriarchats bei der Regierung in Ankara. Nach dem Rücktritt Meletios IV. verschaffte er sich gewaltsam Eintritt ins Patriarchat und wurde von der Polizei verhaftet und vom Phanar exkommuniziert. 1924 ließ er sich von zwei Metropoliten zum Bischof weihen und trat in Zukunft sogar als „Patriarch Eftim I.“ auf. Die Türken ließen ihn gewähren und benutzten ihn von Zeit zu Zeit als Druckmittel gegen die griechische Minderheit.
In der Zeit des Patriarchen Photios II. Maniatis (1929-1936) kam es zur Aussöhnung zwischen der Türkei und Griechenland. 1930 lud Ismet Inönü den griechischen Ministerpräsidenten Venizelos zum Staatsbesuch ein; es war der erste Besuch dieser Art. Venizelos erklärte den tausendjährigen Streit der beiden Völker für beendet. Die Frage einer Zusammenkunft mit dem Patriarchen bereitete Kopfzerbrechen. Venizelos fuhr zunächst nach Ankara und auf der Rückreise nach Istanbul, wo er Photios II. im Phanar besuchte. 1930 konnte Photios II. auch eine zweite Versammlung aller orthodoxen Kirchen einberufen, die jedoch auf dem Berge Athos tagte; auch dabei fehlten vor allem die Vertreter Russlands.
Auch die Armenier durften nach dem Vertrag von Lausanne in

Istanbul bleiben, wo sich das Patriarchat im Stadtteil Kumkapi befindet und noch heute 60.000 Armenier leben. Auch der Katholikos von Kilikien hatte bis 1928 seinen Sitz in Istanbul, der dann nach Antelias bei Beirut verlegt wurde, wo viele Überlebende des Genozids eine neue Heimat gefunden haben. Während des Genozids wurden von 1915-1922 1036 armenische Kirchen und Klöster dem Erdboden gleich gemacht. Von den 1914 vorhandenen 1036 Kirchen, 210 Klöstern und 700 Abteien wurde der Großteil zerstört. Bis zur Gegenwart wurden immer wieder armenische Baudenkmäler gesprengt und Kirchen in Moscheen umgewandelt. „Die Türkei setzt also ihre Völkermord-Politik durch die Zerstörung armenischer Baudenkmäler fort, obwohl sie sich vor der Weltöffentlichkeit als Mustermitglied der Völkergemeinschaft gebärdet, indem sie mehrere internationale Abkommen zum Schutze der Rechte von Minderheiten und der Denkmäler unterzeichnet hat. Die Artikel 37 bis 44 des im Jahre 1923 revidierten Friedensvertrages von Lausanne betreffen ausdrücklich die Garantie und den Schutz der Minderheitenrechte. Die Türkei hat, wie ausländische Beobachter ständig berichten, diesen Vertrag fortgesetzt verletzt. In Istanbul ist z.B. die Renovierung armenischer Bauten verboten, ebenso wie ihr Wiederaufbau oder Ausbau. Der Besitz der Kirche und Gemeinde wurde verschiedentlich beschlagnahmt, wobei die Behörden sich auf ihr Vorzugsrecht berufen."[623] Die Situation der Katholiken war wegen des Einflusses des Vatikans im Allgemeinen etwas besser als die der Ostkirchen.

Wie erging es nun den kleineren orientalischen Bereichen nach dem Frieden von Lausanne? Im 1. Weltkrieg waren die sogen. Nestorianer von Hakkari in Richtung Mossul gezogen, um gegen die Türken zu kämpfen. Die Engländer versprachen ihnen einen eigenen Staat, den sie bis Mardin und Diyarbakir ausdehnen wollten. Der Patriarch Eshai Shimun XXI. war 1917 bei seiner Einsetzung noch ein Kind von 13 Jahren, der seine Studien in Canterbury absolvierte. Bis zum Ende des britischen Mandats im

[623] Dickran Koumjian: Die Zerstörung armenischer Kulturdenkmäler – eine Fortsetzung der türkischen Völkermordpolitik, in: Das Verbrechen des Schweigens. Die Verhandlungen des türkischen Völkermords an den Armeniern vor dem Ständigen Tribunal der Völker, (Pogrom 1012), Göttingen-Wien 1984,155-162, hier 158.

Irak (1944) blieb er in England. Ein eigener assyrischer Staat ließ sich bei den Pariser Friedensverhandlungen nicht durchsetzen. Es wurde daher beschlossen, nach Räumung der von Alliierten besetzten Gebiete die Verhandlungen wieder aufzunehmen. Seit Anfang 1922 kehrten etwa 8000 Assyrer nach Hakkari zurück und bauten ihre Häuser wieder auf. Auf der Konferenz von Istanbul vom 19.5.-5.6.1924 wurde in der Frage im Zusammenhang mit dem Streit um Mossul weiter verhandelt. Im Gegensatz zu den Erklärungen Ismet Paschas erklärte der türkische Vertreter Fethi Bey, die Assyrer könnten auf ihre Besitzungen zurückkehren. Der britische Vertreter Percy Cox setzte sich besonders für die Assyrer ein, deren Wohngebiete in Hakkari zum britischen Mandat Irak kommen sollten, wogegen Fethi Bey widersprach. Es kam daher zum Abbruch der Verhandlungen, und die Engländer brachten das Thema vor den Völkerbund, der es vom 29.8. bis 3.10.1924 verhandelte und die „Brüsseler Linie" als Grenze festlegte. Als die Engländer das Hakkari-Gebiet als herrenlos und nur von Assyrern besiedelt bezeichneten, begannen die Türken vor der Ankunft der Kommission des Völkerbundes mit der Vertreibung der dortigen Christen. Die türkischen Truppen plünderten und verbrannten die assyrischen Dörfer, deren Bewohner nach kurzen Kämpfen zu tausenden in den Irak flohen.[624] In der 35. Sitzung des Völkerbundes vom 2.-28.9.1924 entschied die Kommission, dass die assyrischen Forderungen ungerechtfertigt seien; das Hakkari-Gebiet gehöre zur Türkei, und man rate den Assyrern, das Angebot von Fethi Bey anzunehmen. Eine neue Untersuchungskommission traf auf 3000 Assyrer, die vor den Türken in den Irak geflüchtet waren. Vertrieben wurden auch die mit Rom unierten chaldäischen Assyrer, die sich am Kampf gegen die Türken nie beteiligt hatten. Der Appell des Erzbischofs von Canterbury von 1915, die Versprechen an die Assyrer nicht zu vergessen, verhallte ungehört. Auch in der 12. Session des Völkerbundes vom 24.10. bis 11.11.1927 erinnerte die Kommission noch an die Empfehlung, eine autonome Region für die Assyrer einzurichten.[625] Da zahlreiche Assyrer im Irak in

[624] Gabriele Yonan: Assyrer heute, (= Progrom 59), Hamburg-Wien 1978, 47f. u. Joseph (2000), 176.
[625] Ebenda, 180f.

den „Assyrian Levies“ den Engländern gedient und sich daher bei den Muslimen unbeliebt gemacht hatten, ersuchten sie 1930 den Völkerbund um Sicherung ihrer Rechte im Irak, wo sie im Dienste Englands gekämpft hätten.
Die westsyrischen („jakobitischen“) Christen zwischen Diyarbakir und Mardin wurden im Vertrag von Lausanne gar nicht erwähnt. Patriarch Elias III. Ignatius (1917-1932) besuchte die Gläubigen in Diyarbakir, Edessa, Aleppo, Homs, Damaskus, Beirut und Istanbul und engagierte sich für die Sicherheit der seit 1915 verfolgten syrischen Christen im Osmanischen Reich. 1919 traf er mit dem letzten Sultan Mehmet VI. Vahdettin zusammen, der ihm den „Firman“ (Bestätigung) erteilte. Bei Ausbruch des Bürgerkrieges (1922) verbrachte er einige Monate in Jerusalem und besuchte 1922 Mustafa Kemal Pascha; er nahm auch an der Eröffnungszeremonie des Großen Nationalen Rates teil. Im Mai 1923 kehrte er nach Mardin zurück. Die Christen, die wohl zum Teil insgeheim auf den Sieg der Alliierten gehofft hatten, wurden zum Teil ermordet und zum Teil vertrieben. Auch der Patriarch der syrisch-katholischen (mit Rom unierten) Kirche, der seit 1850 in Mardin war – wo heute noch der Palast zu sehen ist – verlegte 1920 seinen Sitz nach Beirut. Letzten Endes wurden die Assyrer im Irak durch die englische Politik zerrieben; nur die mit Rom unierten Chaldäer spielen noch heute eine bedeutende Rolle dort.
Zwischen 1922 und 1928 bediente sich Mustafa Kemal der Kurden, um die Christen in den östlichen Provinzen zu unterdrücken.[626] Zwischen 1926 und 1927 wurden die Dörfer des Turabdin im Auftrag der Türken von den Kurden zerstört. Die Kurden verschanzten sich auch in den Klöstern wie Mor Gabriel und Mor Malke. Auch das von den Kurden besetzte Kloster Mor Gabriel blieb von 1915 bis 1919 leer. Die Bibliothek des berühmten Klosters wurde fast vollständig vernichtet. In zwei großen Fluchtwellen verließen die syrischen Christen 1922 und 1924 die Türkei, um sich in Nordsyrien anzusiedeln. Es gibt allerdings auch ein Foto, das den Patriarchen mit Atatürk zeigt. Von den 10 von ihm geweihten Bischöfen wurde Ephrem I. Barsauma – der beim

[626] Mouawad (1992), 140

Friedenskongress in Paris gewesen war – 1933 zum Nachfolger gewählt. Elias III. Ignatius war der letzte in der Türkei residierende syrisch-orthodoxe Patriarch; 1924 verlegte er die Residenz endgültig nach Homs in Syrien.
Nach der Vereinheitlichung des Schulsystems in der Türkei wurden die nichttürkischen privaten Schulen 1924 entgegen den Bestimmungen der Artikel 40 und 41 des Lausanner Vertrages abgeschafft und den Minderheiten das Recht aberkannt, eigene Schulen zu führen. Ein immer schwerer lösbares Problem war für die Christen, Nachwuchs heranzubilden, aus dem die Bischöfe rekrutiert werden konnten. Ein Problem ist auch bis heute die fehlende rechtliche Absicherung kirchlicher Gebäude und Institutionen. Obwohl der Artikel 266 des Zivilgesetzbuches von 1926 jedem Türken die Wahl der Religion frei stellt, wurden 1932 nach dem Übertritt von 11 Muslimen zum Christentum in Marasch, ein amerikanischer Missionar und einige Schwestern wegen „Gefährdung der öffentlichen Sicherheit angeklagt und im Jahr darauf ausgewiesen.[627] Bis heute werden noch Kirchen in Moscheen umgewandelt. Die Syrer behielten die beiden Diözesen Mardin (Dayr al-Zafaran) und Mor Gabriel (Midyat im Turabdin). Trotz aller Massaker hielt sich auch in Diyarbakir bis heute eine christliche Gemeinde, die Armenier behielten das Patriarchat in Istanbul. Hier konnten sich dank der vielfältigen Kontakte mit dem Ausland christliche Minderheiten (Orthodoxe, Armenier, Unierte und Syrer) behaupten und auch entsprechende Sozialeinrichtungen und Zeitungen aufbauen. Ein Hauptproblem bildet nach wie vor der Priesternachwuchs; nach türkischem Recht dürfen nur türkische Staatsbürger höhere Kirchenämter bekleiden.
Seit der Vereinheitlichung des Schulsystems 1924 wurden die nichttürkischen privaten Schulen der staatlichen Kontrolle untergeordnet. Als „nicht-moslemische Minderheiten“ bezeichnen die Türken nur Armenier und Griechen, nicht aber die Syrer. 1934 wurde ein Gesetz gegen die Christen erlassen, das das Tragen kirchlicher Kleidung außerhalb von Kirchen verbietet. Am 8.2.1935 wurden von 399 Parlamentsabgeordneten zwei Or-

[627] Aydin (1990), 132.

thodoxe und je ein Jude und Armenier nominiert.[628] 1948 wurde der islamische Religionsunterricht in den Schulen eingeführt; ein christlicher Religionsunterricht existiert nicht. 1956 kam es zu einer Revision des Grundbuches, bei der kircheneigene Grundstücke zum herrenlosen Gut erklärt wurden. Ist in einer Pfarrei kein Priester mehr vorhanden, fällt der Besitz dem Fiskus (Vakif) zu. Aufgrund des Laizismusprinzips sind Neugründungen von Vereinigungen mit religiöser Zielsetzung verboten.
Die Zahl der Griechen in der Türkei sinkt seit 1922 ständig. In den 1930er Jahren bemühte sich Atatürk um eine Aussöhnung der Türkei mit den Griechen. 1948 wurde der amerikanische Erzbischof Athenagoras zum Patriarchen gewählt; bei seiner Amtseinführung am 27.1.1949 war ein Vertreter der türkischen Regierung anwesend.[629] Ihm wurde erst später die türkische Staatsbürgerschaft verliehen; er bemühte sich stets um einen Ausgleich zwischen Griechen und Türken. Später nahmen die Spannungen im Gefolge des Zypernkonfliktes wieder zu. 1950 wurde das Einparteiensystem des Kemalismus durch ein Mehrparteiensystem abgelöst, aber die Demokratie wurde noch mehrfach durch einen Militärputsch beendet. Nach einem angeblich von Griechen, in Wirklichkeit aber vom türkischen Geheimdienst inszenierten Bombenanschlag und einer Beschädigung des Geburtshauses von Atatürk in Saloniki kam es am 6./7.9.1955 in der „Istanbuler Kristallnacht“ zu progromartigen Überfällen auf Griechen, die in Scharen die Türkei verließen.[630] 78 von insgesamt 80 Kirchen, 26 griechische und acht armenische Schulen, 5 Sportclubs, 4348 Geschäfte, 27 Apotheken und 110 Restaurants, Kaffeehäuser und Hotels in griechischem Besitz wurden verwüstet, es gab 16 Tote und 32 Verletzte und einen Sachschaden von 270-360 Millionen Dollar.[631] Viele Kirchen und Häuser wurden verlassen, mehr als 100.000 Griechen zogen nach Griechenland; die Eigentumsfrage ist bis heute ungelöst. Die Zahl der Griechen in Istanbul schrumpfte auf 50.000 bis 60.000. Die Ausweisung des

[628] Strothmann (1936), 48.

[629] Ohse (1968), 122f.

[630] Ebenda, 143-145.

[631] Genocide against the Bulgarian, Greek, Armenian, Cypriot and Kurdish People, Sofia, o.J., 19

Patriarchats konnte nur knapp verhindert werden, da Patriarch Athenagoras sich gegenüber der Türkei loyal verhalten hatte, weswegen die Griechen von ihm enttäuscht waren. 1960 kam die ganze Angelegenheit nach dem Sturz des Ministerpräsidenten Adnan Menderes im Prozess von Yassiada zur Sprache: Der Anschlag auf das Geburtshaus war vom türkischen Geheimdienst inszeniert und die Ausschreitungen von der Regierung veranlasst worden. Menderes wurde wegen Anstiftung zum Progrom gegen die Griechen hingerichtet. 1963 kam es anlässlich der nächsten Zypernkrise zu einer neuen Eskalation. 12.000 Griechen wurden wegen angeblichem Landesverrat und Illoyalität gegenüber der Türkei ausgewiesen. Zum 50. Jahrestag berichtete die türkische Zeitung „Radikal", dass es an der Zeit wäre, auch diese Übergriffe einmal „historisch aufzuarbeiten". Heute leben noch etwa 3500 Griechen in der Türkei, davon 2500 in Istanbul und etwa 500 auf den Prinzeninseln im Marmara-Meer sowie auf den Inseln Imbros und Tenedos. Das griechische Patriarchat ist immer wieder Gegenstand politischer Kontroversen.
Das armenische Patriarchat in Konstantinopel blieb bis heute bestehen. Ihm sind 35 Kirchen unterstellt. Die Zahl der Armenier beträgt heute offiziell etwa 70.000, von denen die meisten in Istanbul leben, daneben gibt es noch das armenische Dorf Vakifli am Musa Dagh bei Iskenderun. Die armenisch-apostolische Kirche, die 1903 etwa 1000 Schulen besaß, unterhält heute noch 21 eigene Schulen und ein Krankenhaus. Patriarch Athenagoras griff in der Neujahrsbotschaft 1959 den ökumenischen Gedanken, den das Patriarchat bereits 1920 propagiert hatte, von neuem auf. Etwa 3500 Armenier gehören der „Armenisch-katholischen Kirche" an, die über drei Kirchen in Istanbul sowie eigene Schulen und Sozialeinrichtungen verfügt. In den ehemaligen armenischen Gebieten um den Vansee soll es noch etwa 150.000 Armenier geben, die ihre nationale Zugehörigkeit nicht frei bekennen.[632] Es gibt auch drei eigene Wochenzeitungen, von denen „Jamanak" – die seit 1908 bestehende älteste noch

[632] Jasmine Dum-Tragut: Verstreutes Volk und ferne Heimat, in: „...Aber unvergänglich sind wir wie unsere Berge". Armenien, hg. v. Erich Renhart u. Jasmine Dum-Dragut, Graz-Wien 1997, 53-61, hier 5.

bestehende Zeitung der Türkei – und „Marmara“ in armenischer und „Agos“ in türkischer Sprache erscheinen. Sie enthalten auch Nachrichten über Armenien und die armenische Diaspora.
Etwa 7000 christliche Araber in der Türkei leben in der Provinz Hatay und den umliegenden Großstädten Iskenderun und Adana. Als die Provinz Hatay 1938 zur Türkei kam, wanderten viele Christen von dort in den Libanon und nach Syrien aus, aber auch in die USA, nach Kanada, Brasilien, Argentinien und Venezuela. Sie bezeichnen sich als „Melkiten“ und unterstehen dem Patriarchen von Antiochien (Antakya), der heute seinen Sitz in Damaskus hat. Sie gehören zur Orthodoxie, feiern den Gottesdienst jedoch in arabischer Sprache. Zu ihnen gehört auch eine kleine Gruppe mit Rom unierter Melkiten. Die Melkiten werden in der Türkei nicht offiziell als Minderheit anerkannt; es gibt auch keine Bücher und Zeitschriften in arabischer Sprache; das Arabische wird an den Regelschulen nicht unterrichtet. Der türkische Erziehungsminister Necdet Ugur verbot am 1.3.1978 in einem geheimen Schreiben an den Gouverneur von Mardin den Unterricht im Priesterseminar von Deir al-Zafaran; am 2.2.1979 auch im Kloster Mor Gabriel.[633] 1982 wurde sogar festgelegt, dass christliche Schüler am muslimischen Religionsunterricht teilnehmen müssen.[634] Bis zu Beginn der 1940er Jahre mussten die Christen statt des Militärdienstes einen Arbeitsdienst leisten; heute müssen die Christen in entlegenen Gebieten Wehrdienst leisten und werden in der Armee diskriminiert. Laut Militärdienstordnung darf kein Christ Offizier werden, da er nicht beschnitten ist. Christen wurden beim Militär unter Folter gezwungen, sich beschneiden zu lassen. Höhere Staatsdienste wie bei der Polizei oder im Justizwesen bleiben ihnen verschlossen.
Bis zum heutigen Tag sind die Kirchen nicht als rechtliche Körperschaften mit der Möglichkeit, Grund und Boden zu erwerben usw. anerkannt. Ein christliches Schulwesen gibt es nicht; das orthodoxe Seminar in Halki steht seit 1971 leer; die orthodoxe Kirche ist vom Aussterben bedroht, da sie keinen Priester-

---

633 Rabo (2005), 9.

634 Gabriel Rabo: Die Aramäer unter der türkisch-islamischen Herrschaft, in: wwwuser.gwdg.de

nachwuchs ausbilden kann. Trotz des Annäherungsprozesses an die EU und vieler Versprechen, europäische Standards der Religionsfreiheit einzuführen und einklagbar zu machen, ist hier kaum etwas geschehen. Wie schon seit Jahrhunderten so klafft auch heute noch in der Türkei Theorie und Praxis auseinander. Christen sind geduldet und werden eingeschüchtert – von einer europäischen Minderheitenpolitik ist die Türkei heute gleich weit entfernt wie unter Atatürk; auch er hat seine diesbezüglichen Versprechen und die unterschriebenen Verträge nie eingehalten. Im September 2006 scheiterte eine Gesetzesvorlage der regierenden AKP für Minderheitenschulen an der Auslegung des Vertrags von Lausanne, der unter Minderheiten nur Armenier, Griechen und Juden anerkennt, nicht aber die syrischen Christen. Die sozialistische CHP und die Republikanische Volkspartei lehnten die Erweiterung des Minderheitenbegriffs ab. Christliche Schulen dürfen auch weiterhin nicht von Ausländern besucht werden.[635] Die Ermordung des armenischen Journalisten und Herausgebers der Zeitschrift „Agos“ Hrant Dink am 27.1.2007 schockierte nicht nur die Reste der christlichen Minderheiten in der Türkei und die Nachbarrepublik Armenien; Hrant Dink war im Oktober 2006 nach Art. 301 (StGB, Türkei) und wegen „Beleidigung des Türkentums“ zu einer Bewährungsstrafe von sechs Monaten verurteilt worden, weil er vom Völkermord an den Armeniern geschrieben hatte.

Erste Schritte zu einer Vergangenheitsbewältigung in der Türkei findet man in der Literatur; der Autor Doğan Akhanlı beschreibt in seinem Roman „Die Richter des Jüngsten Gerichts“ die Sitzung der Jungtürken, auf der der Beschluss zum Genozid gefasst wurde, und die Todeslager in der syrischen Wüste. Das Buch „Anneannem“ (Meine Großmutter) der Anwältin Fethiye Cetin ist ein bemerkenswertes Buch. Es ist die von der Enkelin spät entdeckte Lebensgeschichte einer alten Frau, die ihre armenische Identität fast ein Leben lang verbergen musste. In Gesprächen mit ihrer Enkelin erzählt sie kurz vor ihrem Tod in Erinnerungsfetzen von der Vertreibung ihrer Familie, der Ermordung von Angehörigen und anderen Armeniern und von ihrer „Rettung“ durch einen

[635] Der Standard, 29.9.2006

Evakuierung von 8000 christlichen Waisenkindern durch den schweizerischen Krankenpfleger Jakob Künzler aus der Türkei nach Syrien (1922)

Rast der Waisenkinder in der Nähe von Urfa (4.4.1922)

Kurden, der sie zwangsadoptierte. So bildet die Literatur in der Türkei vielleicht eine „Pressure Group“, die zu einem Aufbrechen der Staatsmythen über die Armeniermorde oder die angebliche Liberalität des Mustafa Kemal Atatürk führen könnte.

Wie kam es demnach zur Vernichtung der christlichen Minderheit in der Türkei. Obwohl es im Osmanischen Reich entgegen vielfacher Behauptung aufgrund der auf die Bestimmungen des Islam zurückgehenden „Dhimmi-Verfassung“ zu keiner Zeit zu einer Gleichberechtigung der Christen mit den Muslimen kam, die den heutigen, auf die Menschenrechte, Aufklärung usw. basierenden Menschenrechten gleich kommt, die etwa in den westlichen Demokratien Standard sind, war die Situation der Christen unter den Osmanen doch gemildert durch die „Kapitulate“ mit den europäischen Großmächten. Die „jungtürkische“ Bewegung schuf einen modernen Nationalstaat auf rassistischer Grundlage, wie er später im Nationalsozialismus zu furchtbaren Auswirkungen gegenüber den „Minderheiten“ führte. Die nationalistische Bewegung des Jungtürken Mustafa Kemal Pascha wurde in ihrer rassistischen und nationalistischen Ausprägung nicht erkannt und unterschätzt.
Das Osmanische Reich hatte den 1. Weltkrieg verloren; Palästina, Syrien, Libanon und Irak waren von den Engländern, über ein Drittel der Osttürkei von den Russen erobert worden. Durch den Separatfrieden der Bolschewiken mit Deutschland konnten die Türken den Osten des Landes zurückerobern und hier das von den Jungtürken verübte Verbrechen des Völkermordes an Armeniern, Griechen und Syrern mit Kemals Zustimmung zu Ende führen. Die Siegermächte, vor allem Frankreich, verfolgten jedoch in erster Linie nationalstaatliche Ziele: Vor allem das Frankreich Clemenceaus war in erster Linie daran interessiert, Deutschland zu schwächen und die Rheinlinie zu gewinnen. Zunächst wurde fast ausschließlich der Versailler Vertrag mit Deutschland verhandelt. Italien war in erster Linie an seinen Eroberungen von Südtirol bis Rijeka/Fiume interessiert. Frankreich und Italien hatten durch häufige Wahlen keine starken kontinuierliche Regierungen. Die Sowjet-Union, Italien und Frankreich

arrangierten sich rasch mit der Revolutionsbewegung Kemal Paschas und gaben ihre ursprünglichen Annexionspläne auf. Das Thema Türkei wurde bei den Pariser Friedensverhandlungen in erster Linie von den USA des Präsidenten Wilson und der englischen Regierung unter Lloyd George verhandelt, die sich von Eleftherios Venizelos leiten ließen, der von der „großen Idee" des „Griechenlands der drei Meere" träumte und sich durch seine viele Monate dauernden Aufenthalte in Paris und London von seiner Heimat entfremdete und später nicht mehr in der Lage war, die Spaltung zwischen seinen Anhängern und den Monarchisten zu überwinden. Woodrow Wilson war wohl der aufrichtigste Politiker bei den Pariser Friedensverhandlungen, der einen eigenen Staat für die Armenier durchsetzen wollte, allein sein Schlaganfall und die Mehrheit republikanischer Hinterbänkler im Kongress ließen auch ihn scheitern. Letzten Endes stand nur noch der liberale Premier Lloyd George hinter den Griechen; auch er wurde von konservativen Hinterbänklern zum Rücktritt gezwungen. Das Ergebnis war eine Katastrophe: der Sieg eines menschenverachtenden verbrecherischen Systems des Kemalismus, dessen heutige Epigonen es niemals geschafft haben, die von ihren Revolutionsbewegungen begangenen Verbrechen und den Genozid an den Christen in einer Weise aufzuarbeiten, die heutigen wissenschaftlichen und demokratischen Standards entspricht. Ohne die fundamentale Aufarbeitung dieser Verbrechen ist eine Aufnahme der Türkei in die Wertegemeinschaft der „Europäischen Union" weder durchführbar noch wünschenswert – obwohl sich die Reste der christlichen Minderheiten gerade von diesem Reflexions- und Revisionsprozess eine Besserung ihrer Situation erwarten.

Literaturverzeichnis

Ahmad Feroz: The Making of Modern Turkey, London-New York 1993

Akcam Taner: Armenien und der Völkermord. Die Istanbuler Prozesse und die türkische Nationalbewegung, Hamburg 1996

Akcam Taner: Another History of Sèvres and Lausanne, in: Kieser-Schaller (2003), 281-299

Akgönül Samin: Les Grecs de Turquie, Louvain 2004

Alexandris Alexis: The Greek Census of Anatolia and Thrace (1910-1912), A Contribution to Ottoman Historical Demography, in: Ottoman Greeks in the Age of Nationalism, ed. by Dimitri Gondicas u. Charles Issawi, Princeton NJ 1999, 45-76.

Anderson M.S.: The Eastern Question 1774-1923 (1968), ND London 1978

Armstrong Karen: Jerusalem – die Heilige Stadt, München 1999

Aydin Hanna: Die Syrisch-Orthodoxe Kirche von Antiochien, Glane-Losser 1990

Baum Wilhelm: Ignatius XXXVIII. Aphrem I. Barsauma, syrisch-orthodoxer Patriarch (1933-1957), in: Biografisch-Bibliografisches Kirchenlexikon, Bd. 25, 2005, 661-664

Baum Wilhelm: Die Türkei und ihre christlichen Minderheiten, Klagenfurt 2005, 126-131.

Baum Wilhelm: The Christian Minorities in Turkey, Klagenfurt 2006

Betts Robert Brenton: Christians in the Arab East, Athens 1978

Bihl Wolfdieter: Die Kaukasuspolitik der Mittelmächte, Bd. 2: Die Zeit der versuchten kaukasischen Staatlichkeit (1917-1918), Wien-Köln-Weimar 1992

Bodgher Alan: Russia and the End of the Ottoman Empire, in: The Great powers and the end of Ottoman Empire, ed. by M. Kent, London 1984, 76-110

Bonrais Catherine: The Greek Millet in Turkish Politics. Greeks in Ottoman Parliament 1908-1918, in: Ottoman Greeks in the Age of Nationalism, ed. by Dimitri Gondicas u. Charles Issawi, Princeton NJ 1999, 193-206

Bosworth R.J.B.: Italy and the End of the Ottoman Empire, in: The Great Powers and the End of the Ottoman Empire, ed. by M. Kent, London 1984, 52-75

Brentjes Burchard: Drei Jahrtausende Armenien, Wien-München, 2. Aufl., 1976

Brenton Betts Robert: Christians in the Arab East, Athens 1978

Bruce Fulton L.: France and the End of Ottoman Empire, in: The Great Powers and the End of the Ottoman Empire, ed. by M. Kent, London 1984, 141-171

Churchill Winston: The World Crisis, vol. V: The Aftermath, London 1929

Clogg Richard: The Greek Millet in Ottoman Empire, in: Christians and Jews in Ottoman Empire, ed. by Benj. Brandes u. Bernard Lewis, New York 1980, 185-207

Clogg Richard: A Concise History of Greece, Cambridge, 2. ed., 2002
Coche de la Ferté Ètienne: Byzantinische Kunst, Freiburg-Basel-Wien 1982
de Courtois Sébastien: The Forgotten Genocide. Eastern Christians, The Last Arameans, Piscataway, N.J. 2004
Dalrymple William: From the Holy Mountain. A Journey in the shadow of Byzantium, London-New York-Toronto 2005
Deschner Karlheinz: Ein Jahrhundert Heilsgeschichte. Die Politik der Päpste im Zeitalter der Weltkriege, Köln 1983
Documents on British Foreign Policy 1919-1939, ed. by E. L. Woodward a. Rohan Butler a. o., I, 1, London 1947; I,2 (1919), 1948; I,4,1952;I,7 (1920), 1958; I,8, 1958; I,12, 1962; I,17, 1970 u. I,18, 1973
Dum-Tragut Jasmine: Verstreutes Volk und ferne Heimat, in: „...Aber unvergänglich sind wir wie unsere Berge“. Armenien, hg. v. Erich Renhart u. Jasmine Dum-Dragut, Graz-Wien 1997
Erhan, Çağri: Greek occupation of Izmir and adjoining territories: report of the Inter-Allied Commission of Inquiry; (May - September 1919), Center for Strategic Research (SAM), Ankara 1999
Evans Laurence: United States Policy and the Partition of Turkey 1914-1924, Baltimore 1965
Fernau Friedrich Wilhelm: Patriarchen am Goldenen Horn. Gegenwart und Tradition des orthodoxen Orients, Opladen 1967
Fotiadis Konstantinos: Der Völkermord an den Griechen des Pontos, in: Verfolgung, Vertreibung und Vernichtung der Christen im Osmanischen Reich 1912-1922, hg. v. Tessa Hofmann, Münster 2004, 185-219
Fouilloux Ètienne: Erschütterungen (1912-1939), in: Geschichte des Christentums 12: Erster u. Zweiter Weltkrieg, Freiburg-Basel-Wien 1992, 915-971
Fulton L. Bruce: France and the End of Ottoman Empire, in: The Great Powers and the End of the Ottoman Empire, ed. by M. Kent, London 1984, 141-171
Genocide against the Bulgarian, Greek, Armenian, Cypriot and Kurdish People, Sofia, o.J.,
Goltz Hermann: Der gerettete Schatz der Armenier aus Kilikien, Wiesbaden 2000
Greek Atrocities in the Vilayet of Smyrna (May to July 1919). Inedited documents and evidence of english and french officiers (First series), Lausanne 1919
Grulich Rudolf: Konstantinopel. Ein Reiseführer für Christen, Ulm 1998
Gürün Kamuran: The Armenian File. The myth of innocence exposed, London-Nicosia-Istanbul1985
Gust Wolfgang (Hg.): Der Völkermord an den Armeniern 1915/16. Dokumente aus dem Politischen Archiv des deutschen Auswärtigen Amtes, Springe 2005
Handbuch der Geschichte Russlands, Bd. 3: 1856-1945, hg. v. Gottfried Schramm, Stuttgart 1983
Hassiotis Ioannis K.: The Armenian Genocide and the Greeks: Response and Records (1915-23), in: The Armenian Genocide, ed. by Richard G.

Hovannisian, New York 1992, 129-151
Hatscherian Garabed: Smyrna 1922. Tagebuch hrsg. v. Dora Sakayan, m. e. Einl. v. Tessa Hofmann, Klagenfurt 2006
Helmreich, Paul C: From Paris to Sevres. The Partition of the Ottoman Empire at the Peace Conference of 1919-20, Columbus 1974
Heyer Friedrich (Hrsg.): Die Kirche Armeniens, (= Die Kirchen der Welt 18), Stuttgart 1978
Hitti Philipp K.: Lebanon in History, London 1957
Hofmann Tessa: Deutsche Quellen und Augenzeugenberichte zum Völkermord an den Armeniern 1915/16, in: Das Verbrechen des Schweigens, hrsg. v. Tessa Hofmann, (= Progrom Taschenbücher 1012), Wien 1984, 92-119
Hofmann Tessa: Mit einer Stimme sprechen, in: Verfolgung, Vertreibung und Vernichtung der Christen im Osmanischen Reich 1912-1922, hrsg. v. T. Hofmann, Münster 2004, 9-51
Hofmann Tessa: Einleitung in: Smyrna 1922. Das Tagebuch des Garabed Hatscherian, hrsg. v. Dora Sakayan, Klagenfurt 2006,9-36
Horton George: the Blight of Asia (1926), ND Reading 2003.
Hovannisian Richard G.: Die armenische Frage (1878-1923), in: Das Verbrechen des Schweigens, hrsg. v. Tessa Hofmann, Wien 1984,13-37
Joseph John: The modern Assyrians of the Middle East. Encounters with Western Christian Missions, Archaeologists & Colonial Powers, Leiden-Boston-Köln 2000
Jorga Nicolae: Geschichte des osmanischen Reiches, Bd. 5: bis 1912, (1912), ND Frankfurt 1990
Kent Marian: Great Britain and the End of the Ottoman Empire 1900-23, in: The Great Powers and the End of the Ottoman Empire, ed. by M. Kent, London 1984, 172-205
Kieser H.-L.: Der verpasste Friede. Mission, Ethnie und Staat in den Ostprovinzen der Türkei 1838-1939, Zürich 2000
Koumjian Dickran: Die Zerstörung armenischer Kulturdenkmäler – eine Fortsetzung der türkischen Völkermordpolitik, in: Das Verbrechen des Schweigens. Die Verhandlungen des türkischen Völkermords an den Armeniern vor dem Ständigen Tribunal der Völker, (Pogrom 1012), Göttingen-Wien 1984,155-162
Künzler Jakob: Im Lande des Blutes und der Tränen, Zürich, 2. Aufl. 2004
Kurkijan M. Vahan: A History of Armenia, 1958
Kyrris Kostas P.: History of Cyprus, Nicosia 1985
Lama, Friedrich von: Papst und Kurie in ihrer Politik nach dem Weltkrieg, Illertissen 1925
Llewellyn Smith Michael: Ionian Vision. Greece in Asia Minor 1919-1922, 4. Aufl., 2005
Larentzakis Grigorios: Das ökumenische Patriarchat von Konstantinopel im Dienste der kirchlichen Einheit und der Vereinigung Europas, in: KNA-Öki 27, 1995,5-11

Lloyd George David: Mein Anteil am Weltkrieg. Kriegsmemoiren, Bd. 3, Berlin 1936
Lloyd George David: The Truth about the Peace Treaties, vol. 2, London 1938
Mallinson William: A Modern History of Cyprus, London-New York 2005
Mango Andrew: Atatürk, London 2004
Mc Carthy Justin: Muslims and Minorities. The Population of Ottoman Anatolia and the End of the Empire, New York-London 1983
Morgenthau Henry: Ambassador Morgenthau's Story (1918), ND Detroit 2003
Mouawad Ray Jabre: The Kurds and their Christian Neighbours. The Case of the Orthodox Syriacs, in: Parole d'Orient 17, 1992, 127-141
Nanakis Andreas: Venizelos and Church-State Relations, in: Venizelos ed. by Paschalis M. Kitromilides, Edinburgh 2006, 346-373
Nassibian Akaby: Britain and the Armenian question 1915-1923, London-New York 1985
Neumann Michael – Neumann Adrian Christian: Die Türkei, München 1990
Nicolson Harald: Friedensmacher 1919, Berlin 6. Aufl., 1934
Nicolson Harald: Nachkriegsdiplomatie. Curzon: The last Phase 1919-1925, Berlin 1934
Ohandjanian Artem: Armenien. Der verschwiegene Völkermord, Wien-Köln-Graz 1989
Ohse Bernhard: Der Patriarch Athenagoras I. von Konstantinopel, Regensburg 1968
Palmer Alan: Glanz und Niedergang der Diplomatie, Düsseldorf 1986
Palmer Alan: Verfall und Untergang des Osmanischen Reiches, München 1994
Petsalis-Diomidis N.: Greece at the Paris Peace Conference (1919), Thessaloniki 1978
Psomiades Harry J.: The Ecumenical Patriarchate under the Turkish Republic: The First Ten Years, in: Balkan Studies 1961 u. www.orthodoxchristianity.net/texts/Psomiades
Rabo Gabriel: Die Aramäer unter der türkisch-islamischen Herrschaft, in: www.user.gwdg.de
Richter Heinz A.: Geschichte der Insel Zypern, Bd. 1: 1878-1949, Mannheim-Möhnesee 2004
von Rimscha Hans: Geschichte Russlands, Darmstadt, 2. Aufl. 1970
Schimdlin Josef: Papstgeschichte der neuesten Zeit, Bd. 3 (1903-1922), München 1936 u. 4, 1939
Strothmann R.: Heutiges Ostchristentum und Schicksal der Assyrer, in: Zeitschrift für Kirchengeschichte 55, 1936, 17-82
Tamcke Martin: Der Genozid an den Assyrern/Nestorianern, in: Verfolgung, Vertreibung und Vernichtung der Christen im Osmanischen Reich 1912-1922, hrsg. v. Tessa Hofmann, Münster 2004, 95-110
Ternon Yves: Tabu Armenien. Geschichte eines Völkermords, Frankfurt-Berlin 1981

Toynbee Arnold: The Western Question in Greece and Turkey. A Study in the Contact of Civilisations, Boston-New York 1923, 2. ed., London-Bombay-Sydney 1923
Tsirkindis Harry: "...At last we uprooted them...":The Genocide of Greeks of Pontos, Thrace and Asia Minor, through the French Archives, Thessaloniki 1999
Tsirkindis Harry: Der Völkermord an den Griechen Kleinasiens (1914-1923), in: Verfolgung, Vertreibung und Vernichtung der Christen im Osmanischen Reich 1912-1922, hrsg. v. Tessa Hofmann, 2004, 135-176
Tzermias Pavlos: Neugriechische Geschichte, Tübingen 1986
Venizelos, ed. by Paschalis M. Kitromilides, Edinburgh 2006
Vorländer Dorothea: Libanon – Land der Gegensätze, Erlangen 1980
Vryonis Speros: The Mechanism of Catastrophe: The Turkish Pogrom of September 6-7, 1955, and the Destruction of the Greek Community of Istanbul, New York 2005
Walker Christopher J.: Armenia. The Survival of a Nation, 2. ed., London 1990
Walworth Arthur: Wilson and his Peacemakers. American Diplomacy at the Paris Peace Conference, London 1986
Weinstein Edwin: Woodrow Wilson. A Medical and Psychological Biography, Princeton 1981
Weithmann Michael W.: Griechenland. Vom Frühmittelalter bis zur Gegenwart, Regensburg 1994
Wilson Trevor: The Myriad Faces on War. Britain and the great War 1914-1918, Cambridge 1986
Yonan Gabriele: Assyrer heute, (= Progrom 59), Hamburg-Wien 1978
Zapantis Andrew L.: Greek-Soviet Relations 1917-1941, New York 1941
Zürcher Erik J.: Turkey. A Modern History, London-New York 2001

Webseiten:
http://www.greece.org/genocide/Blackbook.htm (Schwarzbuch des Ökumenischen Patriarchates).
http://www.greece.org/genocide/quotes/q-he-turk-mehmetazit-order.html
http://www.notevenmyname.com/
http://www.diaspora-net.org/

Danksagung

Ich danke Frau Dr. Tessa Hofmann und der Arbeitsgruppe Anerkennung gegen Genozid, für Völkerverständigung (AGA) in Berlin für die Überlassung derFotos aus Kilikien, und Aris Tsilfidis vom Verein der Pontus-Griechen in Melbourne für die Fotos von Pontos.

Personenregister

Inhaltsverzeichnis